9	**Leben unter russischer Besatzung**	85
	9.1 Die Regionen Cherson, Saporischschja	85
	9.2 Die Krim, Donezk, Luhansk	88
10	**Verbrechen und Verantwortung im Krieg**	91
	10.1 Krieg und Recht	91
	10.2 Kriegsschäden und zivilrechtliche Entschädigung	91
	10.3 Russische Kriegsverbrechen	92
	10.4 Straftatbestände im Völkerstrafrecht	95
	10.5 Dokumentation von Kriegsverbrechen	96
	10.6 Strafverfolgung	97
	10.7 Gesellschaftliche Aufarbeitung in Russland	99
11	**Geopolitische Aspekte**	101
	11.1 Friedenssicherung nach dem Zweiten Weltkrieg	101
	11.2 Geopolitik	101
	11.3 Pazifismus	102
	11.4 Grundsätze der bestehenden Friedensarchitektur	103
	11.5 Politische Zeitenwende	103
	11.6 Internationale Organisationen	104
12	**Unterwegs zur neuen Weltordnung?**	107
	12.1 Machtzentren und Kriegsherde	107
	12.2 Israel-Hamas Krieg	108
	12.3 Syrien	110
	12.4 Belarus	111
13	**Umgang mit dem Krieg in der Welt**	113
	13.1 Interessenlage	113
	13.2 Zusammenarbeit des Westens	118
	13.3 Warum unterstützt man die Ukraine?	119
	13.4 Unterstützung für die Ukraine	122
	13.5 Sanktionen	124
14	**Unterstützer im Porträt**	127
	14.1 Übersicht	127
	14.2 Estland	129
	14.3 Dänemark	130
	14.4 Litauen	131
	14.5 Lettland	131
	14.6 Finnland	132
	14.7 Schweden	133

14.8	Die Niederlande	134
14.9	Polen	135
14.10	Deutschland	136
14.11	Das Vereinigte Königreich von Großbritannien und Nordirland	138
14.12	Frankreich	139
14.13	Österreich	141
14.14	Die USA – die Vereinigten Staaten von Amerika	143
15	**Wirtschaftliche Auswirkungen des Krieges**	**145**
15.1	Russisches Gas in Europa	145
15.2	Russisches Erdöl	148
15.3	Getreide	150
15.4	Teuerung und Wirtschaftswachstum	152
16	**Gesellschaftliche Debatte**	**153**
16.1	Umgang mit russischer Kultur	153
16.2	Umgang mit russischen SportlerInnen	154
16.3	Westsplaining	157
17	**Wie es weitergeht**	**159**
17.1	Militärische Lösung?	159
17.2	Option Friedensgespräche?	160
17.3	Putin, rote Linien und Atomdrohungen	163
18	**Wiederaufbau der Ukraine**	**165**
18.1	AkteurInnen und Visionen	165
18.2	Zahlen und Pläne	167
18.3	Mögliche Finanzierungsquellen	167
19	**Plan für Russland**	**171**
19.1	Koloniale Geschichte	171
19.2	Völker der Russischen Föderation	172
19.3	Begleitung der Demokratisierung	173

Verwendete Quellen (alle zuletzt abgerufen im Zeitraum 21–31. Dezember 2024) 177

Abbildungsverzeichnis

Abb. 1.1 Zerstörte russische Militärtechnik in Butscha, einem Vorort von Kyjiw, 1. März 2022. (Foto: Serhii Nuzhnenko, https://www.radiosvoboda.org/a/photo-misto-bucha-kyivska-oblast-pislia-vazhkykh-boiyv/31735882.html) 2

Abb. 1.2 Zeitstrahl des russisch-ukrainischen Krieges Februar 2022–Dezember 2024. (Grafik: Oksana Stavrou) 5

Abb. 1.3 Karte der Ukraine mit umkämpften Gebieten. Stand: 17.12.2024. Daten nach: Institute for the Study of War. (Gestaltung: Oksana Stavrou) 8

Abb. 1.4 Angestellte und PatientInnen eines Kinderhospizes im russischen Kasan bilden ein „Z" im Rahmen eines Flashmobs zur Unterstützung der russischen Armee am 5. März 2022. (Quelle: Kasan Hospiz, fair use, https://казанскийхоспис.рф/news/show/Pacienty-i-kollektiv-Kazanskogo-hospisa-podderzhali-armiyu-fleshmobom-v/988) 12

Abb. 3.1 Revolution der Würde (Euromaidan) auf dem Maidan Nesaleschnosti, dem Hauptplatz der ukrainischen Hauptstadt Kyjiw. (Quelle: Wikimedia, Michael E, Lizenz CC BY 3.0, https://commons.wikimedia.org/wiki/File:Euromaidan_in_Kiev_2014_004.jpg) 26

Abb. 3.2 Wrackteil des Passagierflugzeugs MH17 der Malaysia Airlines, abgeschossen in der Region Donezk am 17. Juli 2014 von russisch kontrollierten Kämpfern. (Quelle: Wikimedia, Verteidigungsministerium des Königreichs der Niederlande, Lizenz CC 0 1.0, https://commons.wikimedia.org/wiki/File:Investigation_of_the_crash_site_of_MH-17.jpg) 28

Abb. 4.1 Anna von Kyjiw (um 1024 bis vermutlich 1078), 1051–1060 Königin von Frankreich, zweite Ehefrau Heinrichs I. von Frankreich. Mosaik in der U-Bahn-Station Soloti Worota in Kyjiw. (Quelle: Wikimedia, https://upload.wikimedia.org/wikipedia/commons/f/fe/Anna_Yaroslavna_of_Kiev.jpg) 32

Abb. 4.2 Juri Dolgoruki (1090–1157), Sohn des Kyjiwer Großfürsten Wolodymyr Monomach, Fürst von Rostow, Großfürst der Kyjiwer Rus, Gründer von Moskau. (Quelle: Wikimedia, Tsarskij tituljarnik, https://commons.wikimedia.org/wiki/File:Dolgorukiy_titularnik.jpg) 33

Abb. 4.3 Ethnografische Übersichtskarte des ukrainischen Nationalterritoriums, Kartografische Anstalt G. Freytag & Berndt, Ges. m. b. H., Wien, 1910. (Quelle: Digitale Nationalbibliothek Polens, https://polona.pl/item/ethnographische-ubersichtskarte-des-ukrainischen-nationalterritoriums, MTI2MDk4ODQ4/0/#info:metadata)
Die Karte zeigt als ethnisch ukrainisch besiedeltes Territorium auch Gebiete im Westen des heutigen Russlands. Sie verwendet die alte ukrainische Schreibweise Bilhorod, Rosstiw, Sstawropil für die nun russischen Städte Belgorod, Rostow, Stawropol, sowie Ssewastopil, Ssymferopil für die Städte Sewastopol und Simferopol auf der Halbinsel Krim. Die ukrainische Hauptstadt steht als Kyjiw und der Hauptfluss der Ukraine als Dnipro bezeichnet, was der aktuellen ukrainischen Aussprache entspricht
Die rote Linie ist nicht Teil der ursprünglichen Karte und zeigt annähernd den aktuellen Grenzverlauf. 36

Abb. 4.4 Kyjiwer Höhlenkloster, gegründet im 11. Jahrhundert, einer der bedeutendsten christlich orthodoxen Stätten in der Ukraine. Der Klosterkomplex gehört seit 1990 zum UNESCO-Weltkulturerbe. (Foto: Falin. Quelle: Wikimedia, Falin, Lizenz CC BY-SA 3.0, https://commons.wikimedia.org/wiki/File:Лавра.jpg) 40

Abbildungsverzeichnis

Abb. 4.5	Jamala (*1983, bürgerlich Sussana Dschamaladinowa), ukrainische Sängerin krimtatarischer Herkunft. 2016 gewann Jamala beim Eurovision Song Contest mit dem selbst komponierten, teilweise auf Krimtatarisch gesungenen Lied „1944" über die Vertreibung ihrer VorfahrInnen aus der Krim. (Quelle: Wikimedia, Albin Olsson, Lizenz CC BY-SA 4.0, https://commons.wikimedia.org/wiki/File:ESC2016_winner's_press_conference_09.jpg)	43
Abb. 6.1	Das Vordringen der Wehrmacht nach Osten im Zweiten Weltkrieg bis 1943. (Quelle: www.texty.org.ua) Auf der Karte ist der aktuelle Grenzverlauf angegeben; dieser unterscheidet sich von den damaligen Grenzen	52
Abb. 6.2	Feierlichkeiten zum „Tag des Sieges" im russischen Amur am 9. Mai 2017. Aufschrift auf dem selbstgebastelten Panzer mit der sowjetischen roten Flagge: „Auf nach Berlin!". (Quelle: Amur Pravda, Wiktor Imambajew, fair use, https://ampravda.ru/2017/05/12/074645.html)	53
Abb. 7.1	Professor der Nationalen Universität Uschhorod Fedir Shandor hält Vorlesungen über Tourismuskunde direkt aus dem Schützengraben, Mai 2022. (Foto: Viktor Shchadej) Professor Shandor ging am ersten Tag des Krieges freiwillig an die Front. Seine Vorlesungen zweimal in der Woche hielt er trotzdem. Er meinte: „Wir kämpfen für eine gebildete Nation. Wenn ich keine Vorlesungen halten würde, wäre das eine Sünde. Warum bin ich dann zu den Streitkräften gegangen?" Fedir Shandor, dessen Vater ungarischer Herkunft ist, diente in einer Einheit der ukrainischen Armee, die zum Teil aus ungarischstämmigen Freiwilligen besteht Seit März 2025 ist Fedir Shandor Botschafter der Ukraine in Ungarn.	62
Abb. 7.2	Briefmarke der Ukrainischen Post mit dem russischen Flaggschiff „Moskwa". Autor des Sujets: Boris Groh. (Foto: Oksana Stavrou)	63
Abb. 7.3	Menschen warten vor dem Blutspendezentrum in Dnipro am 25. Februar 2022, um Blut für die Armee zu spenden. (Foto: Denys Piddubskyi)	65
Abb. 7.4	Ein vor dem Ertrinken geretteter Hund nach der Sprengung des russisch besetzten Kachowka Staudamms, Cherson, 7. Juni 2023. (Foto: Serhii Korovayny)	66

Abb. 7.5	Taras Schewtschenko (1814–1861), Nationaldichter der Ukraine. (Zeichner: Mykhailo Diachenko) Der Dichter und Maler Schewtschenko legte den Grundstein für die moderne ukrainische Sprache und thematisierte in seinen Arbeiten die Unterdrückung der Ukraine durch das Moskauer Zarenreich. Mehrere seiner Gedichte besingen Freiheit und Selbstbestimmung und werden im laufenden Krieg gegen Russland vielfach zitiert Für seine Kritik an Russland und sein Streben nach Unabhängigkeit der Ukraine wurde er für zehn Jahre verbannt und in die Armee eingezogen. Schewtschenko erhielt ein Schreibverbot und ein lebenslanges Verbot, in die Ukraine zurückzukehren Die Originalzeichnung von Schewtschenko in moderner Militäruniform ist mit einem seiner bekanntesten Sprüche ergänzt: „Kämpft – ihr werdet siegen!". Schewtschenko wurde zu einem Symbol des ukrainischen Widerstandes gegen Russland	69
Abb. 7.6	„Punkt der Unbesiegbarkeit" in Charkiw, Dezember 2022. (Quelle: Gwara Media, Darja Lobanok, https://gwaramedia.com/oblashtovano-vzhe-5-374-punkti-nezlamnosti-po-vsij-kraini/)	70
Abb. 7.7	Aufschrift auf Ukrainisch: Fahrtrichtung geradeaus: F**** euch. Fahrtrichtung links: F**** euch wieder. Fahrtrichtung rechts: F**** euch nach Russland. Verkehrswegweiser im Osten der Ukraine am 26. Februar 2022 mit einer klaren Ansage an die russische Armee. (Quelle: Staatliche Agentur für Wiederaufbau und Infrastrukturentwicklung der Ukraine, https://restoration.gov.ua, fair use, https://www.facebook.com/photo/?fbid=321509096674374&set=a.293428506149100)	72
Abb. 7.8	NAFO-Hund auf dem zerstörten russischen Panzer vor der russischen Botschaft in Berlin im Februar 2023, eine Collage. (Quelle: Wikimedia, Leonhard Lenz, Lizenz CC 0 1.0, https://commons.wikimedia.org/wiki/File:Destroyed_tank_in_front_of_Russian_embassy_Berlin_2023-02-24_07.jpg)	73
Abb. 8.1	Verluste Russlands im Krieg gegen die Ukraine zum Stand 29.12.2024. (Quelle: Generalstab der Ukraine, https://x.com/DefenceU/status/1873266452293132739/photo/1)	77
Abb. 8.2	Ein durch den russischen Beschuss zerstörtes Hochhaus in Borodjanka, April 2022. (Foto: Oleksii Samsonov. Quelle: Kyjiw Stadtverwaltung, Oleksii Samsonov, Lizenz CC BY 4.0, https://kyivcity.gov.ua/photo/borodyanka/)	78

Abbildungsverzeichnis   XXI

Abb. 8.3   Hryhorij Skoworoda (1722–1794), ukrainischer Philosoph,
           Pädagoge und Dichter. (Quelle: Charkiw Regionale
           Militärverwaltung, Lizenz CC BY 4.0, https://kharkivoda.gov.ua/
           news/115622)
           Die von Ihor Jastrebow 1971 geschaffene Statue stand im
           Skoworoda-Museum in der Region Charkiw. Das Museum
           wurde durch den gezielten russischen Beschuss am 7.
           Mai 2022 zerstört. Die Skoworoda-Statue hielt dem
           Beschuss jedoch stand.   82
Abb. 9.1   Es gibt keinen Strom und kein Gas. Menschen kochen Essen
           im Hof eines Hochhauses in Butscha, einem Vorort von Kyjiw,
           unter russischer Okkupation. 13. März 2022.
           (Foto: Kateryna Ukraintseva)   86
Abb. 10.1 Ruinen des Akademischen Drama-Theaters von Mariupol
           (Donezk Region) nach der russischen Bombardierung.
           (Quelle: Wikimedia, Lirhan2016, Lizenz CC BY-SA 4.0,
           https://commons.wikimedia.org/wiki/
           File:Destroyed_theatre_in_Mariupol.jpg).   93
Abb. 13.1 Abstimmungsergebnis bei der Resolution A/ES-11/L.1 der
           Generalversammlung der Vereinten Nationen in der 11.
           Dringlichkeitssitzung am 2. März 2022. (Quelle: Wikipedia,
           Jurta, Lizenz CC 0 1.0, https://de.wikipedia.org/wiki/Datei:
           United_Nations_General_Assembly_resolution_ES-11_
           L.1_vote.svg). 114
Abb. 13.2 Mitgliedschaft in der EU, NATO und G7. Dezember 2024.
           (Grafik: Oksana Stavrou) 118
Abb. 14.1 (a) Regierungshilfen für die Ukraine der sieben größten
           Geberländer im Verhältnis zu ihrer Wirtschaftsleistung
           (% des BIP). (Quelle: Trebesch et al. (2023) „The Ukraine
           Support Tracker" Kiel WP) (b) Regierungshilfen für die Ukraine
           der sieben größten Geberländer sowie die Hilfen der Europäischen
           Union in absoluten Zahlen. (Quelle: Trebesch et al. (2023)
           „The Ukraine Support Tracker" Kiel WP). 128
Abb. 15.1 Anteil von russischem Gas an Gasimporten in die Europäische
           Union. (Grafik: Oksana Stavrou) 146

Abb. 16.1 Mädchen mit Band, Graffiti des Streetart-Künstlers Banksy in Irpin, einem Vorort von Kyjiw. (Quelle: Wikimedia, Rasal Hague, Lizenz CC BY-SA 4.0, https://commons.wikimedia.org/wiki/File:Banksy_in_Irpin.jpg). 156

Abb. 18.1 Fußgänger- und Fahrradbrücke in Kyjiw, bekannt auch als „Klitschko-Brücke", repariert und wiedereröffnet nach dem Einschlag einer russischen Rakete. (Quelle: Kyjiw Stadtverwaltung, Lizenz CC BY 4.0, https://kyivcity.gov.ua/news/vitaliy_klichko_pishokhidno-velosipedniy_mist_vidremontuvali_ta_znovu_vidkrili_dlya_vidviduvachiv/). 166

Abb. 19.1 Konferenz des Forums der freien Nationen von Post-Russland (Free Nations PostRussia Forum, FNPF) am 13. Dezember in Wien, Österreich. (Foto: Oleg Magaletsky, www.freenationsrf.org). 174

Tabellenverzeichnis

Tab. 2.1	Beispiele der Projektion in der russischen Propaganda. (Tabelle: Oksana Stavrou)	24
Tab. 6.1	Rangliste der Pressefreiheit 2024 nach: Reporter ohne Grenzen, https://rsf.org/en/index?year=2024	55
Tab. 7.1	Korruptionswahrnehmungsindex 2023 nach: Transparency International, https://www.transparency.org/en/cpi/2023	67

Russland überfällt die Ukraine

1.1 24. Februar 2022

Am 24. Februar 2022 startete die Russische Föderation ihren groß angelegten Überfall auf die Ukraine. Am frühen Morgen begann die russische Invasion mit übers ganze Land verteilten Luft- und Raketenangriffen. Russische Bodentruppen marschierten vom Süden, Osten und Norden (auch aus dem belarusischen Territorium) in ukrainisches Territorium ein (Abb. 1.1). Somit brach Russland das Völkerrecht, insbesondere das zentrale Dokument des Völkerrechts – die Charta der Vereinten Nationen, welche Angriffskrieg und Drohung mit Krieg verbietet. Mit dem Überfall auf die Ukraine verstieß Russland auch gegen eigene Erklärungen und Verträge, in denen es zugesichert hatte, die Ukraine militärisch nicht zu attackieren.

„Alle Mitglieder unterlassen in ihren internationalen Beziehungen jede gegen die territoriale Unversehrtheit oder die politische Unabhängigkeit eines Staates gerichtete oder sonst mit den Zielen der Vereinten Nationen unvereinbare Androhung oder Anwendung von Gewalt."
Artikel 2 Absatz 4 der Charta der Vereinten Nationen vom 26.06.1945

© Der/die Autor(en), exklusiv lizenziert an Springer Fachmedien Wiesbaden GmbH, ein Teil von Springer Nature 2025
O. Stavrou, *Russlands Krieg gegen die Ukraine*,
https://doi.org/10.1007/978-3-658-47950-3_1

Abb. 1.1 Zerstörte russische Militärtechnik in Butscha, einem Vorort von Kyjiw, 1. März 2022. (Foto: Serhii Nuzhnenko, https://www.radiosvoboda.org/a/photo-misto-bucha-kyivska-oblast-pislia-vazhkykh-boiyv/31735882.html)

1.2 Budapester Memorandum

Nach dem Zerfall der Sowjetunion war die Ukraine die drittgrößte Atommacht der Welt. Am 5. Dezember 1994 wurde mit dem „Budapester Memorandum" ein Abkommen unterzeichnet. In diesem verzichtete die Ukraine auf Atomwaffen und gab die auf ihrem Gebiet stationierten Atomwaffen an Russland ab. Im Gegenzug garantierten Russland, die USA und Großbritannien die Sicherheit der Ukraine.

Insbesondere erklärten sie:

- die Unabhängigkeit und die bestehenden Grenzen der Ukraine zu respektieren;
- weder Gewalt noch wirtschaftlichen Zwang gegenüber der Ukraine anzuwenden;
- selbst keine Atomwaffen gegen die Ukraine einzusetzen und die Ukraine bei Bedrohung mit Atomwaffen zu unterstützen.

Frankreich und die Volksrepublik China gaben zur Sicherheit der Ukraine eigene Erklärungen ab.
Gleichlautende Memoranden wurden mit Kasachstan und Belarus unterzeichnet.

1.3 Krieg ohne Kriegserklärung

In Russland unterliegen Berichte über den Krieg gegen die Ukraine einer staatlichen Zensur. Die Worte „Krieg", „Invasion" und „Angriff" in Bezug auf die Ukraine sind per Gesetz verboten. Es drohen Haftstrafen, wenn jemand den Krieg als Krieg bezeichnet. Stattdessen verwendet man in Russland den Ausdruck „militärische Sonderoperation" („spezielle Militäroperation"); offizielle russische Quellen schreiben von „Friedenssicherung" und „Befreiung".

Erst nach Monaten des Krieges hat die politische Führung der Russischen Föderation eingeräumt, dass sie sich im Kriegszustand befindet. Der Kreml-Sprecher Dmitri Peskow beschuldigte im März 2024 die westlichen Staaten, aus einer „militärischen Operation" einen Krieg gemacht zu haben.

Die deutsche Sprache bietet mehrere Begriffe für die Beschreibung der Handlungen Russlands gegenüber der Ukraine: Krieg, Invasion, Überfall, Einmarsch, Aggression, Okkupation (= Besatzung).

Einige andere Ausdrücke wie „Ukraine-Krieg", „Ukraine-Krise" oder „Ukraine-Konflikt" können missverständlich wirken und sollen aus folgenden Gründen vermieden werden:

- Verharmlosung: „Konflikt" und „Krise" verharmlosen die Situation und verschleiern die Brutalität des russischen Angriffskrieges.
- Verzerrung der Realität: „Ukraine-Krieg" suggeriert, die Ukraine hätte den Krieg begonnen oder trage die gleiche Verantwortung für die Eskalation wie Russland. Dies ist falsch und lenkt die Aufmerksamkeit vom Aggressor ab.
- Ignoranz gegenüber der ukrainischen Perspektive: In der Ukraine wird der Krieg nicht als „Ukraine-Krieg" bezeichnet. Die Verwendung dieses Begriffs ignoriert die Perspektive der Menschen, die direkt von dem Krieg betroffen sind.

Der Begriff „Russland-Krieg" ist nicht eindeutig, denn das russische Militär war in den letzten 20 Jahren an mehreren Kriegen beteiligt (darunter in Tschetschenien, Georgien, Syrien).

Wenn man nach einem ausgewogenen Ausdruck sucht, bieten sich Begriffe wie „russischer Angriffskrieg gegen die Ukraine", „Krieg Russlands in der Ukraine", „russisch-ukrainischer Krieg", „Russlands Invasion (bzw. Vollinvasion) der Ukraine" an.

In der Ukraine trifft man auf die Bezeichnung „großer Krieg" für die Zeit ab dem 24. Februar 2022, im Unterschied zu dem „kleinen Krieg", den Russland bereits 2014 im Südosten der Ukraine entfesselt hat. Der Einmarsch russischer Einheiten ohne Militärabzeichen auf die ukrainische Krim am 20. Februar 2014 gilt als Anfang des russischen Kriegs gegen die Ukraine.

Eine formelle Kriegserklärung gab es nicht.

1.4 Verlauf des Krieges

In den ersten Wochen des Krieges 2022 besetzte die russische Armee große Teile des ukrainischen Territoriums entlang der russisch-ukrainischen Grenze – im Norden, Osten und Südosten. Den versuchten Sturm auf die Hauptstadt Kyjiw haben die UkrainerInnen erfolgreich abgewehrt. Daraufhin konzentrierte sich Russland auf eine Offensive im Osten des Landes und eroberte dort weitere Landstriche. Die Abb. 1.2 zeigt den Zeitstrahl der wichtigsten Ereignisse des russischen Krieges gegen die Ukraine im Zeitraum Februar 2022–Dezember 2024.

In den Gebieten, aus denen die russische Armee wieder vertrieben werden konnte, wie Butscha und Irpin, wurden ihre Verbrechen gegen die ukrainische Bevölkerung sichtbar. Menschen (Militärangehörige und Zivilpersonen) wurden auf der Straße getötet oder entführt und gefoltert. Erwachsene und Kinder wurden misshandelt und vergewaltigt.

Während der „Cherson-Gegenoffensive" im September-November 2022 befreite die ukrainische Armee große Territorien von der russischen Okkupation, darunter die Stadt Cherson im Süden des Landes.

Die russische Armee greift die Ukraine am Boden und von der Luft aus an. Russische Raketen und Drohnen beschießen nicht nur militärische, sondern vor allem zivile Ziele, wie Wohnviertel, Krankenhäuser, Theater, Kirchen, Industrieanlagen und Getreidelager. Im Herbst-Winter 2022–2023 zerstörten sie gezielt die ukrainische Energieinfrastruktur und setzten diese Kriegstaktik auch in zwei folgenden Wintern fort. An einigen Tagen feuert Russland über 300 Drohnen auf die Ukraine ab. Die dadurch verursachten Stromabschaltungen in Haushalten, Krankenhäusern und Industrie dauerten im Winter oft mehrere Tage.

Erst durch die Lieferung westlicher Raketenabwehrsysteme verbesserte sich die ukrainische Luftverteidigung, sodass ab Frühjahr 2023 mehr russische Raketen und Drohnen abgefangen werden, nach ukrainischen Angaben im Zeitraum Februar 2022–August 2024 insgesamt ca. 25 % der Raketen und ca. 43 % der Drohnen. Weitere Luftabwehrsysteme stellten der Ukraine die USA, Rumänien und die Niederlande im Sommer-Herbst 2024 zur Verfügung.

1.4 Verlauf des Krieges

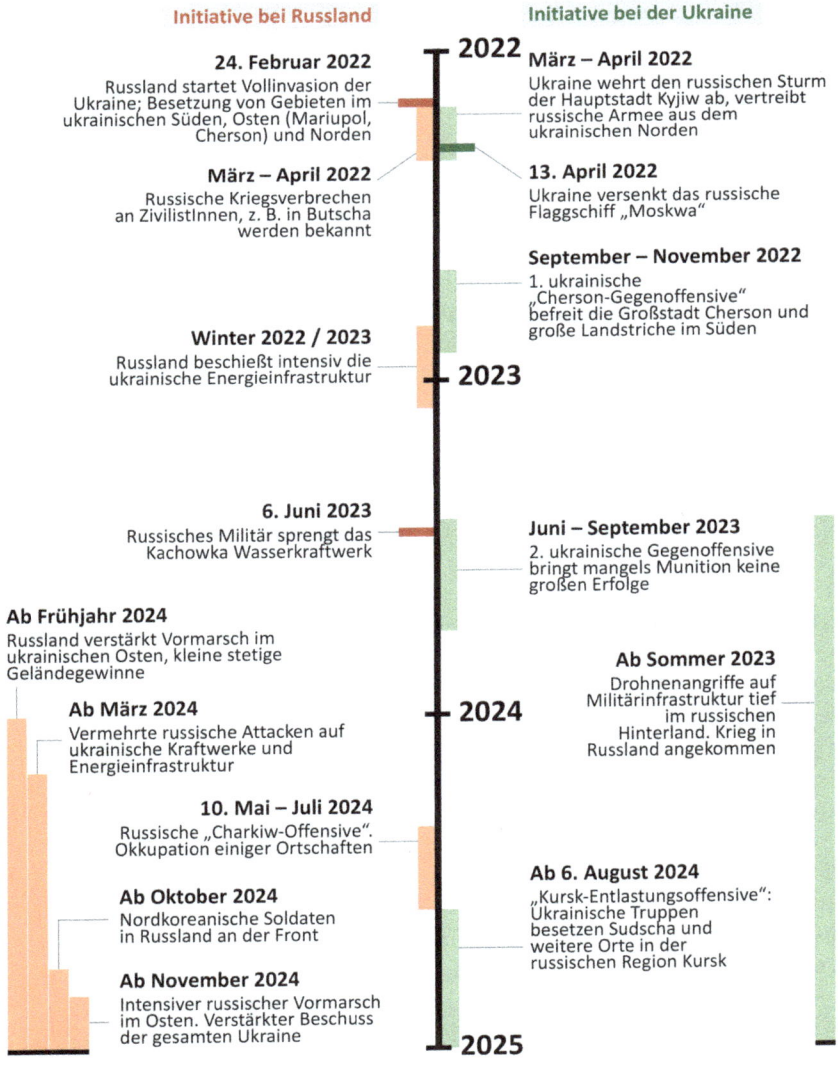

Abb. 1.2 Zeitstrahl des russisch-ukrainischen Krieges Februar 2022–Dezember 2024. (Grafik: Oksana Stavrou)

Russische Truppen besetzten im März 2022 das Atomkraftwerk in Saporischschja – das größte in Europa. Inzwischen ist das AKW abgeschaltet. Im Juli 2023 entdeckten die Experten der Internationalen Atomenergieagentur IAEA mehrere Minen auf dem AKW-Gelände. Es gab Meldungen über russische Militärtechnik im Gebäude des AKW. Die russischen Besatzer verwehren den IAEA-Experten Zugang zu den entsprechenden Räumlichkeiten. Immer wieder ereigneten sich kleinere Zwischenfälle, wie der Brand einer Hilfsanlage oder Drohneneinschläge in unmittelbarer Nähe der Anlage oder Beschuss der Stromversorgungsanlagen, welche für sicheren Betrieb des AKWs unabdingbar sind. Somit ist die Gefahr, die von der russischen Besetzung des AKWs ausgeht, nicht gebannt.

Unter der Führung von General Walerij Saluschnyj (Armeechef der Ukraine 2021–2024, seit Mai 2024 Botschafter in Großbritannien) startete die Ukraine am 4. Juni 2023 eine weitere Gegenoffensive.

Kurz darauf wurde am 6. Juni 2023 das von der russischen Armee kontrollierte Kachowka Wasserkraftwerk in der Nähe der Großstadt Cherson am Fluss Dnipro gesprengt. Der dazu gehörende Staudamm brach zusammen, Wassermengen aus dem Stausee überfluteten große Flächen flussabwärts. Der Dammbruch verursachte eine massive ökologische und humanitäre Katastrophe in den Gebieten unter ukrainischer sowie unter russischer Kontrolle (mehr zu den Folgen siehe Abschn. 8.7). Er machte diesen Frontabschnitt für die ukrainische Armee praktisch unpassierbar.

Die gesammelten Daten und unabhängige Berichte deuten darauf hin, dass das Kachowka Wasserkraftwerk durch das russische Militär gezielt gesprengt wurde. Das bekräftigen Satellitenaufnahmen und Zeugenaussagen. Bereits im Oktober 2022 erschienen Meldungen über die Platzierung von Sprengstoff im Inneren des Kraftwerkes durch russische Besatzungskräfte. Die Besatzer steigerten den Wasserstand im Vorfeld auf ein ungewöhnlich hohes Niveau und waren zum Zeitpunkt des Vorfalls vor Ort. International wird jedenfalls die Ansicht vertreten, dass Russland eine generelle Verantwortung für diese Katastrophe trägt.

Starke Verminung des Bodens durch die Besatzer, Mangel an (westlichen) Waffen usw. brachten die ukrainische Gegenoffensive im Oktober-November 2023 zum Erliegen.

Gleichzeitig fanden ab dem Sommer 2023 in russisch besetzten Gebieten sowie in angrenzenden russischen Regionen, und auch in der russischen Hauptstadt Moskau, vermehrt Drohnenangriffe auf militärische Infrastruktur (Waffenlager, Militärflugplätze) und andere Objekte statt. Die Ukraine bekannte sich selten und öfters erst im Nachhinein zu solchen Angriffen.

Ab dem Herbst 2023 konnten die Russen auf dem ukrainischen Territorium – wenn auch langsam und mit großen Verlusten – vorrücken. Sie erlangten im Februar 2024 Initiative an der Front und besetzten weitere Städte und Dörfer im uk-

1.4 Verlauf des Krieges

rainischen Osten. Die russische Kriegstaktik sieht vor, dass eine Ortschaft so lange beschossen und bombardiert wird, bis die ukrainische Verteidigung ihre Stellungen aufgibt. Die Besatzer nehmen anschließend eine zerstörte Ortschaft ohne funktionierende Infrastruktur ein.

Im Frühling 2024 unternahm Russland eine erneute Attacke auf die ukrainische Energieinfrastruktur und zerstörte bzw. beschädigte mehrere ukrainische Kraftwerke, so wurde im April die Trypilska Wärmekraftwerk nahe Kyjiw komplett zerstört, das DniproHES Wasserkraftwerk – das größte in der Ukraine – stark beschädigt und außer Betrieb gesetzt. Durch den russischen Beschuss der Satelliten-Anlagen entstanden Störungen bei mehreren ukrainischen Fernsehsendern. Nach einem Raketentreffer stürzte der Fernsehturm in Charkiw ein.

Am 10. Mai begann die russische Armee einen großen Angriff in der Grenzregion bei Charkiw. Charkiw ist eine der am schwersten betroffenen Städte von Russlands Angriffskrieg gegen die Ukraine. Seit mehreren Monaten wird die Großstadt praktisch täglich mit Raketen und Drohnen attackiert.

Der russische Ansturm auf Charkiw entfachte eine Diskussion, ob die Ukraine die aus dem Ausland gelieferten Waffen auch für Ziele auf dem russischen Territorium einsetzen darf. Das hatten unter anderem die USA, Großbritannien, Deutschland, Frankreich und Belgien aus der Befürchtung einer Eskalation seitens der Atommacht Russland verboten. So konnte die russische Armee Charkiw und andere ukrainische Städte aus den russischen Grenzregionen ungehindert beschießen, ohne Gegenfeuer befürchten zu müssen.

Schließlich erteilten die USA und Deutschland ihre eingeschränkte Erlaubnis unter Auflagen, dass der Einsatz nur gegen Ziele in den grenznahen russischen Gebieten stattfindet und dass Langstreckenraketen weiterhin ausgeschlossen sind.

Staaten wie Canada, Finnland, Schweden, Polen, Litauen usw. vertreten hingegen die Position, dass die Ukraine im Rahmen des Selbstverteidigungsrechts nach dem Völkerrecht militärische Ziele auch innerhalb Russlands angreifen darf.

Mit Hilfe westlicher Waffen stoppte die Ukraine im Sommer 2024 die russische Offensive auf Charkiw. Mit erfolgreichen Gegenangriffen zerstörten die ukrainischen Streitkräfte in den russisch okkupierten Gebieten mehrere russische militärische Radaranlagen, die als „Augen der Flugabwehr" bezeichnet werden.

Trotzdem konnten die russischen Angreifer 2024 die Fläche des russisch kontrollierten ukrainischen Bodens vergrößern.

Drei Jahre nach dem russischen Einmarsch waren ca. 100.000 km^2 – etwa ein Sechstel des ukrainischen Staatsgebiets von 603.628 km^2 – von Russland besetzt, inklusive der in den Jahren 2014–2022 von Russland besetzten Gebiete in den Regionen Luhansk und Donezk sowie der Halbinsel Krim (Abb. 1.3). Das ist mehr als die doppelte Fläche der Schweiz (41.300 km^2), die Fläche Österreichs (83.000 km^2) bzw. des größten deutschen Bundeslandes Bayern (70.500 km^2).

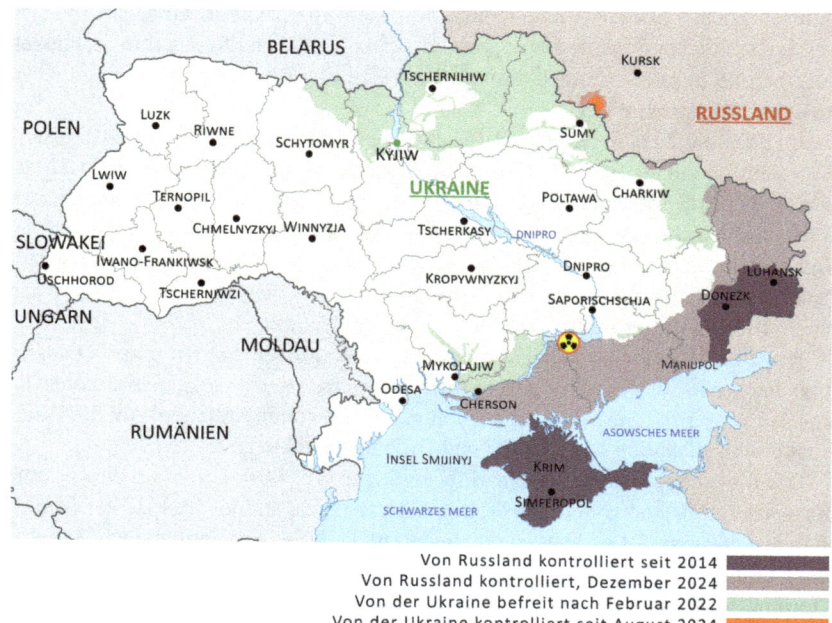

Abb. 1.3 Karte der Ukraine mit umkämpften Gebieten. Stand: 17.12.2024. Daten nach: Institute for the Study of War. (Gestaltung: Oksana Stavrou)

Die Ukraine erzielte jedoch Erfolge mit Drohnen aus der heimischen Produktion, gerichtet vor allem gegen Militärobjekte. In der ersten Hälfte 2024 trafen ukrainische Drohnen, die meisten erst vor Kurzem durch private ukrainische Firmen entwickelt, zusätzlich mindestens 20 russische Ölraffinerien teilweise tief im russischen Hinterland. Die Zerstörung der Erdöl-Produktionskapazitäten führte zu erheblichem Schaden für die russische Wirtschaft. Im Sommer gab der Präsident der Ukraine Wolodymyr Selenskyj den erstmaligen erfolgreichen Einsatz der neu entwickelten ukrainischen Rakete-Drohne „Paljanyzja" bekannt.

Die Überwasser-Drohne „Sea Baby" des ukrainischen Militärs zerstörte oder beschädigte mehrere russische Schiffe. Insgesamt setzte die Ukraine seit dem Februar 2022 über ein Drittel der russischen Schwarzmeerflotte außer Gefecht, darunter 24 Militärschiffe und ein U-Boot. Im November 2024 trafen ukrainische Drohnen zum ersten Mal einen russischen Flottenstützpunkt am Kaspischen Meer, etwa 1500 km von der ukrainischen Grenze entfernt.

Am 6. August 2024 gelang den ukrainischen Streitkräften ohne großen Widerstand ein Vorstoß in die Westrussische Region Kursk bis inklusive der Stadt Sudscha. Wochen später kontrollierten sie bereits ca. 1300 km² des russischen Territoriums – eine annähernd so große Fläche, wie die, welche die Ukraine seit Jahresanfang 2024 verloren hat – mit über 80 Ortschaften und richteten die erste Militärkommandantur für die Betreuung der Lokalbevölkerung ein. Dabei erklärte die ukrainische Führung, dieses Gebiet nicht dauerhaft behalten, sondern zu Zwecken der Verteidigung des ukrainischen Territoriums verwenden zu wollen. Einen Teil der ukrainisch besetzten Territorien eroberte Russland bis Dezember 2024 zurück.

Im Oktober 2024 wurde bekannt, dass Nordkorea Soldaten nach Russland schickte. Im Dezember kämpften ca. 11.000 nordkoreanische Armeeangehörige für Russland, vor allem in der Region Kursk. Eine weitere Eskalation leitete die Russische Föderation im Herbst 2024 mit umfassenden Raketen- und Drohnenattacken auf das gesamte ukrainische Gebiet ein. Im ukrainischen Osten beschleunigten die russischen Streitkräfte ihren Vormarsch ohne Rücksicht auf die Zahl Toter und Verwundeter. Nach Angaben der britischen Geheimdienste betrugen die russischen Verluste im November 2024 durchschnittlich eineinhalb Tausend Menschen täglich.

Erst nach dieser Eskalation gestatteten die USA, das Vereinigte Königreich, Deutschland und Frankreich den bedingten Einsatz ihrer Waffen auch gegen ferner gelegene russische Ziele.

1.5 Was will Russland erreichen?

Die Russische Föderation ist ein *autoritärer* Staat, der die Meinungsfreiheit stark einschränkt. Je nach Situation lügen und schweigen gehört für BürgerInnen und PolitikerInnen Russlands zu den üblichen Überlebensstrategien in vielen Bereichen des gesellschaftlichen und politischen Alltags. Äußerungen russischer PolitikerInnen entsprechen oftmals nicht der Realität, sondern sind Teil der staatlichen Propaganda (Mehr zu Propaganda in Russland siehe Kap. 2).

So erklärte der Präsident Russlands Wladimir Putin bis unmittelbar vor der Invasion 2022, nicht in der Ukraine einmarschieren zu wollen. Danach beschimpfte Putin in seiner Rede am zweiten Tag des Krieges die ukrainische Regierung als „Bande von Drogensüchtigen und Neonazis".

Was Russland mit dem Krieg in der Ukraine erreichen will, kann daher nur durch Betrachtung der Entscheidungen, Handlungen und Reden von Putin und seiner Umgebung sowie der Berichterstattung der staatlich kontrollierten Medien der Russischen Föderation vermutet werden.

▶ **Autoritär** Ein Staat ist autoritär, wenn die Staatsführung von den BürgerInnen Gehorsam verlangt und weder Mitbestimmung noch Kritik zulässt.

Das *militärische Ziel* Russlands am Beginn der Invasion war, die ukrainische Hauptstadt Kyjiw zu besetzen, die Regierung zu stürzen und auf diese Weise dem unabhängigen ukrainischen Staat ein Ende zu setzen. Danach sollte die Ukraine mit Russland und Belarus unter russischer Führung kontrolliert werden, wie die Länder es einmal im Rahmen der Sowjetunion waren. Die Sowjetunion war eine Diktatur, sie litt an vielen wirtschaftlichen, politischen und gesellschaftlichen Problemen und ist 1991 zusammengebrochen. Diesen Zusammenbruch nannte der russische Präsident Putin 2005 die „größte geopolitische Katastrophe des 20. Jahrhunderts".

Vieles deutet darauf hin, dass der russische Präsident auch weitreichendere *ideologische Ziele* hat. Putin vertritt eine in Russland verbreitete Ideologie der „russki Mir" also der „russischen Welt" (das russische Wort „Mir" hat auch eine zweite Bedeutung – Frieden). Sie gründet auf der Vorstellung einer „russischen Seele": Das seien bestimmte Charaktereigenschaften, welche die russische Nation vom Rest der Welt unterscheiden und ihr eine besondere Rolle in der Weltgeschichte zusprechen würden. Russland sei eine „auserwählte Nation" und habe das Recht, über das Schicksal anderer Länder, insbesondere in der Nachbarschaft, zu bestimmen, auch über die Ukraine. Putin beschrieb bereits 2011 seine Vision „einer Eurasischen Union von Lissabon bis Wladiwostok" unter russischer Führung.

Zu diesem Zweck versucht die politische Führung im Kreml (= Regierungssitz in der russischen Hauptstadt Moskau) seit Jahren, politischen Einfluss in anderen Ländern auszuüben. Russland unterstützt, auch finanziell, prorussische Kräfte in Europa. Dabei pflegt die russische Führung gleichzeitig gute Beziehungen zu rechtsextremen und linksextremen bzw. kommunistischen Parteien und Bewegungen sowie zu Wirtschaftslobbys (= Gruppen, die PolitikerInnen zugunsten bestimmter wirtschaftlicher Interessen beeinflussen wollen).

In anderen Ländern unterstützt Russland die befreundeten politischen Kräfte auch mit militärischer Gewalt.

Es setzt dafür unter anderem Söldnertruppen ein (Söldner = bezahlte freiwillige Kämpfer). Sie werden auch „Schattenarmeen" bzw. „Privatarmeen" genannt, da sie von privaten Personen angeführt werden. Jedoch bekommen sie Waffen und Finanzierung zum großen Teil vom russischen Staat. So kann Russland seinen Einfluss ausweiten und bewaffnete Konflikte und Kriege im Ausland führen, ohne offiziell als Kriegspartei zu gelten.

1.5 Was will Russland erreichen?

Gruppe Wagner

Die bekannteste russische Schattenarmee war lange Zeit „die Gruppe Wagner" unter der Führung von Jewgeni Prigoschin. Die Wagner-Söldner führten Einsätze in Syrien, der Ukraine, Venezuela und mehreren afrikanischen Staaten aus. Sie waren z. B. für Militärführer in Burkina Faso, Mali, Guinea und Niger tätig. In diesen afrikanischen Staaten haben die Militärs die gewählte Regierung gestürzt und russlandfreundliche Staatspolitik etabliert.

Die Resolution der Organisation für Sicherheit und Zusammenarbeit in Europa, OSZE, vom Juli 2023 stufte die Wagner Gruppe als terroristische Organisation ein und betonte, dass sie auch in anderen Ländern wie Sudan, der Zentralafrikanischen Republik, Libyen, Syrien, Ukraine, Mosambik und Venezuela tätig war. Wagner-Söldner werden beschuldigt, sich an Gewalttaten und Menschenrechtsverletzungen gegen die Zivilbevölkerung wie Massengrausamkeiten, Hinrichtungen, Verstümmelungen, sexuelle Gewalt, Zerstörung von Häusern, Entführungen, Folter, Menschenhandel und die Ermordung von JournalistInnen beteiligt zu haben.

Im August 2023 starb Prigoschin bei einem Flugzeugabsturz in Russland.

Im Jahr 2024 wurde die Wagner-Gruppe in Afrika in eine neue Truppe „Afrikakorps" unter der direkten Kontrolle des russischen Verteidigungsministeriums integriert.

Die von Putin vertretene Ideologie wird als *„Putinismus"* (abgeleitet vom Namen des Präsidenten), *„Raschismus"* (eine Kombination von Russland und Faschismus) oder seit 2022 auch *„Z-Faschismus"* bezeichnet.

Der Buchstabe Z aus dem lateinischen Alphabet markierte neben anderen Buchstaben wie V und O russische Fahrzeuge bei der Invasion in die Ukraine 2022. In Russland erlangte er schlagartig besondere Beliebtheit als Zeichen der Unterstützung der Invasion der Ukraine, des russischen Militärs und der Politik des Kremls (Abb. 1.4). Verbreitet sind orange-schwarz-gestreifte Ausführungen des Buchstaben. Das sind die Farben des Sankt-Georgs-Bandes, das als Symbol der militärischen Macht Russlands und seit 2014 der Unterstützung der Aggression gegen die Ukraine gilt. In mehreren Ländern wie Deutschland, Tschechien, Ukraine, Estland, Lettland, Litauen, Kasachstan, Kirgistan sind diese Symbole teils oder gänzlich als Kriegsverherrlichung verboten.

KritikerInnen der Anwendung des Faschismusbegriffs weisen auf Unterschiede zwischen den von Putin vertretenen Überzeugungen und dem historischen Faschismus hin. Andere meinen, dass die Überzeugungen des amtierenden russischen Präsidenten zweitrangig seien. Es sei der *Imperialismus* (= das Streben, andere Nationalitäten und Länder zu beherrschen), der das Handeln des russischen Staates

Abb. 1.4 Angestellte und PatientInnen eines Kinderhospizes im russischen Kasan bilden ein „Z" im Rahmen eines Flashmobs zur Unterstützung der russischen Armee am 5. März 2022. (Quelle: Kasan Hospiz, fair use, https://казанскийхоспис.рф/news/show/Pacienty-i-kollektiv-Kazanskogo-hospisa-podderzhali-armiyu-fleshmobom-v/988)

antreibt. Die imperialistische Denkweise ist tief verankert in der russischen Gesellschaft, Kultur und Politik und prägt die Politik Moskaus bereits in der Zeit des Zarenreichs und der Sowjetunion.

▶ **Imperialismus** (von lateinisch imperare „herrschen"; imperium „Herrschaftsgebiet", „Reich") bezeichnet das Streben von Staaten, ihre Macht weit über die eigenen Landesgrenzen hinaus auszudehnen. Das erfolgt dadurch, dass schwächere Länder gezielt politisch, wirtschaftlich, kulturell oder mit anderen Methoden vom stärkeren Land abhängig gemacht werden, oder dass das stärkere Land direkt einen Krieg gegen ein schwächeres Land führt, um die Kontrolle über dieses Land zu erreichen.

Die *deklarierten Ziele* Russlands beschrieb Putin am Tag des Überfalls in einer propagandistischen Rede: „Entmilitarisierung" und „Entnazifizierung" der Ukraine. Die *Entmilitarisierung* (oder Demilitarisierung) bedeutet den Abbau der Armee und Waffen und somit auch der Verteidigungsfähigkeit eines Landes. Als *Entnazifizierung* wurden nach dem Sieg der Alliierten über Hitlerdeutschland im Zweiten Weltkrieg alle Maßnahmen bezeichnet, den Einfluss des Nationalsozialismus zu beseitigen.

1.5 Was will Russland erreichen?

Die russische Propaganda beschuldigt ukrainische Menschen und die ukrainische Regierung, „Nazi" zu sein, und setzt damit die lang bestehende Verachtung und Verleumdung von UkrainerInnen fort. Im russischen Zarenreich wurden die UkrainerInnen beleidigend als „Chochol" oder „Kleinrussen" und die ukrainische Sprache als „Bauerndialekt" bezeichnet. In den 1920er-Jahren kreierte die sowjetrussische Propaganda den Schimpfausdruck „ukrainische bürgerliche Nationalisten", mit dem insbesondere Mitglieder der linken bzw. sozialistisch gerichteten ukrainischen Parteien abwertend bezeichnet wurden. In der Zeit des Zweiten Weltkriegs und danach beschuldigte sie UkrainerInnen, „Nazi", „Nazi-Kollaborateure" und *„Banderowzy"* zu sein.

> **Stepan Bandera und „Banderowzy"**
>
> Als „Banderowzy" werden Anhänger des in der Westukraine geborenen *Stepan Bandera* (1909–1959) bezeichnet. Vor und während des Zweiten Weltkriegs führte Bandera einen bewaffneten Untergrundkampf für einen eigenständigen ukrainischen Staat.
>
> In dieser Zeit wechselte die Herrschaft über die Westukraine zunächst von Polen zur Sowjetunion, anschließend zu NS-Deutschland und wieder zur Sowjetunion. Zusätzlich zu den regulären Armeen kämpften in den (west-)ukrainischen Gebieten verschiedene ukrainische, polnische und sowjetische Widerstandsbewegungen gegen die Besatzungsmächte, sie bekämpften sich auch untereinander. Kollaboration gab es zwischen der Sowjetunion und NS-Deutschland 1939–1941 im Zuge des Hitler-Stalin-Pakts 1939 (= Molotow-Ribbentrop-Pakt), sowie zwischen einzelnen Individuen bzw. Untergrundorganisationen einerseits und der deutschen Besatzung oder dem sowjetischen Regime andererseits.
>
> Bandera kämpfte zunächst gegen die polnische Herrschaft in der Westukraine, nach deren Okkupation durch die Sowjetunion 1939 gegen die sowjetische Besatzung. Bis zum Einmarsch der NS-Deutschen in die Ukraine 1941 glaubte er, mit ihrer Hilfe einen unabhängigen ukrainischen Staat etablieren zu können. Die Besatzer sahen die Ukraine aber als Kolonie, verhafteten Bandera und etliche Mitglieder des von ihm geleiteten radikal-nationalistischen Teils der „Organisation Ukrainischer Nationalisten", OUN, richteten mehrere von ihnen hin; zwei Brüder Banderas starben im KZ Auschwitz. Später kämpfte die OUN auch gegen die deutsche Besatzung.

> Die Zeit des Zweiten Weltkriegs in der Ukraine war gekennzeichnet durch Verbrechen gegen die Bevölkerung der Ukraine seitens der Sowjetunion und NS-Deutschlands; den durch NS-Deutschland organisierten Holocaust an 1–1,7 Mio. Jüdinnen und Juden und antijüdische Pogrome mit Beteiligung von Einheimischen; die Deportation von etwa 2 Mio. Menschen aus der Ukraine als Zwangsarbeitskräfte; Zehntausende Opfer der ukrainisch-polnischen Auseinandersetzungen, vor allem PolInnen, aber auch UkrainerInnen. Insgesamt verlor die Ukraine etwa 8–12 Mio. EinwohnerInnen.

Die sowjetische Propaganda stellte den Ukrainer Bandera als „faschistischen Kollaborateur" dar, um die Idee der ukrainischen Unabhängigkeit zu diskreditieren und die blutige Unterdrückung des gesamten ukrainischen antisowjetischen Widerstands zu rechtfertigen; „Banderowzy" wurde zum Schimpfwort für UkrainerInnen schlechthin. Die heutige russische Propaganda greift dieses Motiv auf: Sie fordert die „Entnazifizierung, Ent-Banderisierung, Ent-Ukrainisierung" der Ukraine, d. h. die Auslöschung der ukrainischen Nation.

In der unabhängigen Ukraine seit 1991 forderten einige AktivistInnen und politische AkteurInnen die Anerkennung der Rolle Banderas im ukrainischen Unabhängigkeitskampf. Für die Mehrheit der Bevölkerung blieb er als Person umstritten, viele kannten ihn gar nicht. Die russische Propaganda verknüpfte den Krieg gegen die Ukraine mit Bandera, das machte ihn schlagartig im ganzen Land bekannt. Seither verwenden manche in der Ukraine den Ausdruck „Banderowzy" satirisch oder als Verhöhnung der russischen Propaganda.

> **„Was Russland mit der Ukraine tun sollte"**
> Auszüge aus dem Text des russischen Politologen Timofej Sergejzew „Was Russland mit der Ukraine tun sollte", publiziert am 3. April 2022 von der staatlichen Russischen Agentur für internationale Informationen, RIA Nowosti:
> „Die Entnazifizierung wird unweigerlich eine Ent-Ukrainisierung sein."
> „Dies ist eine rein russische Angelegenheit."
> „Das Ukrainertum ist eine künstliche antirussische Konstruktion ohne eigenen zivilisatorischen Inhalt, ein untergeordnetes Element einer fremden und entfremdeten Zivilisation."

1.5 Was will Russland erreichen?

> „Die Ent-Banderisierung an sich wird nicht ausreichen, um die Ukraine zu entnazifizieren – das Bander'sche Element ist nur Erfüllungsgehilfe und Vorwand, eine Maskierung für das europäische Projekt der Nazi-Ukraine, so dass die Entnazifizierung der Ukraine auch ihre unvermeidliche Ent-Europäisierung ist."
>
> „Russland hat im 20. Jahrhundert alles getan, um den Westen zu retten. Es verwirklichte das wichtigste westliche Projekt, die Alternative zum Kapitalismus, die die Nationalstaaten besiegte – das sozialistische, rote Projekt."
>
> „Alles, was Russland für den Westen getan hat, hat es auf eigene Kosten getan, indem es die größten Opfer gebracht hat. Der Westen lehnte schließlich all diese Opfer ab, wertete Russlands Beitrag zur Lösung der westlichen Krise ab und beschloss, sich an Russland für die selbstlos geleistete Hilfe zu rächen."
>
> Ähnliche Inhalte äußerte zwei Tage später Dmitri Medwedew, Vizechef des russischen Sicherheitsrates, Ex-Präsident Russlands (2008–2012). Es kann daher davon ausgegangen werden, dass Sergejzews Text in seiner Grundausrichtung der staatlichen Linie entspricht. Der Historiker Timothy Snyder nennt dieses Manifest eine „Anleitung zum Völkermord".

Entgegen der Darstellung der russischen Propaganda stehen die ukrainische Regierung und die überwältigende Mehrheit der UkrainerInnen dem Faschismus und Nationalsozialismus ablehnend gegenüber. Rechte bzw. rechtsextreme Parteien schneiden in der Ukraine bei gesamtstaatlichen Wahlen seit Jahren deutlich schwächer ab als in vielen anderen Staaten Europas und sind weder im ukrainischen Parlament noch in der Regierung vertreten. So erreichte ihre stärkste Gruppe, „Swoboda" (Freiheit), 2012 ca. 10,4 %, 2014 ca. 4,7 %, 2019 ca. 2,2 % der Stimmen.

Der Antisemitismus (= Judenfeindlichkeit) ist in der Ukraine auf einem niedrigen Niveau. Die Antisemitismus-Berichte der Organisation United Jewish Community of Ukraine für 2018–2021 führen ca. 50–90 Antisemitismus-Vorfälle im Jahr an (im Vergleich: 2021 gab es 985 antisemitische Vorfälle in Österreich und 3027 in Deutschland).

Eliav Belotserkovsky, Botschafter Israels in der Ukraine 2014–2018 beschrieb 2016 die Situation im Land: „Wenn man die Ukraine mit anderen europäischen Ländern vergleicht, sind antisemitische Vorfälle viel seltener und haben eher Hooligan-Charakter und sind nicht systemischer Natur". Zum ähnlichen Schluss führen Studien anerkannter internationaler Forschungseinrichtungen, wie z. B. die Studie des US-amerikanischen Pew Research Center aus dem Jahr 2018 zum religiösen Glauben und der nationalen Zugehörigkeit in Mittel- und Osteuropa. Auf die Frage, ob man Juden als MitbürgerInnen, NachbarInnen oder Familienangehörige akzeptieren würde, schnitt die Ukraine am besten ab. Nur 5 % der ukrainischen Befragten beantworteten die Frage mit Nein, im Vergleich zu 14 % in Russland und Ungarn, 16 % in Griechenland, 18 % in Polen und 22 % in Rumänien.

Der ukrainische Präsident Wolodymyr Selenskyj (im Amt seit 2019) ist selbst jüdischer Abstammung, seine Familie hat durch den Holocaust Angehörige verloren. 2016 bis 2019 bekleidete Wolodymyr Hrojsman, ebenfalls jüdischer Herkunft, das Amt des Ministerpräsidenten der Ukraine.

1.6 Wie kann man gleichzeitig Neonazi sein und „Entnazifizierung" fordern?

Aus der Idee der sogenannten „russischen Welt" – der Überlegenheit Russlands über die anderen Völker – entwickelten sich in Russland verschiedene Strömungen. Die AnhängerInnen der einen Bewegung meinen, Russland allein habe Europa im Zweiten Weltkrieg vor dem deutschen Nationalsozialismus gerettet und beschütze Europa auch jetzt vor Neonazis. So hat Putin die „Entnazifizierung der Ukraine" als Kriegsziel ausgerufen.

Die AnhängerInnen einer anderen Strömung wollen Russland von den *liberalen Ideen* abschirmen und vor den „Anderen", gemeint sind AusländerInnen, Homosexuelle, Obdachlose usw., „schützen". Diese Bewegung vertritt faschistische bzw. neonazistische Ideen und die damit verbundene Entmenschlichung.

▶ **Liberal** abgeleitet vom lateinischen liberalis, „die Freiheit betreffend".

Ab den 2000er-Jahren gab es in Russland Versuche, die zahlreichen faschistischen Gruppierungen zu bekämpfen. Später entschied sich Präsident Putin dafür, sie in die eigene Strategie zu integrieren. Im Gegenzug unterstützt die Mehrheit der russischen Neonazis den russischen Präsidenten und auch den Krieg gegen die Ukraine.

Die Neonaziszene in Russland ist sehr gewaltbereit und verübte in der Vergangenheit Hunderte Morde und andere Übergriffe. Faschistische Gruppierungen wie „Russitsch" und die „Russische Reichsbewegung" kämpfen im russischen Krieg gegen die Ukraine. Der Anführer von „Russitsch", Alexei Miltschakow, der durch sein Tierquälerei-Video im Internet bekannt wurde, verwendete öffentlich das Hakenkreuz und sagte über sich selbst: „Ich bin ein Nazi. Sagen wir nicht Nationalist, Patriot. Ich bin ein Nazi".

Russlands hybrider Krieg gegen den Westen 2

2.1 Jahrzehnte feindlicher Aktionen

Am 2007 hielt der Präsident der Russischen Föderation Wladimir Putin eine Rede im Rahmen der Münchner Sicherheitskonferenz in Deutschland. Darin beschuldigte er die USA, die NATO und die EU, die Welt beherrschen zu wollen, und kündigte Gegenschritte seitens Russlands an. Diese „Brandrede" verwunderte viele BeobachterInnen. Einige sahen darin eine Erklärung eines neuen (kalten) Krieges, die breite Öffentlichkeit zog aus der Rede jedoch keine Konsequenzen.

Im Nachhinein betrachtet stellte sich fest, dass Russland spätestens seit jenem Zeitpunkt vermehrt gezielte feindliche Aktionen gegen seine Nachbarn (so der Angriff auf Georgien 2008 und auf die Ukraine 2014) und gegen die westliche Demokratie setzte.

Es gab zahlreiche russische Maßnahmen (Foreign Interference), den Ausgang der Präsidentschaftswahlen in den USA 2016 zugunsten von Donald Trump zu beeinflussen. Im Oktober 2021 erlitten Wirtschaftstreibende und Behörden der USA eine Welle von großen Hackerangriffen, eingeleitet durch die russischen Geheimdienste. Ähnliches erlebten viele Länder der NATO und der EU.

In Deutschland kam 2011–2021 fast ein Drittel der großen Cyberattacken auf Regierungsbehörden, Verteidigungs- und High-Tech-Unternehmen aus Russland (in der Ukraine – vier Fünftel), weitere 12 % entfielen auf China. BeobachterInnen sprechen seit Jahren davon, dass Russland einen Cyberkrieg führt.

Seit dem großflächigen Überfall auf die Ukraine greift Russland die westlichen Länder verstärkt auf mehrere Arten an. Dazu zählen einerseits aktive gewaltsame Handlungen wie Sabotage, Mordanschläge, Störung des GPS- und Funksignals sowie Cyberangriffe. Andererseits tobt der russische Informationskrieg (auch

© Der/die Autor(en), exklusiv lizenziert an Springer Fachmedien Wiesbaden GmbH, ein Teil von Springer Nature 2025
O. Stavrou, *Russlands Krieg gegen die Ukraine*,
https://doi.org/10.1007/978-3-658-47950-3_2

psychologischer Krieg genannt), also Verbreitung von *Propaganda* und Falschinformationen zur Verwirrung der Bevölkerung, die Untergrabung des Vertrauens in staatliche Institutionen und Destabilisierung der öffentlichen Ordnung. Diese unterschiedlichen feindlichen Aktionen werden mittlerweile von vielen als *hybrider Krieg* Russlands gegen den Westen bezeichnet.

Dabei setzt der Kreml unter der Führung des ehemaligen KGB-Offiziers Wladimir Putin die Methode der „aktiven Maßnahmen" (englisch „active measures") ein. Sie wurde vom sowjetischen Geheimdienst KGB entwickelt und durch die Sowjetunion intensiv während des Kalten Krieges genutzt. Die zentrale Rolle in der Methode nehmen sogenannte Einflussagenten ein – JournalistInnen, WissenschaftlerInnen, PolitikerInnen, Gewerkschafts-, Jugend- und FrauenaktivistInnen, religiöse Organisationen und Vereine – also Personen und Gruppen, die öffentlich nicht als prorussisch wahrgenommen werden, aber bewusst oder unbewusst russische Positionen vertreten. Solche AkteurInnen verhelfen den hybriden Kriegsbemühungen Russlands zum Erfolg.

Die Staatspropaganda in Russland

Propaganda (vom lateinischen Verb „propagare" – „ausbreiten") ist der gezielte systematische Versuch, die Meinungen, Gefühle und Handlungen der Menschen zu beeinflussen. Gefährlich wird Propaganda insbesondere dann, wenn

- sie ein Teil der offiziellen Staatspolitik, d. h., auch vom Staat finanziert, ist (staatliche Propaganda);
- sie auf absichtlichen Falschinformationen und der Leugnung der Tatsachen basiert, auch Desinformation, „alternative Tatsachen" oder „Fake News" genannt – also Lügen;
- gleichzeitig der Zugang zu anderen Informationsquellen beschränkt ist, z. B. durch Verbot bestimmter Medien, Verbot der Berichterstattung über bestimmte Themen (= Zensur), eingeschränkten Internetzugang.

In der Propaganda in Russland treten alle der aufgezählten Elemente auf.

Der Westen und westliche Werte

Die russische Propaganda spricht immer wieder vom „*Westen*, der Russland schwächen will". Unter dem historisch entstandenen Begriff „Westen" war in der Vergangenheit Europa gemeint, das geografisch westlich von Asien – vom „Osten" – liegt.

Doch mittlerweile werden als „westlich" allgemein Länder bezeichnet, die ihre gesellschaftspolitische Ordnung nach den sogenannten „westlichen Werten" wie Demokratie, Achtung der Menschenreche, Rechtsstaatlichkeit, individuelle Freiheit, Gleichberechtigung und Marktwirtschaft gestalten. In diesem Sinne gehören nicht-europäische Länder wie die USA, Kanada, Australien, Japan, Südkorea zum „Westen".

Die Wörter „Westen" und „Demokratie" werden nun manchmal gleichgesetzt.

2.2 Instrumente des russischen Infokriegs

In Putins Russland herrscht eine allumfassende Staatspropaganda. Sie richtet sich an russische Bürger im In- und Ausland sowie an andere Länder in Europa und der Welt. Folgende Elemente und Zugänge charakterisieren russische Propaganda:

- Fast alle russischen Medien (Zeitungen, Magazine, Fernseh- und Radiosender, Internetnachrichtenportale) sind regierungstreu und unterliegen der staatlichen Zensur. Sie dürfen nur entsprechend den Vorgaben der Regierung berichten.
- Staatliches Fernsehen ist die Hauptinformationsquelle für die Bevölkerung der Russischen Föderation, vor allem für ältere Menschen und Menschen auf dem Land.
- RT (Russia Today) ist ein russischer Fernsehsender für Propaganda im Ausland. In der EU, den USA und Kanada ist er seit 2022 verboten. Mehrere Indizien deuten darauf hin, dass das Netzwerk von Russia Today-Firmen bzw. ihrer MitarbeiterInnen an der Spionage im Ausland beteiligt sind.
- russische Propaganda ist länder- und zielgruppenspezifisch, das bedeutet: in verschiedenen Ländern werden gezielt für verschiedene Gruppen unterschiedliche (unwahre) Botschaften verwendet bzw. bestehende Gerüchte verstärkt, um die größte Wirkung zu erreichen. Die HerstellerInnen von Propaganda setzen gleichzeitig mehrere Geschichten oder Erklärungen in Umlauf, die sich gegenseitig widersprechen.

- Gezielte Kampagnen zur Desinformation und Manipulation der öffentlichen Meinung, mit Hilfe von Faktenverdrehung, Halbwahrheiten und offensichtlichen Lügen. Besonders viele russische Fakes betreffen die Ukraine und zielen darauf, sie zu diffamieren und westliche Unterstützung zu schwächen.

„Doppelgänger", eine der größten zuletzt bekannt gewordenen Desinformationskampagnen des Kremls, wurde seit 2022 unter Kontrolle der russischen Präsidialverwaltung bzw. der verbundenen Firmen wie Social Design Agency (SDA), Structura und ANO Dialog, geplant und ausgeführt. Sie richtete sich gegen die USA, Großbritannien, mehrere EU-Länder wie Frankreich und Deutschland, die Ukraine usw. Zahlreiche gefälschte Webseiten imitierten dabei täuschend echt seriöse Medien wie The Guardian, Bild, Der Spiegel, Le Monde, The Guardian, ANSA. Darüber verbreiteten sie Hetze und Lügen, die öfters verharmlosend als „Alternativfakten" genannt werden.

Ziel der „Doppelgänger"-Kampagne war, die Unterstützung der Ukraine, vor allem die Waffenhilfe, zu schwächen, Zweifel und Ängste unter der Bevölkerung zu schüren sowie rechtsextreme und linksextreme Parteien und Strömungen zu stärken.

> Die Ausdrücke „Falschinformation", „Desinformation", „Alternativfakten", „Fake-News" usw. bedeuten Unwahrheiten oder Lügen (= gezielt eingesetzte Unwahrheiten). Diese Wörter haben in den letzten Jahren an Popularität gewonnen und werden aus verschiedenen Gründen verwendet, z. B., um Menschen, die Unwahrheiten verbreiten, nicht zu beleidigen, um kompetenter und sachlicher wahrgenommen zu werden, oder um Lügen zu beschönigen, sie als zulässiges Argument zu präsentieren und ihnen eine breite Wirkung zu ermöglichen.

- Ein Netzwerk aus Internetseiten, Fake-Profilen und Bots unterstützt und verbreitet die staatliche russische Propaganda hoch automatisiert und mit Einsatz von Search Engine Optimierung (SEO): Eine Falschmeldung erscheint zuerst auf einer Webseite, und wird dann von den anderen geteilt.

Über solche Multiplikatoren wurden Fake-Nachrichten auf den „Doppelgänger"-Webseiten millionenfach gestreut sowie von vielen pro-russischen und sogenannten „alternativen" Medien außerhalb des organisierten russischen Netzwerkes übernommen. Weitere entlarvte russische Operationen zur Destabilisierung der westlichen Gesellschaften waren „Matrjoschka" mit dem Ziel, JournalistInnen mit

2.2 Instrumente des russischen Infokriegs

Falschinformationen zu überhäufen und sie von seriöser Arbeit abzulenken, oder „Portal Combat".

- Trollfabriken (andere Bezeichnungen: Troll-Armeen, Kreml-Bots), also verdeckte Organisationen mit Hunderten MitarbeiterInnen, die im Auftrag des russischen Staates Falschinformationen im Internet reposten und Kommentare in Foren ausländischer Medien schreiben.
- Verschwörungserzählungen, Anti-Impfkampagnen, antisemitische, rassistische und misogyne (= frauenfeindliche) Stimmungen werden gezielt unterstützt und verbreitet, um den gesellschaftlichen Zusammenhalt zu untergraben.
- Wahlen in anderen Ländern werden durch politische Werbung, Hetzkampagnen und geheime Finanzierung von prorussischen und extremen Gruppen, Parteien und Politikern beeinflusst.

2024 erklärten Belgien und Tschechien, Russland versuche durch geheime Kampagnen, die Wahlen zum EU-Parlament zu beeinflussen. Im September 2024 beschlagnahmte das US-Justizministerium über 30 Webseiten, die es als Teil einer russischen Kampagne zur Manipulation der öffentlichen Meinung im Vorfeld der Präsidentschaftswahlen in den USA identifizierte. Im Dezember 2024 musste das Verfassungsgericht Rumäniens die Präsidentschaftswahlen annullieren (= für ungültig erklären), nachdem massive russische Einmischung und Manipulation zu Gunsten des zuvor völlig unbedeutenden prorussischen Präsidentschaftskandidaten bekannt wurden. Verdeckte Social-Medien-Kampagnen aus Russland machten Werbung für die rechtsradikale Partei Alternative für Deutschland, AfD und das linksradikale Bündnis Sahra Wagenknecht in Deutschland.

- Russland unterstützt und finanziert, oftmals geheim, JournalistInnen, WissenschaftlerInnen, Fonds, Vereine, Kulturorganisationen und Veranstaltungen im Ausland und nutzt diese, um unbemerkt prorussische Narrative und Desinformation in akademischen Kreisen, Universitäten, Kulturbetrieben, Schulbüchern und offiziellen Infomaterialien zu verbreiten.

So zerstört der gezielte russische Einfluss die Basis des kritischen Denkens und zersetzt Gesellschaften von innen. Institutionen werden zusätzlich dafür missbraucht, russische Agenten im Ausland zu unterstützen und zu bezahlen. So galt der Deutsche Hubert Seipel lange als renommierter Journalist, Dokumentarfilmer und Russland-Experte, bis 2023 bekannt wurde, dass er hohe Summen aus dem Umfeld der Regierung Russlands erhielt. Der österreichische Staat fördert mit hohen sechsstelligen Beträgen Vereine, wo mehrere russische Propagandisten, wie der langjährige Online-Chef des russischen Propagandasenders Russia Today Deutsch Florian Warweg, russische Narrative unwidersprochen verbreiten.

2.3 Sonstige hybride Angriffe gegen den Westen

- Subversion und Sabotage, wie Brandlegung, Störung und Beschädigung wichtiger Infrastruktur, Raffinerien, Militärbasen. Bekannt sind Fälle in Norwegen, Großbritannien, Lettland, Litauen, Polen, Deutschland, Estland, Finnland.
- Mordanschläge, z. B. der Giftanschlag auf Sergei Skripal in Großbritannien 2018, der sogenannte „Tiergartenmord" an einem tschetschenischen Oppositionellen in Berlin 2019 durch den russischen Auftragsmörder Wadim Krassikow. 2024 haben deutsche und amerikanische Nachrichtendienste den von russischen Geheimdiensten geplanten Mordanschlag auf den Vorstandschef des deutschen Rüstungskonzerns Rheinmetall vereitelt.
- Spionage. Fälle von entlarvten Spionen wurden in Deutschland, Tschechien, Polen und anderen europäischen Ländern bekannt. In Österreich hat der Mitarbeiter des Verfassungsschutzes vermutlich jahrelang geheime Informationen nach Russland weitergeleitet und zur Zerschlagung der Behörde beigetragen. Der Unternehmer und Vorstandsmitglied von Wirecard Jan Marsalek, der mit ihm zusammenarbeitete, wurde als russischer Agent entlarvt, er flüchtete nach Russland.
- Infiltration (Durchdringung) der ausländischen staatlichen Institutionen durch die sogenannten „Schläfer" – bezahlte HelferInnen, die lange im Ausland ohne besondere Aufgaben leben und erst auf Befehl schädliche Handlungen ausführen.
- Korrumpierung und Bestechung der AmtsträgerInnen.
- Aufheizung bzw. Anstachelung von Massenunruhen, wie z. B. in Frankreich im Sommer 2023, als Fake-Videos aus russischen Telegram-Kanälen die Unruhen verstärkten.
- Störung des GPS-Signals und des Fernsehsignals in Europa, Einsatz von Waffen gegen US-amerikanische Satelliten im All.
- Hackerangriffe, Verbreitung von Schadsoftware, Datenraub. Im Juni 2024 erlitt Großbritannien erneut einen großen russischen Hackerangriff auf das öffentliche Gesundheitssystem, mehr als 1000 Krankenhäuser waren in ihren Tätigkeiten teils schwer beeinträchtigt.

2.4 Erste Gegenmaßnahmen des Westens

Es war für die allermeisten westlichen Länder lange Zeit unvorstellbar, dass Russland einen Krieg losbricht. Daher wurden eindeutig feindliche Aktionen der Russischen Föderation lange verleugnet bzw. als einzelne zufällige Vorkommnisse abgetan. Erst verspätet begannen Regierungen, Gegenmaßnahmen zu treffen sowie Monitoring- und Abwehrmechanismen aufzubauen. Dazu gehört insbesondere der

Kampf gegen die russische Desinformation. So hat die Europäische Union 2022 die russischen Staatssender Russia Today und Sputnik und 2024 die russische propagandistische Plattform für das Ausland „Voice of Europe", die Nachrichtenagentur Ria Nowosti sowie die Zeitungen *Iswestija* und *Rossijskaja gaseta* verboten, sowie Sanktionen gegen Personen und Organisation erlassen, welche die Verbreitung russischer Desinformation gefördert haben.

Im Juni 2024 erklärten die USA und Polen die Gründung einer gemeinsamen Gruppe, die einerseits genaue Berichterstattung über die russische Invasion in der Ukraine fördern und zum anderen Manipulationen des Kremls entlarven soll.

Seit Beginn des Krieges gegen die Ukraine wiesen mehrere Länder in Europa hunderte russische DiplomatInnen aus, die vermutlich für russische Geheimdienste gearbeitet haben.

2.5 Wie die russische Propaganda Schuld bei den Anderen sucht

Die relativ schwache Reaktion auf die lang andauernden russischen feindlichen Aktionen im Westen nutzt die russische Führung, um Russland als Opfer darzustellen, das sich gegen unberechtigte Angriffe wehren müsse.

Die russische staatliche Propaganda greift gezielt auf die Methode der Projektion zurück. Dabei werden eigene Absichten und Taten der anderen Seite zugeschrieben, das heißt, auf die andere Seite projiziert. Bei Unwissenden soll dadurch der Eindruck entstehen, dass russische Handlungen lediglich eine berechtigte Antwort auf Handlungen der „Gegner Russlands" seien.

Einige Beispiele der Projektion in der russischen Propaganda sind in der Tab. 2.1 angeführt.

Der russische Verteidigungsminister Andrej Beloussow bezeichnete den völkerrechtswidrigen Angriffskrieg gegen die Ukraine im August 2024 als einen „De facto bewaffneten Konflikt zwischen Russland und dem Kollektiven Westen".

Wladimir Putin, Präsident der Russischen Föderation meinte bei einem Arbeitstreffen im russischen Innenministerium im April 2024: „Jemand will Rache für Misserfolge im Kampf gegen Russland in historischen Perioden, für Hitlers, Napoleons und dergleichen erfolglose Feldzüge gegen Russland".

Nach dieser Auslegung des Kremls ist es der Westen, der einen Krieg gegen Russland führe; Russlands Invasion der Ukraine sei nur Gegenwehr, die auch durch militärische Schritte gegen andere Länder erweitert werden könnte.

Russische Militärflugzeuge verletzen seit Monaten fast wöchentlich den europäischen Luftraum, sodass Flugzeuge der NATO-Länder Deutschland, Italien und anderer aufsteigen und diese abfangen müssen.

Tab. 2.1 Beispiele der Projektion in der russischen Propaganda. (Tabelle: Oksana Stavrou)

Russlands Anschuldigungen	Russlands Handlungen
„Die Ukraine will Atomwaffen entwickeln und gegen Russland einsetzen"	Russland droht der Ukraine und dem Westen regelmäßig mit Atomwaffen.
„Die Ukraine betreibt Völkermord und bombardiert den Osten der Ukraine"	Die russische Armee beschießt nachweislich ukrainische Krankenhäuser, Wohnbezirke und Energieversorgung und begeht Verbrechen gegen die Zivilbevölkerung. Russland will die selbstständige ukrainische Nation beseitigen.
„Der Westen will Russland angreifen"	Russland führt einen umfassenden hybriden Krieg gegen andere Länder (Cyberwar, Informationskrieg). Im staatlichen russischen Fernsehen drohen die RednerInnen mit einem Einmarsch in Polen, Deutschland und Großbritannien. Es werden Videosimulationen gezeigt, wie Atomraketen Richtung London, Berlin und Paris fliegen sowie – bereits im Jahr 2014 – wie Russland die USA „in atomare Asche verwandeln" könnte.
„Die Ukrainer sind ‚Nazis' und ‚Faschisten'"	Die russische Regierung toleriert neonazistische Gruppierungen in Russland; mehrere der gegen die Ukraine eingesetzten Kämpfer äußern offen faschistische Ideen.

Beim Gedenken an Opfer Nazi-Deutschlands im Jänner 2024 versprach der russische Präsident Putin erneut, „Nazis zu vernichten". Dabei erwähnte er nicht nur die Ukraine, welche die Kreml-Führung mittels Kriegs „entnazifizieren" will, sondern auch die Staaten des Baltikums Litauen, Lettland, Estland.

Ebenfalls im Jänner 2024 drohte Dmitri Medwedew, Vizechef des russischen Sicherheitsrates, Ex-Präsident Russlands, Waffen Richtung Japan auf den umstrittenen Kurilen-Inseln zu platzieren.

Im Mai 2024 erschien auf der offiziellen Rechtsdatenbank der Russischen Föderation ein Verordnungsentwurf der russischen Regierung, die eine einseitige Verschiebung der Meeresgrenzen zu Ungunsten von Finnland und Lettland vorsah. Kurz danach verschwand der Entwurf jedoch wieder.

2024 waren militärische Ressourcen Russlands zum großen Teil in der Ukraine gebunden. Doch das Land hat bereits begonnen, sich neu aufzustellen, Militärausgaben deutlich zu erhöhen, Waffenproduktion zu steigern, kurz gesagt, eine Kriegswirtschaft aufzubauen. Mehrere ExpertInnen warnen davor, dass ein russischer Angriff auf ein anderes Land (z. B. ein NATO-Mitglied) in den nächsten 5 bis 10 Jahren nicht ausgeschlossen sei. Ein direkter militärischer Schlag ist dabei weniger wahrscheinlich als ein hybrider Angriff mit verdecktem russischem Einfluss, der gezielt zu einer kriegerischen Konfrontation führt, also ein Krieg ohne Kriegserklärung.

Vorgeschichte 2014–2022   3

3.1 Euromaidan

2013 arbeiteten die Ukraine und die Europäische Union ein Assoziierungsabkommen, einen Vertrag über eine enge Zusammenarbeit, aus. Der damalige Präsident der Ukraine Wiktor Janukowytsch lehnte jedoch auf Druck Russlands ab, diesen Vertrag zu unterzeichnen. Daraufhin gingen Millionen ukrainische BürgerInnen auf die Straße, um gegen den Präsidenten und für den Vertrag mit der EU und die europäische Zukunft der Ukraine zu protestieren.

Diese Proteste, „Euromaidan" (abgeleitet vom Kyjiwer Hauptplatz Maidan Nesaleschnosti, deutsch „Platz der Unabhängigkeit" – siehe Abb. 3.1) oder „Revolution der Würde" genannt, fanden in vielen ukrainischen Städten während mehrere Winterwochen statt. Anfang 2014 befahl der damalige Präsident, den Protest auf dem Maidan Nesaleschnosti in Kyjiw mit Gewalt aufzulösen. Dabei wurden mehr als einhundert ZivilistInnen getötet, sie werden in der Ukraine die „Himmlische Hundertschaft" genannt. Doch die Menschen protestierten weiter, schließlich flüchtete Janukowytsch nach Russland.

Das ukrainische Parlament wählte daraufhin in einem demokratischen Prozess einen Übergangspräsidenten und eine Übergangsregierung. Es setzte die Neuwahlen für das Amt des Präsidenten für Mai 2014 an.

© Der/die Autor(en), exklusiv lizenziert an Springer Fachmedien Wiesbaden GmbH, ein Teil von Springer Nature 2025
O. Stavrou, *Russlands Krieg gegen die Ukraine*,
https://doi.org/10.1007/978-3-658-47950-3_3

Abb. 3.1 Revolution der Würde (Euromaidan) auf dem Maidan Nesaleschnosti, dem Hauptplatz der ukrainischen Hauptstadt Kyjiw. (Quelle: Wikimedia, Michael E, Lizenz CC BY 3.0, https://commons.wikimedia.org/wiki/File:Euromaidan_in_Kiev_2014_004.jpg)

3.2 Russische Annexion der Krim

Anders als die westlichen Staaten und im Widerspruch zur Faktenlage erklärte die russische Regierung die Euromaidan-Proteste zu einem neonazistischen *Putsch*. Russland nutzte die für die Ukraine schwierige Übergangszeit aus: Russische Spezialeinheiten marschierten am 20. Februar 2014 auf der ukrainischen Halbinsel Krim ein, besetzten eine Woche später das Regionalparlament und das Regierungsgebäude und setzten den russischen Staatsbürger Sergei Aksjonow als neuen „Ministerpräsidenten" der Krim ein. Das Datum 20. Februar 2014 markiert den eindeutigen Start der feindlichen militärischen Handlungen russischer Truppen auf der ukrainischen Krim und gilt somit als Anfang des russisch-ukrainischen Kriegs.

Die Soldaten trugen Militäruniformen ohne Abzeichen, um nicht als russische Armeeangehörige erkannt zu werden. Im Volksmund wurden sie wegen der Farbe der Uniform „grüne Männchen" genannt.

▶ **Putsch** – ähnlich einem Staatsstreich ist ein Putsch ein gewaltsamer Umsturz der politischen Führung eines Landes ohne Einhaltung gesetzlicher Regelungen.

Unter militärischer Besetzung durch Russland und teilweise unter Gewaltandrohung wurde zwei Wochen später auf der Krim ein *Scheinreferendum* für die Angliederung an Russland durchgeführt. Es widersprach damit den demokratischen Standards. Die veröffentlichten gefälschten Ergebnisse zeigten in manchen Orten mehr als 100 % Zustimmung der Befragten. Anschließend annektierte Russland die Krim, das heißt, es erklärte sie zum Teil des eigenen Territoriums.

▶ **Scheinreferendum** – eine vorgetäuschte Volksabstimmung, welche nur dem Schein nach demokratisch und ordnungsgemäß abläuft. Die Ergebnisse sind im Vorhinein bestimmt.

Das Scheinreferendum und die *Annexion* der Krim werden durch die internationale Gemeinschaft nicht anerkannt. Völkerrechtlich ist die Halbinsel Krim ukrainisches Gebiet.

▶ **Annexion** – Aneignung eines fremden Gebietes.

3.3 Scheinrepubliken „DNR" und „LNR"

Spätestens im Mai 2014 erlangte Russland mit militärischen und nichtmilitärischen Mitteln die Kontrolle über große Teile der Regionen Donezk und Luhansk im Osten der Ukraine. Die ukrainische Verwaltung wurde unter Führung russischer Offiziere mit Beteiligung russischer Spezialeinheiten, mit russischen Waffen und russischer Finanzierung sowie Unterstützung lokaler KollaborateurInnen gewaltsam vertrieben. Zwei Scheinrepubliken wurden ausgerufen: „DNR – Donezker Volksrepublik" und „LNR – Luhansker Volksrepublik".

Am 17. Juli 2014 schossen russisch kontrollierte Kämpfer in der Region Donezk die Boeing 777 der Malaysia Airlines, das von Amsterdam nach Kuala Lumpur flog – siehe Abb. 3.2. Eine russische Rakete des Typs BUK brachte das Flugzeug zum Absturz. Alle 298 Menschen an Bord starben. Zwei russische Ex-Armeeangehörige und ein ukrainischer Kollaborateur wurden dafür 2022 in Abwesenheit von einem niederländischen Strafgericht des Mordes schuldig gesprochen. Weitere Gerichtsverfahren laufen.

Abb. 3.2 Wrackteil des Passagierflugzeugs MH17 der Malaysia Airlines, abgeschossen in der Region Donezk am 17. Juli 2014 von russisch kontrollierten Kämpfern. (Quelle: Wikimedia, Verteidigungsministerium des Königreichs der Niederlande, Lizenz CC 0 1.0, https://commons.wikimedia.org/wiki/File:Investigation_of_the_crash_site_of_MH-17.jpg)

Laut Meinungsumfragen wollte die Mehrheit der Bevölkerung den Verbleib der Gebiete bei der Ukraine. Dennoch wurden sie nach Scheinreferenden 2022 ähnlich dem Scheinreferendum auf der Krim an die Russische Föderation angeschlossen.

Im Gegensatz zur Krim stießen die „*Separatisten*" – so werden die AnhängerInnen der russisch geführten „DNR"/„LNR" seit 2014 oft genannt – auf Widerstand der Bevölkerung vor Ort, Freiwilligen und der ukrainischen Streitkräfte. Im April 2014 rief der ukrainische Übergangspräsident Oleksandr Turtschynow die sogenannte Antiterroristische Operation, ATO, aus. Der Krieg und die russische Besatzung in diesen Gebieten dauern seitdem an. In den Kämpfen wurden bis 2022 etwa 14.000 Menschen getötet. Rund zwei Millionen Menschen sind aus den umkämpften Gebieten geflüchtet.

▶ Als **SeparatistInnen** werden Teile der Bevölkerung bezeichnet, die sich von dem Staat, in dem sie leben, trennen wollen.

> Die Scheinrepubliken „DNR" und „LNR" wurden von 2014 an vom russischen Staat mit Hilfe russischer StaatsbürgerInnen kontrolliert. Letztere sind weder „SeparatistInnen" noch „RebellInnen" im engeren Sinn des Wortes. Richtigerweise bieten sich die Bezeichnungen *russisch kontrollierte Milizen / KämpferInnen* bzw. *BesatzerInnen* (für russische StaatsbürgerInnen) oder *„KollaborateurInnen"* (für lokale BewohnerInnen) an.

3.4 Friedensbemühungen

Seit 2014 bis zum Start der großflächigen russischen Invasion 2022 wurden unter Beteiligung der Ukraine, Russlands und mehrerer westlicher PolitikerInnen Gespräche über mögliche Friedenslösungen geführt. In Minsk, der Hauptstadt von Belarus, wurden die sogenannten „Minsker Friedensabkommen" unterzeichnet, deren Bestimmungen jedoch nie gänzlich umgesetzt wurden.

Russland war nicht bereit, seine völkerrechtswidrige Einmischung in der Ukraine zu beenden, und brach kurz nach der Unterzeichnung den Waffenstillstand. Die Ukraine hält an den völkerrechtlich gültigen Grenzen von 1991 fest, auf die sich auch die Minsker Abkommen beziehen. Seit 2014 fanden in den besetzten Regionen Donezk und Luhansk immer wieder Kämpfe zwischen der ukrainischen Armee und den russisch kontrollierten Einheiten statt.

3.5 Eskalation 2021 – Anfang 2022

Im Laufe des Jahres 2021 verlegte Russland etwa 150.000 Soldaten an die Grenze zur Ukraine. Ukrainische und ausländische PolitikerInnen versuchten die Aufmerksamkeit der Weltöffentlichkeit auf den russischen Aufmarsch zu lenken und durch Gespräche mit dem russischen Präsidenten Wladimir Putin, den Angriff auf die Ukraine abzuwenden.

Am 12. Juli 2021 veröffentlichte Putin ein Essay „Zur historischen Einheit von Russen und Ukrainern", in dem er die Existenz der Ukraine als eigene Nation in Frage stellte. ExpertInnen bewerteten das als Vorbereitung eines Angriffs. Massive russische Cyberattacken auf die kritische Infrastruktur der Ukraine ab Jänner 2022 bestärkten diese Annahme.

Putin behauptete bis knapp vor dem 24. Februar 2022, die Ukraine nicht überfallen zu wollen.

„Ich bin überzeugt, dass er die Entscheidung getroffen hat. Wir haben Grund, davon auszugehen."
Joe Biden, Präsident der USA, am 18. Februar 2022 bei der Pressekonferenz im Weißen Haus auf die Frage zu den Plänen des russischen Präsidenten Putin, die Ukraine anzugreifen.

Am 24. Februar 2022 um 5 Uhr früh erklärte Präsident Putin in einer Rede den Start der „speziellen Militäroperation" in der Ukraine.

Geschichte und Wissenswertes 4

4.1 Entstehung der Ukraine und Russlands

Die ukrainische Hauptstadt Kyjiw entstand im fünften Jahrhundert. Vom 9. bis 13. Jahrhundert war die Stadt das Zentrum eines großen, von Ostslawen, Finnen, Normannen und anderen bewohnten Reiches der Kyjiwer Rus, welches vom Schwarzen Meer im Süden bis zur Ostsee im Norden reichte und große Teile der heutigen Ukraine, Belarus sowie den Westen Russlands einschloss. Seine Fürsten übernahmen das Christentum und bauten Kyjiw prächtig auf. Kyjiw pflegte einen regen Austausch mit anderen Ländern Europas, einschließlich einer erfolgreichen Heiratspolitik. So wurde Anna Jaroslawna, auch als Anna von Kyjiw bekannt, Tochter des Kyjiwer Großfürsten Jaroslaw des Weisen und dessen Frau Ingegerd von Schweden, zur zweiten Ehefrau des französischen Königs Heinrich I. und somit zur Königin von Frankreich (Abb. 4.1).

Im 12. Jahrhundert ließ ein Sohn des Kyjiwer Fürsten, Fürst Juri Dolgoruki (Abb. 4.2), am Ufer des Flusses Moskwa eine Wehranlage errichten. Diese neue Stadt, die nach dem Fluss Moskau genannt wurde, entwickelte sich rasch.

Als Kyjiw in Folge der mongolischen Invasion geplündert wurde, übernahm das Königreich Galizien-Wolhynien (12.-14. Jahrhundert) die Nachfolge der Kyjiwer Rus. Der Begriff „Rus", „ruski" wurde aber noch lange als Bezeichnung für diese Region sowie für nord-östliche Gebiete bis nach Moskau verwendet.

Nach dem Zerfall des Königreichs Galizien-Wolhynien kamen die Gebiete der heutigen Ukraine im Laufe der nächsten Jahrhunderte unter die Herrschaft von Polen-Litauen, der Habsburger Monarchie, des Moskauer Zarenreiches. Im Süden wurden sie vom Krim-Khanat bzw. dem Osmanischen Reich kontrolliert.

© Der/die Autor(en), exklusiv lizenziert an Springer Fachmedien Wiesbaden GmbH, ein Teil von Springer Nature 2025
O. Stavrou, *Russlands Krieg gegen die Ukraine*,
https://doi.org/10.1007/978-3-658-47950-3_4

Abb. 4.1 Anna von Kyjiw (um 1024 bis vermutlich 1078), 1051–1060 Königin von Frankreich, zweite Ehefrau Heinrichs I. von Frankreich. Mosaik in der U-Bahn-Station Soloti Worota in Kyjiw. (Quelle: Wikimedia, https://upload.wikimedia.org/wikipedia/commons/f/fe/Anna_Yaroslavna_of_Kiev.jpg)

Im 17. Jahrhundert entstand in der Zentral-Ukraine ein Kosakenstaat. Er fiel später unter die Herrschaft des Moskauer Zarenreiches.

Im Laufe der Jahrhunderte eroberte und kontrollierte das Großfürstentum Moskau große Gebiete von der Ostsee bis Kamtschatka und dem Japanischen Meer, von Sibirien bis zum Kaukasus. Es wurde zu einem riesigen Imperium mit einem Zaren als Staatsoberhaupt und Moskau bzw. St. Petersburg als politisches Zentrum.

Abb. 4.2 Juri Dolgoruki (1090–1157), Sohn des Kyjiwer Großfürsten Wolodymyr Monomach, Fürst von Rostow, Großfürst der Kyjiwer Rus, Gründer von Moskau. (Quelle: Wikimedia, Tsarskij tituljarnik, https://commons.wikimedia.org/wiki/File:Dolgorukiy_titularnik.jpg)

4.2 Was bedeutet „Ukraine"?

Für das Zartum Moskau wurde ab dem 17. Jahrhundert zunehmend der moderne Name „Russland" verwendet. Im 18. Jahrhundert benannte der Moskauer Zar Peter I. es offiziell in Russländisches (bzw. Russisches) Reich um. Die westlichen Nachbargebiete und ihre Sprachen wurden „weißrussisch" (heutiges Belarus) und „kleinrussisch" (heutige Ukraine) genannt. Die lokale Bevölkerung bzw. die intellektuellen Eliten empfanden die Bezeichnung „kleinrussisch" als unpassend bzw. beleidigend und setzten zunehmend den Namen „Ukraine" bzw. „ukrainisch" durch.

Das Wort Ukraine (ukrainisch „Ukrajina") bedeutet „das Land" (ukrainisch „krajina", „kraj") und findet sich bereits in Schriften aus dem 12. Jahrhundert.

4.3 Der ukrainische Staat nach dem Ersten Weltkrieg

Anfang des 20. Jahrhunderts gehörte die Westukraine (vor allem Galizien) zur Österreichisch-Ungarischen Monarchie und die Zentral- und Ostukraine zum Russischen Zarenreich. Die beiden Imperien zerfielen im Laufe bzw. als Konsequenz des Ersten Weltkriegs. An ihrer Stelle entstanden mehrere neue Staaten, so auch die Ukraine. Nach dem Ersten Weltkrieg wurden im Osten der heutigen Ukraine die „Ukrainische Volksrepublik" und im Westen die „Westukrainische Volksrepublik" ausgerufen. 1919 schlossen sich die beiden Republiken zusammen.

In Russland übernahmen nach der Russischen Revolution 1917 die Bolschewiken bzw. Kommunisten unter Führung von Wladimir Iljitsch Uljanow (Lenin) die Macht. Anschließend marschierten die russischen Bolschewiken in die Zentral- und Ostukraine ein und schlossen sie 1922 nach einem mehrjährigen Krieg an die Sowjetunion an. Im gleichen Zeitraum marschierte die polnische Armee in die Westukraine ein und gliederte sie an Polen an.

Im Zweiten Weltkrieg besetzte die sowjetische Rote Armee die vordem polnisch verwaltete Westukraine genauso wie Estland, Lettland und Litauen und schloss sie der Sowjetunion an.

4.4 Die Sowjetunion und ihr Zerfall

Die Union der Sozialistischen Sowjetrepubliken – UdSSR oder Sowjetunion – wurde 1922 gegründet. Sie bestand am Ende aus 15 Republiken, die bevölkerungsreichsten davon waren die Russische Sozialistische Föderative Sowjetrepublik und die Ukrainische Sozialistische Sowjetrepublik.

Die UdSSR war eine von Moskau gesteuerte *Diktatur* der kommunistischen Partei Russlands. Wer ihr widersprach, wurde verfolgt bzw. vernichtet. Alle wichtigen Entscheidungen wurden in der russischen Hauptstadt Moskau getroffen. Im Ausland hat man die Sowjetunion daher oft nur „Russland" genannt.

▶ **Diktatur** bedeutet, dass eine Person (= Diktator) oder eine Gruppe von Menschen in einem Staat unbeschränkte politische Macht haben. Eine Diktatur ist das Gegenteil von Demokratie, in welcher das Volk über die Politik bestimmt. In einer Diktatur gibt es keine freien Wahlen, der Diktator ist nicht an Gesetze oder Menschenrechte gebunden, KritikerInnen werden verfolgt, Proteste und andere Meinungen mit Gewalt unterdrückt.

Ende der 1980er-Jahre nahmen in der Sowjetunion Auflösungserscheinungen zu. Die baltischen Sowjetrepubliken Estland, Lettland und Litauen erklärten 1990 ihre Unabhängigkeit. Es folgten andere Republiken sowie die Ukraine am 24. August 1991. Im Dezember 1991 unterschrieben die Präsidenten von Russland, der Ukraine und Belarus einen Vertrag über die Auflösung der Sowjetunion. Das Ende der Sowjetunion folgte am 25.–26. Dezember 1991 mit dem Rücktritt des damaligen Präsidenten der Sowjetunion und einem Parlamentsbeschluss.

4.5 Russische Sprache in der Ukraine

Im Russischen Reich verboten russische Zaren im Laufe der Geschichte mehrmals die ukrainische Sprache, ukrainische Bücher, Schulunterricht, Gottesdienste und Theatervorstellungen auf Ukrainisch. Ukrainisch wurde trotzdem weiter verwendet. Auch die ostukrainischen Regionen (Charkiw, Donezk, Luhansk) und die angrenzenden westlichen Regionen Russlands (Belgorod, Taganrog, Kuban, Rostow-am-Don) wurden seit Langem von ethnischen UkrainerInnen bewohnt, die traditionell ukrainisch sprachen – siehe Abb. 4.3.

„Eine kleinrussische Sprache gab es nicht, sie gibt es nicht und kann es nicht geben."
Das Walujew-Zirkular aus dem Jahr 1863 über die ukrainische Sprache. Diese geheime Verordnung des Innenministers des russischen Reiches, Peter Walujew, verbot die Publikation von Unterrichtsbüchern und religiöser Texte in ukrainischer Sprache.

In der Zeit der Sowjetunion schrumpfte die ukrainischsprachige Bevölkerung in der Ukraine durch Gewalt und die gezielte Politik der *Russifizierung*. Durch die vom sowjetischen Staat 1932–33 künstlich organisierte Hungersnot, auf Ukrainisch „Holodomor", starben an die vier Millionen UkrainerInnen. Weitere 8–12 Mio. EinwohnerInnen verlor die Ukraine im Zweiten Weltkrieg.

Holodomor
In den 1920er-Jahren startete die Sowjetunion unter der Führung von Diktator Josef Stalin die *Zwangskollektivierung* – den Umbau der Landwirtschaft hin zu staatlichen Großbetrieben, den sogenannten „Kolchosen". Die Bauern wurden gezwungen, ihr Land und Vieh abzugeben und in den Kolchosen zu arbeiten. Sie bekamen keinen Lohn, sondern einen Teil der Ernte. Zur Einschüchterung wurden Hunderttausende in der Sowjetunion lebende Bauern und Bäuerinnen enteignet und in entlegene Gebiete deportiert.

Abb. 4.3 Ethnografische Übersichtskarte des ukrainischen Nationalterritoriums, Kartografische Anstalt G. Freytag & Berndt, Ges. m. b. H., Wien, 1910. (Quelle: Digitale Nationalbibliothek Polens, https://polona.pl/item/ethnographische-ubersichtskarte-des-ukrainischen-nationalterritoriums,MTI2MDk4ODQ4/0/#info:metadata)

Die Karte zeigt als ethnisch ukrainisch besiedeltes Territorium auch Gebiete im Westen des heutigen Russlands. Sie verwendet die alte ukrainische Schreibweise Bilhorod, Rosstiw, Sstawropil für die nun russischen Städte Belgorod, Rostow, Stawropol, sowie Ssewastopil, Ssymferopil für die Städte Sewastopol und Simferopol auf der Halbinsel Krim. Die ukrainische Hauptstadt steht als Kyjiw und der Hauptfluss der Ukraine als Dnipro bezeichnet, was der aktuellen ukrainischen Aussprache entspricht.

Die rote Linie ist nicht Teil der ursprünglichen Karte und zeigt annähernd den aktuellen Grenzverlauf.

> Um die ukrainischen Bauern für ihren Widerstand gegen die Kollektivierung zu bestrafen, verpflichtete Moskau 1932 die Ukrainische Sowjetrepublik, so viel Ernte abzugeben, dass für die Bauern selbst zu wenig Nahrung übrigblieb. Soldaten beschlagnahmten Lebensmittel und Saatgut und umzingelten Dörfer, damit Hungernde nicht in die Städte fliehen konnten.
>
> In der Zentral- und Ostukraine, dank ihrer fruchtbaren Schwarzerde und reichen Ernten als „Kornkammer Europas" bekannt, brach eine Hungersnot aus, welche etwa vier Millionen Todesopfer forderte. Diese Hungersnot wird

4.5 Russische Sprache in der Ukraine

> *Holodomor* genannt, abgeleitet von „Töten durch Hunger". Über 30 Länder haben den Holodomor offiziell als Völkermord an den UkrainerInnen anerkannt, darunter Deutschland, Frankreich, Belgien, die Schweiz, die USA, Kanada, Brasilien, Mexico (Österreich bisher nicht).
> In anderen Gebieten der Sowjetunion, wie in Kasachstan und im mehrheitlich mit ethnischen UkrainerInnen besiedelten Kuban, starben 1932–1933 Millionen weiterer Menschen.

Anstelle der nun fehlenden ukrainischen Arbeitskräfte wurden gezielt russische BürgerInnen angesiedelt. Sie arbeiteten in den Kohlebergwerken und in Fabriken der Schwerindustrie (Maschinenbau, Metallverarbeitung) im Osten der Ukraine, darunter im Donbas (= Donezbecken).

In der Sowjetunion war Russisch faktisch die Staatssprache und wurde verpflichtend in der Schule unterrichtet. Alle anderen Sprachen galten als dem Russischen untergeordnet. Ukrainische Intellektuelle, Kunst- und Kulturschaffende wurden immer wieder verfolgt, Hunderte von ihnen hingerichtet, Tausende in den sowjetischen fernen Osten deportiert, wo viele von ihnen in Straf- und Arbeitslagern, dem sogenannten „*Gulag*", starben.

Die Zeit in den 1930er-Jahren, als die ukrainische kulturelle Elite besonders verfolgt und ukrainische Kulturschaffende hingerichtet wurden, nennt man in der Ukraine die *„hingerichtete Renaissance"*.

Die Verwendung der ukrainischen Sprache im öffentlichen Leben, Film und Theater, in Büchern und der Presse war zur Zeit der Sowjetunion eingeschränkt. In manchen Orten der Ost- und Südukraine wie Luhansk, Donezk, Simferopol oder Mykolajiw gab es in den 1980er-Jahren keine einzige ukrainische Schule. An den dortigen Universitäten war Russisch die einzige Unterrichtssprache. Viele Kinder ukrainischsprachiger Eltern konnten schließlich nur noch Russisch sprechen.

Diese gezielte Sprachpolitik führte zu einer weitgehenden Russifizierung der ethnisch ukrainischen Gebiete.

In der seit 1991 unabhängigen Ukraine ist Ukrainisch die Staatssprache. In den letzten Jahren gab es einige Bemühungen, die noch immer bestehende Dominanz des Russischen in mehreren Bereichen zu mindern. So betrug 2020 die Auflage ukrainischsprachiger Zeitschriften in der Ukraine von allen Zeitschriften 31 %, die russischsprachiger 67 %. Dabei definierten 73 % der Bevölkerung Ukrainisch als Muttersprache und nur 26 % Russisch.

Die überwiegende Mehrheit der BewohnerInnen der Ukraine beherrscht beide Sprachen. Unabhängig von der verwendeten Sprache fühlen sich die meisten

UkrainerInnen als BürgerInnen des ukrainischen Staates. Der ukrainische Präsident Selenskyj ist selbst in einer russischsprachigen Familie aufgewachsen und hat bis zu seiner Präsidentschaft sogar bei öffentlichen Auftritten öfters Russisch verwendet.

Seit dem Beginn der russischen Kriegshandlungen wollen viele UkrainerInnen die russische Sprache nicht mehr benutzen; für sie wurde Russisch zur Sprache der Angreifer.

Kyjiw, nicht Kiew
Nach der ukrainischen Legende wurde die heutige ukrainische Hauptstadt von den drei Brüdern Kyj, Schtschek und Choryw sowie ihrer Schwester Lybid gegründet und nach dem Namen des ältesten Bruders Kyjiw genannt. In einigen Sprachen gibt es eine eigene Bezeichnung der Stadt, zum Beispiel „Kijów" auf Polnisch. Auf Englisch wird die internationale Bezeichnung „Kyiv" verwendet, die von der ukrainischen Aussprache ausgeht.

SprachwissenschaftlerInnen empfehlen: Wenn es keine eigene Bezeichnung für die ukrainische Hauptstadt gibt, sollte man sich an der ukrainischen Form orientieren, nicht an der russischen. Auf Deutsch wäre die richtige Bezeichnung für die Stadt somit „Kyjiw" und nicht „Kiew".

Die deutsche Bundesregierung änderte offiziell die Schreibweise der ukrainischen Hauptstadt in amtlichen Dokumenten auf „Kyjiw" im Februar 2024.

4.6 Sprachliche Unterschiede zwischen Ukrainisch und Russisch

Ukrainisch und Russisch gehören zu der Sprachfamilie der slawischen Sprachen. Weitere slawische Sprachen sind Polnisch, Tschechisch, Slowakisch, Bulgarisch, Belarusisch, Serbisch, Kroatisch, Slowenisch, Bosnisch, Mazedonisch usw. Es gibt in den slawischen Sprachen viele Wörter, die ähnlich klingen, aber eine andere Bedeutung haben. Man kann sich in verschiedenen slawischen Sprachen über einfache Themen ungefähr verständigen, jedoch nicht frei kommunizieren.

Die meisten UkrainerInnen sprechen auch Russisch, da sie es lange Zeit lernen mussten. RussInnen können kein Ukrainisch sprechen, ohne es vorher gelernt zu haben. Für sie klingt Ukrainisch etwa so, wie ein deutschsprachiger Mensch die niederländische Sprache wahrnimmt.

4.7 Die Rolle der orthodoxen Kirche

Der Kyjiwer Fürst Wolodymyr der Große hat im Jahr 988 das Christentum byzantinischer Tradition (Vorläufer der späteren Orthodoxie) angenommen und es als Staatsreligion der Kyjiwer Rus eingeführt. Dieses Ereignis wird als „Taufe der Rus" bezeichnet. Von Kyjiw aus breitete sich der christliche Glaube auf die Nachbargebiete aus, auch auf das Moskauer Reich. Als die ukrainischen Gebiete zunehmend unter die Herrschaft des Moskauer Zarenreichs gerieten, baute die Moskauer orthodoxe Kirche ihren Einfluss aus, auch über die ukrainische orthodoxe Kirche.

Der russische Zar Peter I. stellte die russische orthodoxe Kirche im 18. Jahrhundert unter staatliche Kontrolle. Das kommunistische Regime der Sowjetunion bekämpfte zunächst alle Religionen, darunter auch die orthodoxe Kirche. Der sowjetische Diktator Josef Stalin sah in der russischen Kirche aber ein Instrument der Beeinflussung der Bevölkerung und ließ sie unter staatlicher Kontrolle wieder zu. Andere Glaubensgemeinschaften wurden weiterhin verfolgt. Ab dieser Neugründung waren Geistliche der russisch-orthodoxen Kirche fest in die staatlichen Strukturen, darunter Geheimdienste, integriert. Auch im heutigen Russland ist die orthodoxe Kirche eng mit dem Staat verflochten.

In der Ukraine gibt es neben der Orthodoxie mehrere Religionen bzw. Glaubensgemeinschaften: die Ukrainische Griechisch-Katholische Kirche (auch als unierte Kirche bezeichnet), die Römisch-Katholische Kirche, den Islam, das Judentum, protestantische Kirchen und andere.

Da das religiöse Bekenntnis in der Ukraine offiziell nicht festgehalten wird, gründen entsprechende Angaben auf Umfragen bzw. Schätzungen. Ihnen zufolge macht der christlich-orthodoxe Glaube mit 70 % der Bevölkerung die größte Glaubensgemeinschaft in der Ukraine aus. Laut einer der Umfragen zählen sich etwa vier Fünftel der orthodoxen Gläubigen zu der unabhängigen *Orthodoxen Kirche der Ukraine (OKU)*. Sie wurde im Jahr 2019 vom ökumenischen Patriarchen von Konstantinopel (= Ehrenoberhaupt der orthodoxen Christen), Bartholomäus I., als autokephal (= eigenständig) anerkannt.

Ein Fünftel der orthodox Gläubigen in der Ukraine gehörte vor 2022 der *Ukrainisch-Orthodoxen Kirche (UOK)* an. Diese stand und steht weitgehend unter dem russischen Einfluss, auch wenn sie seit 2022 administrativ von der Russischen Orthodoxen Kirche losgelöst ist. Wegen der russischen Aggression gegen die Ukraine, Verbreitung der russischen Propaganda und Kollaboration mehrerer Geistlicher mit den russischen Besatzungstruppen wenden sich seit 2014 und besonders seit 2022 Gläubige von dieser Kirche ab. Bei Umfragen im Jahr 2024 bekannten sich nur noch 8 % der orthodox Gläubigen zur UOK.

Die Russische Orthodoxe Kirche unterstützt offen den russischen Krieg gegen die Ukraine, Patriarch Kirill, das Oberhaupt der Kirche nennt ihn einen „heiligen Krieg". In den russisch besetzten Gebieten der Ukraine werden die OKU und andere Glaubensgemeinschaften verfolgt, teilweise enteignet und Priester willkürlich festgenommen und gefoltert. Gottesdienste in ukrainischer Sprache sind verboten.

Der ukrainische Staat hat inzwischen begonnen, die bestehenden Privilegien für die UOK abzuschaffen, insbesondere durch Kündigung der Pachtverträge von Grundstücken, die von der UOK genutzt werden (etwas 2023 für einen Teil des berühmten Kyjiwer Höhlenklosters, siehe Abb. 4.4).

Ein im August 2024 verabschiedetes ukrainisches Gesetz verbietet die Tätigkeit der Russischen Orthodoxen Kirche auf dem Gebiet der Ukraine und sieht die Möglichkeit vor, religiöse Organisationen mit einer nachgewiesenen Verbindung zum Aggressorstaat Russland bzw. zur Russischen Orthodoxen Kirche gerichtlich zu verbieten. Das teils kritisierte Gesetz erwähnt die UOK nicht ausdrücklich. Ihre Pfarren bzw. religiösen Teilorganisationen sind nach ukrainischem Recht getrennte Rechtssubjekte. Ob eine oder mehrere davon unter das gesetzliche Verbot fallen, wird in jedem Einzelfall auf Antrag der Behörden ein Gericht entscheiden müssen.

Abb. 4.4 Kyjiwer Höhlenkloster, gegründet im 11. Jahrhundert, einer der bedeutendsten christlich orthodoxen Stätten in der Ukraine. Der Klosterkomplex gehört seit 1990 zum UNESCO-Weltkulturerbe. (Foto: Falin. Quelle: Wikimedia, Falin, Lizenz CC BY-SA 3.0, https://commons.wikimedia.org/wiki/File:Лавра.jpg)

> **Weihnachten am 25. Dezember oder am 7. Jänner?**
> Die Russische Orthodoxe Kirche folgt bis heute dem alten Julianischen Kalender und feiert Weihachten am 7. Jänner, ähnlich wie orthodoxe Gläubige z. B. in Belarus und Serbien. Andere orthodoxe Kirchen, z. B. in Griechenland und Bulgarien, sowie katholische und protestantische Kirchen richten sich hingegen beim Weihnachtsfest nach dem neuen Gregorianischen Kalender und feiern Weihnachten am 25. Dezember.
>
> Bis zuletzt feierten ChristInnen in der Ukraine religiöse Feiertage nach dem alten Julianischen Kalender gleichzeitig mit Russland. Bereits 2017 wurde in der Ukraine der 25. Dezember parallel zum 7. Jänner als arbeitsfreier Feiertag für das Weihnachtsfest gesetzlich eingeführt. Ein ukrainisches Gesetz vom Juli 2023 verlegte das Weihnachtsfest auf den 25. Dezember, der 7. Jänner ist kein offizieller Feiertag mehr. Dem Gesetz gingen gleichlautende Entscheidungen der Ukrainischen Griechisch-Katholischen Kirche und der Orthodoxen Kirche der Ukraine voran.
>
> Beim Osterfest halten sich weiter alle orthodoxen Kirchen – mit Ausnahme der finnischen – an den Julianischen Kalender.

4.8 Was stimmt nicht mit der Erzählung von den Brudervölkern?

Die Tatsache, dass die russische Hauptstadt Moskau von einem Kyjiwer Fürsten gegründet wurde, große Teile der heutigen Ukraine, Belarus und Russlands im Mittelalter unter der Oberhoheit von Kyjiw standen und den orthodoxen Glauben aus Kyjiw übernahmen, sieht Russland als historische „Verwandtschaft".

Die russische Propaganda nennt die drei Länder Belarus, Russland und die Ukraine „Brudervölker", mit der Vorstellung, Russland sei der „große Bruder" und könne daher über das Schicksal der „kleinen Brüder" Ukraine und Belarus bestimmen. Die UkrainerInnen lehnen den Propaganda-Ausdruck „Brudervölker" mit der Begründung ab: Jedes Volk hat das Recht, über sich selbst zu entscheiden, und braucht dafür keine „Brüder".

4.9 Krim

Die Halbinsel Krim wurde seit Jahrhunderten von KrimtatarInnen bewohnt. Im Zuge des Zerfalls der turko-mongolischen Goldenen Horde entstand im 15. Jahrhundert das Krim-Khanat. Dieses wurde 1783 durch das russische Zarenreich erobert, worauf die Russifizierung der Halbinsel folgte. Nach dem Zerfall des Zarenreichs 1917 riefen Krimtataren die „Volksrepublik Krim" aus. Sie wurde von russischen Bolschewiken besetzt und an die UdSSR angegliedert.

Im Zweiten Weltkrieg wurde die Krim 1941–1944 von der deutschen Wehrmacht besetzt. Nach der Wiedererlangung der Kontrolle über die Krim 1944 befahl der sowjetische Machthaber Stalin, alle KrimtatarInnen nach Zentralasien zu deportieren. Sie wurden pauschal der Kollaboration mit NS-Deutschland beschuldigt. Es folgten Massendeportationen von GriechInnen, BulgarInnen, ArmenierInnen und anderen Nationalitäten von der Krim. Mehrere Tausend Menschen kamen dabei ums Leben. Ihre Häuser wurden russischen SiedlerInnen zur Verfügung gestellt, sodass RussInnen bald zu einer absoluten Mehrheit auf der Krim wurden.

Nach dem Zweiten Weltkrieg lag die Krim in Trümmern. Administrativ war die Halbinsel Teil der föderativen russischen Sowjetrepublik, hatte aber keine Landverbindung mit ihr. Die Krim hatte nicht ausreichend Trinkwasser und war von der Versorgung mit Strom und Waren vom ukrainischen Festland abhängig. Um den Wiederaufbau der Krim voranzutreiben und die Verwaltung zu erleichtern, wurde die Krim 1954 in die Zuständigkeit der Ukraine übergeben, obwohl die EinwohnerInnen überwiegend russisch waren.

Administrative Grenzverschiebungen ungeachtet der ethnischen Zusammensetzung der Gebiete fanden in der sowjetischen Geschichte mehrmals statt. In den 1920er-Jahren gingen Kuban und Gebiete rund um Belgorod und Taganrog im Süden und Osten der Ukraine an die russische Sowjetrepublik, obwohl deren größter Bevölkerungsanteil ukrainisch war.

Die vertriebenen KrimtatarInnen durften offiziell erst ab 1989 auf die Krim zurückkehren.

Beim allukrainischen Referendum im Dezember 1991 stimmte die Mehrheit der Krim-EinwohnerInnen für die Unabhängigkeit der Ukraine in den bestehenden Grenzen.

Seit 2014 ist die Krim russisch besetzt, seither werden die KrimtatarInnen erneut verfolgt, so wie die Eltern der ukrainischen Sängerin krimtatarischer Herkunft Jamala (Abb. 4.5), deren Haus auf der Krim durch russische Okkupationsbehörden 2024 konfisziert wurde. Mehr zur völkerrechtswidrigen Annexion der Krim und zum Leben unter russischer Besatzung siehe Abschn. 3.2 und 9.2.

Abb. 4.5 Jamala (*1983, bürgerlich Sussana Dschamaladinowa), ukrainische Sängerin krimtatarischer Herkunft. 2016 gewann Jamala beim Eurovision Song Contest mit dem selbst komponierten, teilweise auf Krimtatarisch gesungenen Lied „1944" über die Vertreibung ihrer VorfahrInnen aus der Krim. (Quelle: Wikimedia, Albin Olsson, Lizenz CC BY-SA 4.0, https://commons.wikimedia.org/wiki/File:ESC2016_winner's_press_conference_09.jpg)

Militärbündnisse nach dem Zweiten Weltkrieg 5

5.1 NATO und Warschauer Pakt im Kalten Krieg

Nach dem Ende des Zweiten Weltkrieges 1945 waren sich die alliierten Siegermächte USA, Großbritannien, Frankreich und die Sowjetunion nicht einig, wie sich die Welt weiterentwickeln und welche Ideologie ausschlaggebend sein sollte – Kommunismus oder westliche Demokratie.

> **Kommunismus**
> Der Kommunismus als Ideologie (= Sammlung politischer Ideen) entstand im 19. Jahrhundert. Ihm zufolge sollte es kein Privateigentum geben, sondern alle wichtigen Objekte in einem Staat, wie Grund und Boden, Häuser und Unternehmen, sollten im Eigentum des Staates stehen. Der Theorie nach soll der staatliche Besitz dazu führen, dass alle Menschen im Land gleich sind und alles für das Leben Notwendige bekommen.
>
> In der Praxis verwandelte sich bis jetzt jeder Staat, der die kommunistischen Prinzipien ausrief, in eine Diktatur bzw. ein autoritäres Regime, wo eine Partei die gesamte Politik kontrolliert, andere Weltanschauungen unterdrückt und ihre VertreterInnen verfolgt werden. Die Sowjetunion, China, Nordkorea, Kuba, Vietnam und Laos sind nur einige Beispiele dafür.

© Der/die Autor(en), exklusiv lizenziert an Springer Fachmedien Wiesbaden GmbH, ein Teil von Springer Nature 2025
O. Stavrou, *Russlands Krieg gegen die Ukraine*,
https://doi.org/10.1007/978-3-658-47950-3_5

Den Konflikt zwischen dem sowjetischen Kommunismus und den westlichen Demokratien ohne eine direkte kriegerische Konfrontation nennt man „Kalter Krieg".

Um sich vor einer Bedrohung seitens der Sowjetunion zu schützen, haben 1949 Großbritannien, Frankreich und weitere acht europäische Länder sowie die USA und Kanada ein Verteidigungsbündnis – die North Atlantic Treaty Organization, kurz *NATO*, gegründet.

NATO

NATO, die „Nordatlantikpakt-Organisation" wird im Deutschen auch als Atlantisches Bündnis, Nordatlantische Allianz oder als Nordatlantikpakt bezeichnet.

Es ist ein Bündnis für die gemeinsame Selbstverteidigung der Mitglieder: Wenn ein NATO-Staat von außen angegriffen wird, sind alle anderen Mitglieder verpflichtet, ihn zu unterstützen (= „Beistandsklausel" im wichtigsten Artikel, Art. 5, des NATO-Vertrags). Die NATO-Mitglieder verpflichten sich außerdem, andere Mitglieder militärisch nicht anzugreifen.

Bei Entscheidungen der NATO hat jedes Mitglied ein Vetorecht (= kann die Entscheidung verhindern).

Die UdSSR hat 1955 ebenfalls ein militärisches Bündnis, den *Warschauer Pakt*, gegründet. Weitere Mitglieder des Paktes waren Nachbarländer unter dem Einfluss der Sowjetunion: Polen, die damalige Tschechoslowakei, Ungarn, Rumänien, Bulgarien, Albanien und die Deutsche Demokratische Republik (DDR).

Mit dem Zerfall der Sowjetunion 1991 wurde der Warschauer Pakt aufgelöst. Russland initiierte die Gründung eines neuen Militärbündnisses, die Organisation des Vertrags über kollektive Sicherheit, kurz OVKS. Dem Bündnis sind neun Ex-Sowjetrepubliken beigetreten, drei davon sind später wieder ausgetreten, Armenien hat seine Mitgliedschaft 2024 eingefroren. Derzeit hat das OVKS-Militärbündnis fünf aktive Mitglieder: Russland, Belarus, Kasachstan, Kirgisistan, Tadschikistan. Serbien hat in der OVKS einen Beobachter-Status.

Da die anderen ehemaligen Mitglieder des Warschauer Pakts nach 1991 freie Wahl hatten, traten alle von ihnen im Laufe der Jahre statt dem russisch geleiteten OVKS der NATO bei. Das Gleiche taten auch die drei baltischen Ex-Sowjetrepubliken Estland, Lettland und Litauen.

Mittlerweile zählt die NATO 32 Mitglieder. Die Aufnahme in die Allianz erfolgt in einem mehrstufigen Verfahren. Nach erfolgreichen Schritten zur Vorbereitung kann ein Land seinen Beitrittswunsch in einem schriftlichen Beitrittsgesuch erklären und wird von der NATO zu Verhandlungen eingeladen.

Nachdem Russland die Ukraine überfallen hat, haben die bis dahin neutralen Staaten Schweden und Finnland ihre Neutralität aufgegeben und Beitrittsgesuche bei der NATO eingereicht.

Anfang April 2023 wurde Finnland offiziell zum 31. Mitglied, im März 2024 Schweden zum 32. Mitglied des westlichen Verteidigungsbündnisses.

5.2 NATO und Russland

Nach der Auflösung der Sowjetunion äußerten die NATO-Staaten die Absicht, eine vertrauensvolle strategische Beziehung mit Russland aufzubauen. 1994 wurde die Russische Föderation Mitglied im NATO-Programm „Partnerschaft für den Frieden" (englisch „Partnership for Peace", PfP). 1997 fand die Unterzeichnung der „NATO-Russland-Grundakte" statt, wo die NATO und Russland erklärten, „gemeinsam im euro-atlantischen Raum einen dauerhaften und umfassenden Frieden auf der Grundlage der Prinzipien der Demokratie und der kooperativen Sicherheit schaffen" zu wollen.

Das Nordatlantische Bündnis und Russland arbeiteten im Rahmen des neu geschaffenen *NATO-Russland-Rats* zusammen. Russland sandte eine ständige Vertretung zur NATO und die NATO eröffnete eine ständige Vertretung in Moskau. Keinem anderen Staat hat die NATO eine solche besondere Stellung ermöglicht.

Der Russischen Föderation stand die Möglichkeit offen, den üblichen Aufnahmeprozess zu starten und der NATO beizutreten. Das tat das Land nicht.

Der russische Präsident Putin und die russische Propaganda kritisierten hingegen die NATO immer unverhohlener und beschuldigten die Allianz, Russland umzingeln zu wollen. Dabei teilt die Russische Föderation ca. 4 % ihrer Außengrenze bzw. ca. 11 % der Festlandsgrenze mit einem NATO-Land (nach dem NATO-Beitritt Finnlands).

Die Beziehungen zwischen Russland und der NATO haben sich insbesondere nach der Annexion der Krim durch Russland und dem Einmarsch russischer Einheiten in der Ostukraine 2014 verschlechtert.

Am 12. Jänner 2022 verlangte Russland bei der Sitzung des NATO-Russland-Rats, NATO-Beitritte weiterer Staaten zu blockieren und NATO-Verteidigungswaffen nicht in den Ländern mit einer Grenze zu Russland zu stationieren. Der Generalsekretär der Allianz, Jens Stoltenberg, lehnte diese Forderung mit dem Verweis auf das Selbstbestimmungsrecht der Staaten ab. Das bedeutet, dass jeder unabhängige Staat selber entscheiden darf, welchen Bündnissen er beitreten und wie er sich verteidigen möchte. Das war bisher die letzte Sitzung des NATO-Russland-Rats.

Der russische Präsident Putin vertritt die Position, die NATO sei schuld daran, dass Russland die Ukraine überfallen „musste".

5.3 NATO und die Ukraine

Im Jahr 1990 erklärte die Ukraine in der „Deklaration der Staatssouveränität der Ukraine" ihre Absicht, dauerhafte *Neutralität* anzustreben. Sie erklärte außerdem, sie würde keinen Militärbündnissen angehören und keine Atomwaffen besitzen. Als bündnisfreier Staat wurde die Ukraine neben Österreich, Russland und weiteren Ländern, zum Mitglied der NATO-Partnerschaftsprogramme „Partnerschaft für den Frieden" und „Euro-Atlantischer Partnerschaftsrat" (EAPR; englisch „Euro-Atlantic Partnership Council", EAPC).

In den 2000er-Jahren begann die ukrainische Politik eine Diskussion über die Sinnhaftigkeit eines zukünftigen NATO-Beitritts. Die Gesellschaft lehnte die Idee großteils ab. Das ukrainische Gesetz von 2010 definierte die *Bündnisfreiheit* (= Nichtteilnahme an militärischen Bündnissen) als das wichtigste Prinzip der Außenpolitik der Ukraine.

Nach der völkerrechtswidrigen Annexion der Krim durch Russland und dem Beginn der Kämpfe in der Ostukraine hat sich die Meinung der ukrainischen Bevölkerung stark geändert: Waren 2012 nur ca. 20 % der Bevölkerung für den NATO-Beitritt, so war die Zustimmung 2015 auf ca. 50 % gestiegen. Bei einer Umfrage im Sommer 2022 haben sich 85 % der befragten UkrainerInnen für den NATO-Beitritt der Ukraine ausgesprochen, weil sie sich dadurch Schutz vor Russland versprechen.

Die Annexion der Krim und der Beginn der russischen Kampfhandlungen im Osten der Ukraine 2014 haben gezeigt, dass der neutrale bzw. bündnisfreie Status die Sicherheit des Landes nicht gewährleisten konnte. Im Dezember 2014 beendete ein neues Gesetz offiziell die Bündnisfreiheit der Ukraine und definierte den NATO-Beitritt als Ziel.

Angesichts des russischen Angriffskriegs stellte der Präsident der Ukraine Wolodymyr Selenskyj im September 2022 einen Antrag auf einen beschleunigten NATO-Beitritt.

Allgemein gilt als Voraussetzung für einen NATO-Beitritt, dass der Beitrittskandidat nicht in internationale Konflikte und Streitigkeiten um Grenzverläufe verwickelt sein darf. Der damalige NATO-Generalsekretär Jens Stoltenberg bekräftigte im Februar 2024 die Zukunft der Ukraine: „Die Ukraine wird der NATO beitreten. Es ist nicht die Frage, ob, sondern wann". Wann das passiert, steht derzeit nicht fest.

Für eine engere Zusammenarbeit auf dem Weg der Ukraine zu einer NATO-Mitgliedschaft wurde 2023 ein neues Gremium geschaffen: Der NATO-Ukraine-Rat. Der Rat dient dem politischen Dialog und dem Austausch in Krisensituationen. Er tagte zum ersten Mal im Juli 2023.

Es entstanden zwei weitere NATO-Ukraine-Institutionen. *NSATU*, Nato Security Assistance and Training for Ukraine im deutschen Wiesbaden koordiniert ab Juli 2024 Waffenlieferungen und Ausbildung ukrainischer Armeeangehöriger. Beteiligt sind 31 NATO-Mitglieder (alle außer Ungarn). Das Trainingszentrum *JATEC*, Joint Analysis, Training and Education Centre ist ab Jänner 2025 im polnischen Bydgoszcz beherbergt.

5.4 Neutralität

Ein Staat kann sich für neutral erklären; das geschieht oft in einem schriftlichen Dokument, z. B. in einem Gesetz oder Vertrag. Mit der Erklärung der Neutralität signalisiert ein Staat, dass er selber niemanden militärisch angreifen möchte und sich im Fall eines Krieges weder auf Seiten der Angreifer noch auf Seiten der Angegriffenen am Krieg beteiligen wird. Neutralität umfasst auch die Nichtteilnahme an militärischen Bündnissen (= Bündnisfreiheit oder Blockfreiheit).

Neutralität gibt keine Garantie dafür, dass das neutrale Land selbst nicht militärisch attackiert wird.

Welche Handlungen auf Grund der Neutralität unzulässig sind, unterscheidet sich stark – je nach Ausgestaltung der Neutralität.

In Österreich beinhaltet das Neutralitätsgesetz vom 26. Oktober 1955 ausdrücklich zwei Verbote. So wird Österreich „keinen militärischen Bündnissen beitreten und die Errichtung militärischer Stützpunkte fremder Staaten auf seinem Gebiete nicht zulassen". Sonstige Handlungen, z. B. das Training der Armeeangehörigen anderer Länder oder Entminung (= Beseitigung von Minen) ehemaliger Kriegsgebiete sind im Gesetz nicht erwähnt, liegen also im Ermessen der Politik.

Österreich erklärte die Neutralität zehn Jahre nach dem Ende des Zweiten Weltkrieges, und zwar erst nach dem Abzug fremder (US-amerikanischer, britischer, französischer und sowjetischer) Truppen aus seinem Staatsgebiet. Neutralität war der Preis für die Zustimmung der Sowjetunion zum Truppenabzug.

Die Schweiz ist seit 1815 neutral und verfügt damit über die längste Tradition der militärischen Neutralität in Europa. Die schweizerische Bundesverfassung gibt der Regierung den Auftrag und der Bundesversammlung die Aufgabe, „Massnahmen zur Wahrung der äusseren Sicherheit, der Unabhängigkeit und der Neutralität der Schweiz" zu treffen.

Die Inhalte der schweizerischen Neutralität sind dabei rechtlich nicht definiert. Das ermöglicht dem Land einen flexiblen Umgang mit dem Begriff. Die Schweiz schloss sich den EU-Sanktionen gegen Russland wegen des Überfalls auf die Ukraine im Jahr 2022 an. Als andere Länder ihre in der Schweiz produzierten Waffen an die Ukraine weitergeben wollten, verweigerte die schweizerische Regierung ihre Zustimmung mit dem Verweis auf Neutralität. Im Juni 2024 sprach sich die Sicherheitspolitische Kommission des Nationalrats jedoch für die Lieferung Schweizer Waffen an die Ukraine aus. Die endgültige Entscheidung soll das Schweizer Parlament treffen (Stand Dezember 2024).

Als neutrale Länder sind die drei Nachbarn Österreich, die Schweiz und Liechtenstein selbst keine Mitglieder der NATO, grenzen allerdings von allen Seiten an NATO-Mitgliedstaaten (und aneinander).

> „Sollte es einen Angriff auf die Schweiz geben, […] dann fällt die Neutralität dahin."
> Schweizer Bundespräsidentin und Verteidigungsministerin Viola Amherd im April 2024 in Wien. Sie thematisierte unter anderem die Luftabwehrinitiative European Sky Shield, der die Schweiz und Österreich neben einem Dutzend anderer Länder angehören.

Weitere neutrale bzw. bündnisfreie Staaten in Europa sind: Irland, Malta, Zypern, der Vatikan, Moldau, Serbien. Zypern überlegt einen NATO-Beitritt, wie sein Präsident Ende November 2024 erklärte.

Schweden und Finnland haben ihre Neutralität angesichts der russischen Invasion in der Ukraine 2022 aufgegeben und sind nun Mitglieder der NATO.

Russland fordert von der Ukraine Neutralität, die in einem Vertrag schriftlich festgehalten werden soll. Diese Forderung lehnen die ukrainische Führung und Gesellschaft ab. Sie begründen dies damit, dass die Ukraine bis zur russischen Aggression 2014 praktisch neutral war. Das schützte sie nicht vor russischer Aggression. Mit dem Überfall auf die Ukraine hat Russland mehrere Verträge gebrochen. Ein neuer Vertrag mit Russland gibt keine Sicherheit, da nicht garantiert ist, dass Russland diesen Vertrag nicht auch bricht (siehe Budapester Memorandum im Abschn. 1.2).

Manche BefürworterInnen der Neutralität schlagen alternative Konzepte vor. Für den nachhaltigen Frieden in der Region wäre die Neutralität von Russland viel zielführender, ist ihr Argument. Ob und mit welchen Mitteln sie jemals erreicht werden kann, wird kontrovers diskutiert.

Russland: Umgang mit dem Krieg

6.1 Erinnerung an den Zweiten Weltkrieg: Ein Helden-Mythos

In Russland sind viele überzeugt, dass allein die Sowjetunion Nazi-Deutschland im Zweiten Weltkrieg besiegt hat. Die Rolle der anderen Alliierten – USA, Frankreich und Großbritannien – wird herabgewürdigt. In Russland versteht man sich als der ausschließliche Erbe der Sowjetunion und als das größte Opfer des Nazi-Regimes. Dabei haben andere sowjetische Republiken, z. B. Belarus und die Ukraine, sehr viel zum Sieg der Sowjetunion beigetragen und verhältnismäßig höhere Verluste erlitten als Russland. Das wird ebenso vernachlässigt wie der Umstand, dass die Sowjetunion in den ersten Kriegsjahren mit Deutschland kollaborierte.

Opfer der Ukraine im Zweiten Weltkrieg
Der Sieg im Zweiten Weltkrieg forderte viele Opfer von der Sowjetunion. Die höchsten Verluste im Verhältnis zu ihrer Größe erlitten dabei die Ukraine und Belarus. Etwa 27 Mio. Menschen der Sowjetunion kamen im Krieg ums Leben. Die Ukraine verlor dabei etwa 8–12 Millionen Menschen (ein Viertel der ukrainischen Bevölkerung, ca. 37 % der Gesamtverluste der UdSSR), Belarus etwa 2,5 Mio. (ein Drittel der Bevölkerung), Russland etwa 13,4 Millionen (ein Zehntel der Bevölkerung).

Abb. 6.1 Das Vordringen der Wehrmacht nach Osten im Zweiten Weltkrieg bis 1943. (Quelle: www.texty.org.ua)
Auf der Karte ist der aktuelle Grenzverlauf angegeben; dieser unterscheidet sich von den damaligen Grenzen

> Die Ukraine und Belarus waren vollständig von den Deutschen okkupiert – siehe Abb. 6.1. Von Russlands Territorium waren nur 3 % besetzt. Die Ukraine hat fast die Hälfte der materiellen Schäden der Sowjetunion getragen. Fast jedeR zweite UdSSR-ZwangsarbeiterIn (= „OstarbeiterIn") stammte aus der Ukraine. Jeder fünfte Soldat der Roten Armee kam aus der Ukraine.

Der Zweite Weltkrieg heißt in Russland „der Große Vaterländische Krieg", der „Tag des Sieges" am 9. Mai ist ein offizieller Feiertag (siehe Abb. 6.2). Für die RussInnen hat der Krieg 1941 angefangen, als Deutschland die Sowjetunion angegriffen hat. In der übrigen Welt gilt September 1939 als Beginn des Zweiten Weltkrieges, als die deutschen Truppen Polen aus dem Westen und die sowjetische Rote Armee die heutigen westukrainischen Gebiete, damals Teil Polens, aus dem Osten überfallen haben.

In der russischen Gesellschaft ist die Vorstellung breit vertreten, dass Russland Europa auch weiterhin vor den Nazis schütze. Diese Sicht hat die Staatspropaganda

Abb. 6.2 Feierlichkeiten zum „Tag des Sieges" im russischen Amur am 9. Mai 2017. Aufschrift auf dem selbstgebastelten Panzer mit der sowjetischen roten Flagge: „Auf nach Berlin!". (Quelle: Amur Pravda, Wiktor Imambajew, fair use, https://ampravda.ru/2017/05/12/074645.html)

in der Sowjetunion geschaffen, die Propaganda der Russischen Föderation verbreitet sie weiter.

Ab September 2023 wurden in russischen Schulen einheitlich aktualisierte Geschichtsbücher eingeführt. Sie schreiben z. B. davon, dass es eine „feste Idee des Westens ist, die Lage innerhalb Russlands zu destabilisieren", vom „Wiederaufleben des Nationalsozialismus" in den baltischen Ländern und von der Notwendigkeit der „speziellen Militäroperation", wie der Krieg gegen die Ukraine in Russland beschönigend bezeichnet wird.

6.2 Übergangszeit 1991–2000

Nach dem Zerfall der Sowjetunion 1991 startete der neu gewählte Präsident der Russischen Föderation Boris Jelzin eine Reihe von Reformen: Staatliche Unternehmen wurden privatisiert, das heißt, sie gingen in private Hände über (Privatisierung), Preise wurden nicht mehr staatlich vorgegeben, sondern konnten sich auf dem Markt frei bilden (Liberalisierung). Die bis jetzt geltende Verfassung von 1993 definierte Russland als einen demokratischen Rechtsstaat und garantierte demokratische Grundrechte wie Informationsfreiheit, Versammlungsfreiheit, Recht auf Privateigentum, freies Wahlrecht usw. Die Verfassung verlieh dem Präsidenten große Macht.

Jelzins Reformen waren notwendig, sie haben aber nicht nur Positives gebracht. Durch eine schlecht durchgeführte Währungsreform verloren viele Menschen ihre Ersparnisse. Mehrere Finanzkrisen führten dazu, dass viele ArbeitnehmerInnen ihren Job verloren (Arbeitslosigkeit). Preise stiegen stark (hohe Inflation). Es formierten sich kriminelle Banden, welche die Polizei nicht ausreichend bekämpfte. In der Politik gab es immer wieder Korruptionsskandale und Machtkämpfe zwischen verschiedenen Gruppen bzw. Oligarchen (= Menschen, die durch die Privatisierung reich geworden sind). Die Zeit der demokratischen Reformen in Russland, 1991–2000, war allgemein sehr instabil und bleibt für große Teile der russischen Bevölkerung negativ in Erinnerung.

6.3 Putins Russland

Als der bisherige Ministerpräsident Wladimir Putin im Jahr 2000 als Nachfolger Boris Jelzins Präsident Russlands wurde, war sein Hauptversprechen Stabilität und wirtschaftlicher Wohlstand. In den ersten Jahren von Putins Präsidentschaft stabilisierte sich die Situation im Land, die Gehälter begannen zu steigen, die Menschen hatten mehr Geld für Konsum, kriminelle Banden wurden bekämpft. Es herrschte nun mehr Ordnung und Wohlstand im Vergleich zu den turbulenten 1990er-Jahren, auch wenn die Lebensqualität von jener in den meisten europäischen Ländern weit entfernt war.

Gleichzeitig begann Putin, ein autoritäres System um sich herum zu errichten. PolitikerInnen und AktivistInnen, welche die Regierung kritisierten, wurden verhaftet. Putins KonkurrentInnen und Unzufriedene wurden beseitigt; es gab politische Morde. Pressefreiheit wurde schrittweise eingeschränkt (siehe die Rangliste der Pressefreiheit 2024 in der Tab. 6.1); in der Konsequenz mussten viele unabhängige Zeitungen und Fernsehkanäle schließen. Vereine, die gegen die staatliche Linie verstießen, wurden verboten oder in ihrer Tätigkeit eingeschränkt. Selbst erlaubte Demonstrationen wurden teilweise mit Gewalt aufgelöst, Demonstrierende festgenommen und verurteilt.

Putin zu kritisieren, wurde praktisch verboten. Es entstand ein *Personenkult* (= eine übermäßige Verehrung einer Person) rund um Putin.

Es gab zwar einige Proteste gegen diese Entwicklungen, doch der Großteil der Bevölkerung hat sie akzeptiert. Die Einschränkung der Freiheit und Demokratie wurde als Preis für die Stabilität hingenommen. Putin wurde auch nach Ablauf seiner ersten Amtszeit als russischer Präsident wiedergewählt und ist seit 2000 der mächtigste Politiker Russlands.

Tab. 6.1 Rangliste der Pressefreiheit 2024 nach: Reporter ohne Grenzen, https://rsf.org/en/index?year=2024

Rang 2024	Land	Pressefreiheit, Punktestand	Beschreibung der Lage nach Rang
1	Norwegen	91,89	1–8: gut
2	Dänemark	89,6	
3	Schweden	88,32	
9	Schweiz	84,01	9–45: zufriedenstellend
10	Deutschland	83,84	
32	Österreich	74,69	
55	USA	66,59	46–95: erkennbare Probleme
61	Ukraine	65	
88	Griechenland	57,15	
162	Russland	29,86	145–180: sehr ernste Lage
167	Belarus	26,8	
172	China	23,36	
176	Iran	23,1	
177	Nordkorea	20,66	

Die Rangliste der Pressefreiheit (englisch Press Freedom Index) wird jährlich durch die Nichtregierungsorganisation Reporter ohne Grenzen erstellt. Dabei wird beurteilt, ob und inwieweit der Staat die Medien im Land überwacht und zensiert, ob JournalistInnen illegal festgenommen, körperlich misshandelt oder entführt wurden, bzw. wegen Einschüchterung oder Bedrohung aus dem Land flüchten mussten

6.4 Einstellung zum Krieg

Die Stimmung der Bevölkerung der Russischen Föderation in Bezug auf den russischen Krieg gegen die Ukraine äußerte sich in drei Tendenzen, die sich teils überschneiden, teils gegenseitig widersprechen: Angst vor Verfolgung, Entpolitisierung, Hass auf die Ukraine bzw. den Westen.

Als Russland 2022 die großflächige Invasion der Ukraine begann, hofften viele im Westen auf eine flächendeckende russische Antikriegsbewegung. Sie blieb jedoch aus. Umso stärker bestrafte – teils mit mehrjährigen Haftstrafen – das Regime Einzelpersonen, die gegen den Krieg auftraten. Das sollte die Bevölkerung einschüchtern und Proteste verhindern.

Auch der bekannte russische Oppositionelle Aleksej Nawalny kritisierte den russischen Einmarsch in der Ukraine 2022. Im Februar 2024 starb er in einem russischen Straflager. In der Ukraine selbst war Nawalny umstritten, da er zu seinen Lebzeiten mehrere imperialistische und ukrainefeindliche Aussagen traf, auch wenn er sie später etwas abmilderte.

Im Laufe der Jahre hat Putin den russischen Staat zu einer Diktatur umgebaut. Russische BürgerInnen wiederum zeigten immer weniger Interesse für Politik. Für die Kriege, die Russland führte (in Tschetschenien, Georgien, Syrien usw.), interessierten sie sich kaum.

Diese Gleichgültigkeit der Bevölkerung für die Politik wird *Entpolitisierung* genannt. Menschen wollen sich über die Entscheidungen der eigenen Regierung nicht informieren; sie denken, dass die Politik sie nicht betrifft oder dass sie ohnehin nichts ändern können (Fatalismus). Solche Menschen nehmen Russlands politische Handlungen einschließlich des Kriegs gegen die Ukraine einfach hin.

Viele RussInnen unterstützen sogar die Kreml-Politik, die auf der Propaganda beruht. Die Hauptbotschaften der russischen Staatspropaganda sind vor allem Hass auf den Westen und auf das liberal-demokratische System sowie die Dämonisierung der NATO, der USA und der EU. Die russische Einzigartigkeit, Größe und Stärke, wird behauptet, die Ukraine als ein „Nazi-Land", „failed state" und als eine „nicht existierende Nation" beschimpft. Diese Botschaften verbreiten russische PolitikerInnen, DiplomatInnen und Medien, aber auch viele Kunstschaffende und Kulturorganisationen, Kindergärten und Schulen. All dies unterstützt die allumfassende *Indoktrination* der russischen Bevölkerung.

▶ **Indoktrination** Eine gezielte intensive Belehrung, die weder Diskussion noch Widerspruch zulässt, oft mit Hilfe einseitiger Informationen, psychologischer Techniken oder unter Zwang.

Die jahrelange Indoktrination der russischen Bevölkerung zeigt Wirkung, besonders im Krieg gegen die Ukraine. Viele in Russland lebende Menschen sagen tatsächlich, dass der Überfall auf die Ukraine berechtigt sei, dass Russland sich dadurch gegen westliche Bedrohung verteidige und dass die russischen Soldaten nur AnhängerInnen des Nationalsozialismus in der Ukraine bekämpfen.

Diese Ansichten teilen selbst viele im Ausland lebende RussInnen. So sind in europäischen Ländern so gut wie keine Großdemonstrationen der RussInnen gegen das in Russland herrschende Regime und den Krieg gegen die Ukraine bekannt.

Einige im Exil (= erzwungene Auswanderung) lebende russische Oppositionelle, darunter auch die Witwe von Nawalny, organisierten im November 2024 eine kleine Demonstration in Berlin. Es fehlt ihnen jedoch an Wirkmacht und Visionen für die Transformation der russischen Gesellschaft.

Außerhalb der Russischen Föderation finden immer wieder Veranstaltungen statt, wo RussInnen offen das Z-Zeichen und das schwarz-orange Sankt-Georgs-Band (Symbole der Unterstützung des russischen Krieges) sowie russische und sowjetische Flaggen tragen – in Ländern, welche das erlauben, wie z. B. in Österreich jedes Jahr am 9. Mai, dem sowjetischen „Tag des Sieges".

Jedoch wollen nicht alle an den Kämpfen auf dem ukrainischen Territorium persönlich teilnehmen. Nach der Mobilmachung im Herbst 2022 verließen viele Russen das Land. Die Regierung versucht daher, mit hohen Zahlungen Freiwillige für die Front zu gewinnen, und verspricht ihnen bis zu 54.000 €/Jahr für den Vertragsabschluss mit dem Militär. Das ist das Mehrfache des Durchschnittslohns in Russland und für viele russische Familien eine vergleichsweise einfache Möglichkeit, ans Geld zu kommen, auch wenn ein Familienmitglied dabei stirbt.

6.5 Kriegswirtschaft

Nach der Verhängung der westlichen Sanktionen im Frühjahr 2022 durchlief Russland eine kurze Wirtschaftskrise. Mitte 2022 begann die russische Regierung auf Kriegswirtschaft umzustellen: Militärausgaben des Staates wurden stark erhöht, um die Rüstungsproduktion anzukurbeln, die Wirtschaft folgt nun den Bedürfnissen des Krieges. Verlässliche Daten über den Zustand der russischen Wirtschaft gibt es nicht, da Russland einerseits bestimmte Statistiken nun geheim hielt, andererseits falsche Zahlen bekanntgibt.

Doch mehrere Indizien zeugen von Problemen der russischen Wirtschaft:

- Steigende Inflation, die im Juli 2024 offiziell 9,1 % erreichte
- zeitweise Exportverbote für Sprit (auf Grund des Rückgangs der Produktion nach ukrainischen Drohnenattacken) und Zucker
- Steigender Leitzins; im Oktober 2024 erhöhte die Russische Nationalbank den Leitzins auf 21 % – das höchste Niveau seit seiner Einführung 2013
- Verbot der Kapitalausfuhr
- Zunahme des Arbeitskräftemangels

Solche Zustände erinnern an die vom Staat kontrollierte Planwirtschaft der Sowjetunion.

Für die Bevölkerung sind besonders unangenehm die Stromabschaltungen und Probleme mit Wasserversorgung und Internet. Durch die zunehmende Zentralisierung der Macht in der Regierungszeit von Putin verfügen Gemeinden vor Ort über weniger Finanzmittel, dringende Aufgaben im kommunalen Bereich bleiben unerledigt, die Infrastruktur verschleißt.

Im russischen Süden ist die Versorgungsinfrastruktur zusätzlich durch erhöhte Konsumation durch Kriegshandlungen überlastet und durch Beschuss der Raffinerien durch die ukrainische Armee aus dem Gleichgewicht gebracht. Es kommt immer wieder zu Protesten der EinwohnerInnen, wie z. B. im Juli 2024 in Krasnodar und Anape, nachdem manche Stadtteile tagelang weder Strom noch Wasser bekamen.

6.6 Umbau zur totalitären Diktatur

Während des Krieges gegen die Ukraine greift der russische Staat zu immer rigoroseren Maßnahmen, um Kontrolle über die Gesellschaft zu erhalten. Russland zeigt zunehmend Merkmale einer totalitären Diktatur, mit Staatszensur, Ausrichtung aller Staatsinstitutionen auf den Präsidenten, Vernichtung und Verbot von NGOs (non-govermental organization, engl. Nichtregierungsorganisation), mit repressiven Gesetzen, Unterdrückung gesellschaftlichen Widerstands und allumfassender Propaganda und Geschichtsverdrehung.

Im März 2024 fanden in der Russischen Föderation Präsidentschaftswahlen statt, die erwartungsgemäß Wladimir Putin gewann. Die Wahl wird international als Pseudowahl angesehen, da sie weder frei noch fair war, Oppositionelle zur Wahl nicht zugelassen wurden, die Abstimmung illegal auch in den okkupierten ukrainischen Territorien abgehalten wurde. Das EU-Parlament verurteilte die Wahlen in einer Resolution als nicht legitim und erkannte das Ergebnis nicht an.

Im Juni 2024 sperrte das Regime für die Bevölkerung den Zugang zu 81 Medien aus der Europäischen Union, darunter Die Zeit und Der Spiegel aus Deutschland, ORF aus Österreich, El Mundo und El País aus Spanien, La Stampa, La Repubblica und RAI aus Italien sowie Le Monde, Libération, Radio France und die Nachrichtenagentur AFP aus Frankreich.

Im August 2024 blockierte der Kreml in Russland den Kurznachrichten-App Signal, im Dezember Viber, um den regimekritischen Menschen die Kommunikation zu erschweren. YouTube wurde gedrosselt, sodass Videos nur langsam laden, und im Dezember endgültig gesperrt. Große soziale Netzwerke mit US-Besitzern wie X und Facebook hat Russland bereits blockiert, sie können nur noch über geschützte Verbindungen (VPN) genutzt werden.

> **Junge Armee. Wie Russland Kinder militarisiert (= auf den Krieg vorbereitet)**
> Seit den 2000er-Jahren existieren in Russland zahlreiche paramilitärische Gruppen (= militärisch ausgerüstete bzw. bewaffnete Gruppen, die nicht Teil der Armee sind), darunter viele Jugendorganisationen. 2016 wurde auf Initiative des Verteidigungsministers Sergei Schoigu eine staatliche Jugendorganisation, die „Junge Armee" (Russisch „Junarmija"), gegründet.

6.6 Umbau zur totalitären Diktatur

Erklärtes Ziel der „Junarmija" ist es, Kinder und Jugendliche zwischen 8 und 18 Jahren für die russische Armee zu begeistern und „junge Menschen dazu zu bringen, Russland mit der Waffe in der Hand zu verteidigen". Die Junarmija untersteht dem russischen Verteidigungsministerium, ist Teil eines Staatsprogramms zur „patriotischen Erziehung" von Jugendlichen und zählte im Jahr 2023 über eine Million Mitglieder. Die Kinder bekommen eine militärische Grundausbildung und lernen im Zuge dessen auch den Umgang mit Waffen.

An der Spitze der „Jungen Armee" steht der Olympia- und Weltmeisterturner Nikita Nagorny. Auch andere russische SportlerInnen unterstützen die Junarmija, wie die Ski-Weltmeisterin Veronika Stepanova oder der Bobfahrer und Olympiasieger Dmitri Trunenkow.

Die Junarmija führt die Militarisierung der Kinder auch in den russisch okkupierten ukrainischen Gebieten durch. Sie rekrutiert ukrainische Jugendliche, die im russischen Krieg gegen ihre Heimat eingesetzt werden sollen.

Die Junge Armee steht seit 2022 auf der Sanktionsliste der Europäischen Union.

Ukraine: Umgang mit dem Krieg 7

7.1 Die Ukraine leistet Widerstand

Seit den ersten Stunden nach der Invasion Russlands in die Ukraine leisteten die ukrainische Führung und die Gesellschaft entschiedenen Widerstand. Noch am 24. Februar 2022 meldeten sich Tausende Menschen freiwillig beim ukrainischen Militär, darunter auch viele Frauen.

> In der Ukraine unterliegen Frauen keiner Wehrpflicht. Bei den ukrainischen Streitkräften dienten zum Stand August 2024 insgesamt ca. 68.000 Frauen, davon sind ca. 48.000 Militärangehörige, die restlichen sind zivil. Das ist weltweit eine der höchsten Frauenquoten beim Militär. 2022 machten Frauen ein Viertel der ukrainischen Armee aus. Die verpflichtende Einberufung, die meist nur Männer trifft, erhöhte den Männeranteil der Armee im Laufe des Krieges.

Unter Freiwilligen, die sich an die Front gemeldet haben, war z. B. auch Fedir Shandor, Professor der Tourismuskunde und seit März 2025 Botschafter der Ukraine in Ungarn (Abb. 7.1).

Der ukrainische Präsident Wolodymyr Selenskyj blieb trotz mehrmaliger Anschläge auf ihn an seinem Amtssitz Kyjiw.

„Der Kampf ist hier. Ich brauche Munition, keine Mitfahrgelegenheit."
Der ukrainische Präsident Wolodymyr Selenskyj antwortete mit diesen Worten am Beginn der russischen Invasion auf das Angebot der USA, ihn aus der Ukraine zu evakuieren.

Abb. 7.1 Professor der Nationalen Universität Uschhorod Fedir Shandor hält Vorlesungen über Tourismuskunde direkt aus dem Schützengraben, Mai 2022. (Foto: Viktor Shchadej)

Professor Shandor ging am ersten Tag des vollumfänglichen Krieges freiwillig an die Front. Seine Vorlesungen zweimal in der Woche hielt er trotzdem. Er meinte: „Wir kämpfen für eine gebildete Nation. Wenn ich keine Vorlesungen halten würde, wäre das eine Sünde. Warum bin ich dann zu den Streitkräften gegangen?" Fedir Shandor, dessen Vater ungarischer Herkunft ist, diente in einer Einheit der ukrainischen Armee, die zum Teil aus ungarischstämmigen Freiwilligen besteht

Seit März 2025 ist Fedir Shandor Botschafter der Ukraine in Ungarn

Die Bevölkerung vor Ort begegnete den Invasoren mit Mut und Hohn: EinwohnerInnen stellten sich vor die russischen Panzer, attackierten russische Drohnen, in den russisch besetzten Gebieten demonstrierten Menschen wochenlang gegen die Invasion, ukrainische Bauern schleppten mit Traktoren russische Panzer ab.

Besondere Bekanntheit erlangte der Funkspruch eines der zwölf Grenzsoldaten auf der ukrainischen Schlangeninsel (Insel Smijinyj). Auf die Aufforderung des russischen Flaggschiffs „Moskwa", sich zu ergeben, entgegnete er: „Russisches Kriegs-

7.1 Die Ukraine leistet Widerstand

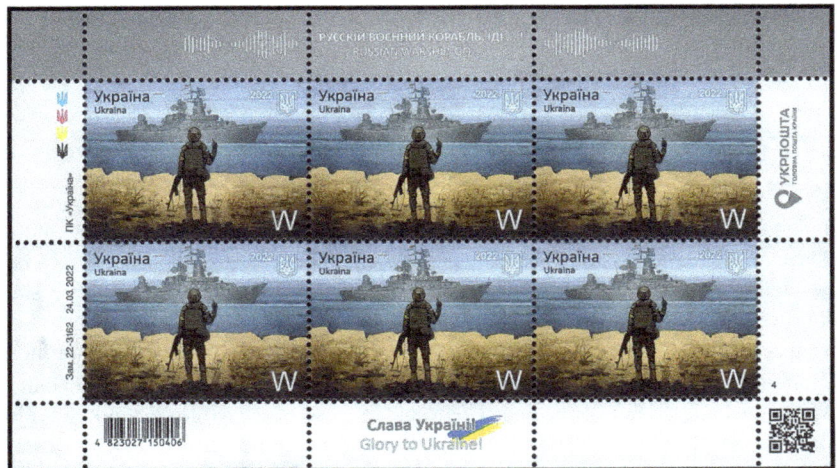

Abb. 7.2 Briefmarke der Ukrainischen Post mit dem russischen Flaggschiff „Moskwa". Autor des Sujets: Boris Groh. (Foto: Oksana Stavrou)

schiff, f*** dich". Diesem Ereignis widmete die Ukrainische Post eine Briefmarke mit dem abgebildeten ukrainischen Soldaten, welcher dem Schiff „Moskwa" den Mittelfinger zeigt – siehe Abb. 7.2. Die Briefmarke erschien am 12. April 2022. Zwei Tage später, am 14. April 2022 sank die „Moskwa", das größte Kriegsschiff in der Schwarzmeerregion, nach ukrainischem Raketenbeschuss.

In der Ukraine gilt seit dem 24. Februar 2022 Kriegszustand. Wehrpflichtige Männer zwischen 18 und 60 Jahren dürfen mit einigen Ausnahmen (z. B. Studierende, Eltern mit 3 und mehr Kindern, Alleinerziehende usw.) nicht ausreisen. Männer ab dem 25. Lebensjahr können in die Armee einberufen werden.

Mit den andauernden Kriegshandlungen stieg in der ukrainischen Bevölkerung die Unzufriedenheit mit dem Einberufungsprozess, der zunehmend als unfair kritisiert wurde; die Zahl der Kriegsdienstverweigerer begann zuzunehmen. Unzureichende bzw. verzögerte Lieferung der Ausrüstung für SoldatInnen sowie Mangel an Munition und Waffen schmälerten zusätzlich die Bereitschaft zum Wehrdienst.

Die gesetzliche Reform der Mobilisierung und Einrichtung professioneller Rekrutierungszentren für Freiwillige im Frühjahr 2024 verbesserte etwas die Wahrnehmung der Einberufung in der Bevölkerung wieder.

Die gesteigerte Produktion heimischer Waffen und Munition gleicht teilweise verspätete und fehlende Lieferungen aus dem Ausland aus.

Übereinstimmend negativ werden Männer bzw. die sogenannten Oligarchen wahrgenommen, welche sich vom Militärdienst freizukaufen versuchen. Solche Fälle der Korruption in den Militärbehörden werden scharf verurteilt.

7.2 Partisanenbewegung

In den russisch besetzten Gebieten entstand eine Widerstandsbewegung gegen die Besatzer. Die UntergrundkämpferInnen verüben einerseits Anschläge auf russische Besatzungsbehörden oder zerstören ihre Waffenlager. Andererseits versuchen sie, die Besatzer zu demoralisieren und Informationen an die ukrainische Armee weiterzugeben. Sie hängen ukrainische Fahnen auf, verbreiten Flugblätter, sprühen Drohungen und ukrainische Symbole an Wände und schicken mithilfe spezieller Apps bzw. Chatbots Fotos und Koordinaten russischer Militärtechnik an die ukrainischen Behörden. Daran beteiligen sich auch Kinder. Die russische Besatzung geht mit großer Brutalität dagegen vor.

Die Anfang März 2022 staatlich eingerichtete ukrainische Webseite *Sprotyv* (ukrainisches Wort für Widerstand) unterstützt Partisanen in russisch besetzen Gebieten mit Informationen und koordiniert einzelne Aktionen.

Ein Teil der Widerstandsbewegung spielt sich ausschließlich im Internet ab. Die ebenfalls durch den ukrainischen Staat ausgerufene IT-Armee oder Cyberarmee vereint Tausende ukrainische und ausländische Freiwillige mit IT-Expertise. Sie entlarven russische Fake-News im Netz, wehren russische Hacker-Angriffe auf die ukrainische Infrastruktur ab und koordinieren ihrerseits Angriffe auf wichtige russische Internetseiten.

7.3 Spenden und Freiwilligenarbeit

UkrainerInnen im In- und Ausland bildeten eine breite Bewegung von Freiwilligen. Große wohltätige Stiftungen, kleine private Initiativen und Einzelpersonen beschafften Ausrüstung wie kugelsichere Westen, Nachsichtsgeräte, Helme und Drohnen sowie Medikamente für die Front und ukrainische Spitäler, evakuierten ZivilistInnen aus den umkämpften Gebieten, versorgten ukrainische Truppen mit Lebensmitteln, spendeten Blut für Verwundete (Abb. 7.3), flochten Tarnnetze, retteten verwaiste Haustiere und nahmen kriegsvertriebene Menschen bei sich auf.

Mehrere Freiwilligen-Initiativen übernehmen wichtige Aufgaben für die ukrainischen Streitkräfte. Die sogenannte „Druck-Armee", ein koordiniertes Netzwerk

7.3 Spenden und Freiwilligenarbeit

Abb. 7.3 Menschen warten vor dem Blutspendezentrum in Dnipro am 25. Februar 2022, um Blut für die Armee zu spenden. (Foto: Denys Piddubskyi)

aus Individuen und Organisationen, die über 10.000 3D-Drucker im In- und Ausland besitzen, druckt auf Bestellung des Militärs medizinische Ausrüstung, Ersatzteile für Sturmgewehre, Walkie-Talkies und Drohnen. Nach Eigenangaben stellte das Netzwerk in zwei Jahren des Krieges 275 t Produkte für die ukrainische Armee her.

Die Social Drone-Initiative, aufgebaut nach ähnlichem Prinzip als ein Netzwerk aus Freiwilligen, stellt Drohnen her und liefert sie kostenlos an die Armee. Am Netzwerk beteiligen sich Menschen in verschiedenen Funktionen wie Zusammenbau (ohne Vorkenntnisse), Ausbildung, Qualitätskontrolle, Testung, Logistik usw.

Freiwillige (finanzielle) Unterstützung für die ukrainischen Streitkräfte wurde im Laufe des Krieges zur gesellschaftlichen Norm. 2024 spendeten laut einer Umfrage 92 % der UkrainerInnen für die Armee oder für Kriegsleidende. Die vier größten ukrainischen Spendeninitiativen (ausgerufen von der Nationalbank der Ukraine, der United 24-Stiftung des Präsidenten Selenskyj, der Prytula-Stiftung und der Stiftung „Komm lebend wieder") sammelten seit dem Beginn des Krieges über eine Milliarde Euro von in- und ausländischen SpenderInnen.

Mit den Spendengeldern erwerben die Stiftungen unter anderem Funkgeräte, Fahrzeuge sowie Kampf- und Aufklärungsdrohnen für die ukrainische Armee.

„Volkssatellit"
Im August 2022 rief die nach dem Gründer Serhiy Prytula benannte Stiftung zu einer Crowdfunding-Kampagne für den Einkauf türkischer Bayraktar-Kampfdrohnen für die ukrainischen Streitkräfte und sammelte in der Folge 16,2 Mio. Euro Spenden. Da der Bayraktar-Hersteller die Drohnen kostenlos zur Verfügung stellte, verwendete die Prytula-Stiftung den gesammelten Betrag für einen mehrmonatigen Zugang zum ICEYE-Satelliten für das ukrainische Militär. Der finnische Satellit liefert hochauflösende Bilder des Territoriums, selbst bei Nacht und Wolken.

Ukrainische Hilfs- und Rettungsaktionen gelten nicht nur Menschen, sondern auch Tieren. So haben ukrainische HelferInnen nach der Überflutung in Folge der Sprengung des Kachowka Staudamms am 6. Juni 2023, vermutlich durch das russische Militär, Hunderte von Tieren aus dem Wasser gerettet und evakuiert (siehe Abb. 7.4).

Abb. 7.4 Ein vor dem Ertrinken geretteter Hund nach der Sprengung des russisch besetzten Kachowka Staudamms, Cherson, 7. Juni 2023. (Foto: Serhii Korovayny)

7.4 Warum ist der ukrainische Widerstand so groß?

Russlands autoritäres Regime bietet der ukrainischen Gesellschaft keine wünschenswerte Zukunft. Die wichtigsten Gründe für den ukrainischen Widerstand gegen die russische Herrschaft sind folgende:

- Putin hat der Ukraine ihr *Existenzrecht* mehrmals abgesprochen und mit der großflächigen Invasion bestätigt, dass er die Ukraine als unabhängigen Staat vernichten will.
- *Freiheit und Selbstbestimmung* genießen in der Ukraine einen hohen Stellenwert. 2020 erreichte die Ukraine 62/100 Punkte auf dem Freedom House Index, Russland – 20/100. In der Russischen Föderation waren persönliche Freiheiten, Presse-, Meinungs- und Versammlungsfreiheiten durch den Staat bereits vor dem Krieg stark eingeschränkt.
- An der Invasion leiden die östlichen und südlichen Regionen der Ukraine am meisten, in denen Russisch als Alltagssprache die größte Verbreitung hat. Dies steht *gegen die Behauptung Russlands*, „russisch sprechende Menschen beschützen zu wollen".
- *Gewalt, Gesetzlosigkeit, Verfall* in den russisch okkupierten Teilen der Regionen Donezk, Luhansk sowie auf der Halbinsel Krim seit 2014 wirken abschreckend. Die Brutalität gegenüber der Bevölkerung in den 2022 okkupierten Gebieten verstärkt diesen Eindruck.
- Die wirtschaftliche Leistung Russlands ist zwar höher als die der Ukraine, wegen Korruption (Tab. 7.1) und Privilegien für Putin-nahe Personen lebt die russische Bevölkerung außerhalb der Metropolen Moskau und St. Petersburg jedoch in *großer Armut*. 2021 lebten in Russland 11 % der Bevölkerung unter der Armutsgrenze – prozentuell doppelt so viel wie in der Ukraine mit 5,5 %.

Tab. 7.1 Korruptionswahrnehmungsindex 2023 nach: Transparency International, https://www.transparency.org/en/cpi/2023

Rang 2023	Land	Korruptionswahrnehmungsindex
1	Dänemark	90
2	Finnland	87
6	Schweiz	82
9	Deutschland	78
20	Österreich	71
20	Frankreich	71
20	Vereinigtes Königreich	71

(Fortsetzung)

Tab. 7.1 (Fortsetzung)

Rang 2023	Land	Korruptionswahrnehmungsindex
24	USA	69
104	Ukraine	36
141	Russland	26
149	Iran	24
172	Nordkorea	17

Korruptionswahrnehmungsindex – Corruption Perceptions Index (CPI) zeigt die Verbreitung von Korruption in Politik und Verwaltung einzelner Länder

7.5 Resilienz

Die ukrainische Gesellschaft zeigt im Krieg eine hohe Resilienz (= Widerstandsfähigkeit). Die Bereitschaft, das Land zu verteidigen, war seit dem ersten Tag der russischen Invasion in allen Bevölkerungsschichten groß.

Entsprechende Erfahrungen und Strukturen hatten sich bereits während der russischen Kriegshandlungen seit 2014 herausgebildet. Die ukrainische Zivilgesellschaft bildet eine aktive gesellschafts-politische Kraft, sie treibt staatliche Institutionen an, initiiert Veränderungen und übernimmt oft dort Aufgaben, wo sich der Staat schwertut.

Unmittelbar nach Beginn der großflächigen Invasion 2022 entstand rasch ein gut funktionierendes Netzwerk aus Behörden, Institutionen, Unternehmen, Vereinen, privaten Initiativen und einzelnen AktivistInnen. Dieses Netzwerk unterstützte die ukrainischen Streitkräfte darin, den russischen Vormarsch zu stoppen, und verringerte in der Bevölkerung das Gefühl von Ohnmacht durch die Ermöglichung helfender Handlungen. Selbsthilfegruppen organisierten sich, Hilfsbereitschaft gegenüber Fremden nahm zu.

Als geistige Stütze gewannen Werke herausragender Persönlichkeiten der ukrainischen Geschichte wie des Nationaldichters und Malers Taras Schewtschenko (siehe Abb. 7.5) und der berühmtesten ukrainischen Dichterin, Dramatikerin und Feministin Lesja Ukrajinka an Bedeutung.

Die externe Bedrohung seitens Russlands stärkte zunächst den Zusammenhalt in der ukrainischen Gesellschaft und das Vertrauen in die politische Führung.

Doch die zweieinhalb Jahre des Krieges waren aufreibend für die Bevölkerung der Ukraine. Andauernde russische Attacken zerstören Krankenhäuser, Universitäten, Geschäfte und andere zivile Einrichtungen und töten täglich friedliche BürgerInnen im ganzen Land. Als Reaktion auf die Zerstörung der ukrainischen

7.5 Resilienz

Abb. 7.5 Taras Schewtschenko (1814–1861), Nationaldichter der Ukraine. (Zeichner: Mykhailo Diachenko)

Der Dichter und Maler Schewtschenko legte den Grundstein für die moderne ukrainische Sprache und thematisierte in seinen Arbeiten die Unterdrückung der Ukraine durch das Moskauer Zarenreich. Mehrere seiner Gedichte besingen Freiheit und Selbstbestimmung und werden im laufenden Krieg gegen Russland vielfach zitiert

Für seine Kritik an Russland und sein Streben nach Unabhängigkeit der Ukraine wurde er für zehn Jahre verbannt und in die Armee eingezogen. Schewtschenko erhielt ein Schreibverbot und ein lebenslanges Verbot, in die Ukraine zurückzukehren

Die Originalzeichnung von Schewtschenko in moderner Militäruniform ist mit einem seiner bekanntesten Sprüche ergänzt: „Kämpft – ihr werdet siegen!". Schewtschenko wurde zu einem Symbol des ukrainischen Widerstandes gegen Russland

Energieversorgung durch Russland errichteten ukrainische Behörden im Winter 2022–2023 mehrere Tausend „Punkte der Unbesiegbarkeit" (Abb. 7.6) – Zufluchtsorte für EinwohnerInnen, ausgestattet mit Heizung und Stromgeneratoren, wo sich Menschen während eines Stromausfalls im Winter aufwärmen, ihre elektronischen Geräte aufladen und dringende Unterstützung erhalten konnten.

Abb. 7.6 „Punkt der Unbesiegbarkeit" in Charkiw, Dezember 2022. (Quelle: Gwara Media, Darja Lobanok, https://gwaramedia.com/oblashtovano-vzhe-5-374-punkti-nezlamnosti-po-vsij-kraini/)

Doch regelmäßige Stromausfälle sowie Luftalarm, währenddessen Menschen Schutzräume aufsuchen sollen, erschweren den Alltag. Sie unterbrechen Arbeitsprozesse und Schulunterricht und verursachen eine große psychische Belastung durch ständige Todesgefahr im ganzen Land.

Das trübte die Stimmung in der Gesellschaft. Besonders im Mai 2024, als Russland großflächig die ukrainische Energieinfrastruktur wiederholt beschoss und eine Offensive auf Charkiw startete und gleichzeitig die westlichen Verteidigungswaffen auf sich warten ließen, sahen viele Menschen die Zukunft pessimistisch. Trotzdem zeigten Umfragen im Land keine Bereitschaft, den Kampf gegen den Aggressor aufzugeben oder Territorien an Russland abzutreten. Grund dafür ist das Wissen um russische Gräueltaten und Verfall in den russisch okkupierten Gebieten sowie die berechtigte Annahme, dass Russland die Vernichtung des ukrainischen Volkes als solches beabsichtigt.

Die politische Führung der Ukraine, allem voran der Präsident Selenskyj, spiegeln den Widerstandwillen der ukrainischen Bevölkerung in ihrer Rhetorik und ihren Handlungen wider.

2019 ist Wolodymyr Selenskyj zur Präsidentschaftswahl mit dem Versprechen angetreten, den Krieg im ukrainischen Osten zu beenden, den Russland 2014 entfesselt hatte. Er wurde mit 73 % der Stimmen gewählt. Doch wie es bei allen Präsidenten der unabhängigen Ukraine seit 1991 der Fall war, begannen seine Beliebtheitswerte kurz nach den Wahlen abzunehmen und erreichten vor der russischen Invasion 2022 den niedrigsten Stand von 37 %.

Sein entschiedenes Handeln am Anfang des Krieges brachte Selenskyj die höchsten Zustimmungswerte von 93 % der Bevölkerung im Mai 2022. Seitdem sinkt das Vertrauen in den Präsidenten unter UkrainerInnen wieder, betrug laut Umfragen im September 2024 jedoch immer noch 59 % – deutlich höher als unmittelbar vor dem Krieg.

2024 ist die 5-jährige Amtszeit des Präsidenten sowie die Legislaturperiode der Werchowna Rada, des ukrainischen Parlaments, abgelaufen. Es wurden jedoch keine Neuwahlen abgehalten, da sie während des geltenden Kriegszustandes gesetzlich nicht zulässig sind und zusätzlich von der überwiegenden Mehrheit der ukrainischen BürgerInnen abgelehnt werden.

Trotz des Krieges führt die Ukraine weitere Reformen durch, insbesondere nach der Aufnahme der Beitrittsgespräche mit der Europäischen Union im Jahr 2023.

In vielen Bereichen finden sich außerdem neue Lösungen und Innovation als Reaktion auf die Herausforderungen des Krieges.

Im Mai 2024 startete den Unterricht in der ersten unterirdischen Schule in Charkiw. Etwa ein Dutzend weiterer unterirdischer Schulen befinden sich im Bau.

Nach der anfänglichen Flucht ins Ausland sind trotz fortlaufender Kriegshandlungen mindestens drei Millionen Menschen wieder in die Ukraine zurückgekehrt.

Die ukrainische Wirtschaft wuchs 2023 um ca. 5 % – nach dem Einbruch um ein Drittel im Jahr 2022 – und verlangsamte sich 2024 auf ca. 3%. Etliche Unternehmen übersiedelten nach dem Start der Vollinvasion in den Westen der Ukraine.

7.6 Humor im Krieg

Humor ist in der ukrainischen Kultur fest verankert und spielt in der Verteidigung gegen Russland eine mehrfache Rolle. Er hilft, traumatische Kriegserlebnisse seelisch zu verarbeiten, mit kriegsbedingten Schwierigkeiten umzugehen, aber auch die russische Propaganda zu entkräften.

Mehrere neu entstandene Kanäle in den sozialen Medien produzieren und verbreiten täglich Hunderte von Memes zu aktuellen Themen des Kriegs, Politik und Gesellschaft. Viele davon sind witzige Spontanreaktionen einfacher BürgerInnen auf die Kriegsgeschehnisse. Dazu zählt eine Frau im Hochhaus in Kyjiw, die mit einem Glas selbst eingelegter Tomaten eine russische Drohne zu Fall brachte, aber auch die Aussage einer Bewohnerin des okkupierten Henitschesk einem russischen Soldaten gegenüber, er solle frische Sonnenblumenkerne einstecken, damit dort, wo er in der Ukraine sterben würde, Sonnenblumen wachsen. Andere betreffen die russische Desinformation.

Als zu Kriegsbeginn offensichtlich wurde, dass die Invasoren veraltete Karten aus den Achtzigerjahren verwendeten, rief die Staatliche Agentur für Wiederaufbau und Infrastrukturentwicklung der Ukraine am dritten Tag der Invasion zur Demontage der Ortsschilder in den betroffenen Regionen auf. Stattdessen wurde in vielen Ortschaften die Hinweistafel mit einer klaren Ansage an die feindliche Armee montiert – siehe Abb. 7.7. Eines dieser Schilder wurde im Juni 2022 für umgerechnet 20.000 € versteigert, das Geld ging als Spende an die ukrainischen Streitkräfte.

Abb. 7.7 Aufschrift auf Ukrainisch: Fahrtrichtung geradeaus: F**** euch. Fahrtrichtung links: F**** euch wieder. Fahrtrichtung rechts: F**** euch nach Russland. Verkehrswegweiser im Osten der Ukraine am 26. Februar 2022 mit einer klaren Ansage an die russische Armee. (Quelle: Staatliche Agentur für Wiederaufbau und Infrastrukturentwicklung der Ukraine, https://restoration.gov.ua, fair use, https://www.facebook.com/photo/?fbid=321509096674374&set=a.293428506149100)

7.6 Humor im Krieg

Im Oktober 2022 beschuldigte der russische Verteidigungsminister die Ukraine, an einer „schmutzigen Bombe" mit radioaktiven Stoffen zu arbeiten. Die Antwort der ukrainischen Internet-Community war: „Es ist eine Lüge, dass die Ukraine eine schmutzige Bombe hat. Eine ukrainische Bombe kann nur sauber geputzt, gebügelt und gefaltet sein".

International hat sich die NAFO, North Atlantic Fella Organization (in Anspielung auf die North Atlantic Treaty Organization – NATO) der witzig-ernsten Unterstützung der Ukraine verschrieben (Abb. 7.8). NAFO ist ein Internetphänomen, das auf eine Initiative von Kamil Dyszewski aus Polen zurückgeht. Mehrere Tausende Mitglieder weltweit kommentieren im Internet aktuelle Ereignisse des russischen Krieges, bekämpfen russische Propaganda mithilfe von überarbeiteten, teils lustig-absurden Bildern von Shiba Inus, einer japanischen Hunderasse („Fellas") und sammeln Spenden für das ukrainische Militär.

Abb. 7.8 NAFO-Hund auf dem zerstörten russischen Panzer vor der russischen Botschaft in Berlin im Februar 2023, eine Collage. (Quelle: Wikimedia, Leonhard Lenz, Lizenz CC 0 1.0, https://commons.wikimedia.org/wiki/File:Destroyed_tank_in_front_of_Russian_embassy_Berlin_2023-02-24_07.jpg)

Opfer und Zerstörungen im Krieg 8

8.1 Zivilbevölkerung

Der verbrecherische russische Angriffskrieg kostete in den ukrainisch kontrollierten Gebieten über 12.000 ukrainischen ZivilistInnen, darunter über 500 Kindern das Leben (Stand November 2024). Es ist davon auszugehen, dass die wirkliche Opferzahl wesentlich höher ist. Die NGO Human Rights Watch berechnete, dass zusätzlich zu bestätigten Angaben allein im russisch besetzten Mariupol im Jahr 2022 ca. 8000 Menschen durch Kriegshandlungen ums Leben kamen.

Etwa 16.000 ukrainische ZivilistInnen befanden sich im Dezember 2024 in russischer Gefangenschaft. Zusätzlich wurden ca. 20.000 ukrainische Kinder nach Russland zwangsverbracht (deportiert). Beides – Gefangenhalten von ZivilistInnen und Entführung von Kindern zum Zweck der Umerziehung – sind Kriegsverbrechen, Letzteres wird auch als Genozid eingestuft.

8.2 Kriegsvertriebene

Die russische Invasion zwang die ukrainische Bevölkerung zur Flucht. Ein Jahr später waren mehr als 13 Mio. Menschen – ein Drittel der ukrainischen Bevölkerung – vertrieben. Mitte 2024 lebten immer noch ca. 6 Mio. ukrainische Kriegsvertriebene (zu über 80% Frauen und Kinder) in Europa und ca. 3 Mio. in der Ukraine (Binnenflüchtlinge).

© Der/die Autor(en), exklusiv lizenziert an Springer Fachmedien Wiesbaden GmbH, ein Teil von Springer Nature 2025
O. Stavrou, *Russlands Krieg gegen die Ukraine*,
https://doi.org/10.1007/978-3-658-47950-3_8

Verstärkte Angriffe Russlands in der gesamten Ukraine und insbesondere der russische Beschuss von Energieinfrastruktur und somit Angst vor dem Winter ohne Wärme und Wasser trieben im Herbst 2024 erneut UkrainerInnen zur Flucht ins Ausland.

8.3 Armeeangehörige

Infolge der russischen Invasion seien 43.000 ukrainische Soldaten getötet – diese Opferzahl machte der ukrainische Präsident Wolodymyr Selenskyj im Dezember 2024 bekannt. Russische Verluste bezifferte Selenskyj gleichzeitig mit 198.000 Toten.

Der russische Präsident Putin sagte im Juni 2024 beiläufig, dass vermutlich etwa 5000 russische Soldaten monatlich ums Leben kamen.

Die Schätzungen zu Verwundeten auf beiden Seiten sind ungenauer. Selenskyj sprach im Dezember 2024 von etwa 370.000 Verwundeten auf ukrainischer Seite, von denen die Hälfte nach Behandlung wieder an die Front zurückgekehrt sei. Für die Ukraine gibt es eine Schätzung, dass allein die Anzahl kriegsbedingter Amputationen bei über 50.000 liegt. Für die russische Seite nannte der ukrainische Präsident 550.000 Verwundete. Der Generalstab der Ukraine veröffentlicht täglich geschätzte Verluste Russlands, die Getötete und Verwundete einschließen – siehe Abb. 8.1.

Vertreter der NATO, der USA und Großbritanniens geben immer wieder ihre Schätzungen zu den russischen und ukrainischen Kriegsverlusten bekannt, die etwa in die gleiche Richtung gehen, wie die angeführten Angaben. Eine endgültige Prüfung der Daten ist allerdings noch nicht möglich.

Von den 11.000 nordkoreanischen Soldaten, die seit Oktober 2024 für Russland an der Front kämpfen, sind nach Geheimdienstberichten bis Ende des Jahres bereits Hunderte gefallen.

Abb. 8.1 Verluste Russlands im Krieg gegen die Ukraine zum Stand 29.12.2024. (Quelle: Generalstab der Ukraine, https://x.com/DefenceU/status/1873266452293132739/photo/1)

8.4 Schäden an Wohnhäusern und Infrastruktur

Die russischen Attacken haben in der Ukraine viele Dörfer und Städte in Schutt und Asche gelegt. Durch Beschuss von Wohnbezirken mit Raketen und Drohnen sind auch Wohngebäude tief im Landesinneren zerstört. Insgesamt sollen bis Jänner 2024 rund 250.000 Wohnungen und Häuser beschädigt oder zerstört worden sein, die meisten in den Regionen Donezk, Kyjiw (siehe z. B. Borodjanka, eine Vorstadt von Kyjiw in der Abb. 8.2), Luhansk, Charkiw, Tschernihiw und Cherson.

Abb. 8.2 Ein durch den russischen Beschuss zerstörtes Hochhaus in Borodjanka, April 2022. (Foto: Oleksii Samsonov. Quelle: Kyjiw Stadtverwaltung, Oleksii Samsonov, Lizenz CC BY 4.0, https://kyivcity.gov.ua/photo/borodyanka/)

Zahlreiche Verwaltungsgebäude, Fabriken, Flughäfen, Straßen, Spitäler und andere zivile Einrichtungen erlitten Schäden durch Kriegshandlungen, darunter jede siebte Schule im Land.

Eines der häufigen Ziele russischer Attacken stellen medizinische Einrichtungen und Rettungskräfte dar. So traf im Juli 2024 eine russische Rakete die größte Kinderklinik der Ukraine Ochmatdyt in Kyjiw, kurz danach wurde auch eine Kyjiwer Geburtsklinik getroffen, mehrere Dutzend Menschen starben. Seit der russischen Vollinvasion im Februar 2022 bis Juli 2024 registrierte die Weltgesundheitsorganisation WHO (= World Health Organization) 1940 Angriffe auf ukrainische Gesundheitsinfrastruktur – die höchste Anzahl, die je in einem Konflikt gemessen wurde.

Russland benützt die Taktik des „Double Tap" (= Doppelschlag; diese gilt als Kriegsverbrechen), wie bereits beim russischen Militäreinsatz in Syrien: Ein Ziel wird zweimal hintereinander beschossen. Nach einem Erstschlag wird abgewartet, bis ErsthelferInnen, Polizei, Feuerwehr, Rettungsdienste und JournalistInnen am Ort des Geschehens sind, dann erfolgt der Zweitschlag, um möglichst viele Einsatzkräfte und ZivilistInnen zu treffen.

8.5 Zerstörung der Energieversorgung

Im Winter 2022/2023 hat Russland mehrere Hundert Raketen und Drohnen auf Energieanlagen der Ukraine abgefeuert. Die gezielte Bombardierung der Umspannwerke, Stromnetze und anderer Objekte führte zu großflächigen Stromausfällen und erzwungenen Stromabschaltungen im gesamten Land, sowie zum Ausfall von Heizung und Wasserversorgung mitten im Winter. Es war ein Teil der Zermürbungsstrategie, um die Ukraine zur Kapitulation zu zwingen. Trotz massiver Probleme mit der Stromversorgung ist es den Russen damals nicht gelungen, einen vollständigen Blackout in der Ukraine zu erzeugen.

Ende März 2024 nahm die Russische Föderation die systematischen Attacken gegen die ukrainische Energieversorgung, vor allem gegen Elektrizitätskraftwerke, wieder auf. Russland verwendete dafür seine teuersten Raketen, – aeroballistische Kindschal und ballistische Iskander – welche die Ukraine auf Grund fehlender Luftverteidigungssysteme kaum abwehren kann. Bis zum Herbst 2024 zerstörten bzw. beschädigten die russischen Angriffe alle Wärmekraftwerke und einen bedeutenden Teil der Wasserkraftwerke der Ukraine.

Vermehrte Flüge russischer (Aufklärungs-) Drohnen in der Nähe der ukrainischen Atomkraftwerke sowie Anfertigung von AKW-Aufnahmen durch chinesische Satelliten deuteten darauf hin, dass Russland Angriffe auch auf die drei funktionierenden Atomkraftwerke der Ukraine vorbereitete. Die deutsche Außenministerin Annalena Baerbock bezeichnete diese Pläne im August 2024 als „Kältekrieg", mit dem Ziel, „dass im Winter die Menschen im Zweifel erfrieren".

Das seit dem März 2022 von den russischen Truppen besetzte Atomkraftwerk Saporischschja – das leistungsstärkste Europas – musste heruntergefahren werden. Wiederholte Zwischenfälle wie der Brand einer Kühlanlage im Sommer 2024 und regelmäßiger russischer Beschuss nahe gelegener Objekte vergegenwärtigen die akute Gefahr einer nuklearen Katastrophe.

8.6 Wirtschaft

Im Jahr 2022 fiel das ukrainische Bruttoinlandsprodukt und somit die wirtschaftliche Leistung des Landes um fast 30%. Der gesamte durch die russischen Kriegshandlungen verursachte Schaden kann erst nach deren Ende genau bewertet werden. Die Weltbank schätzt die Kosten für Wiederaufbau in Abstimmung mit der EU und der ukrainischen Regierung auf über 486 Mrd. US-Dollar, umgerechnet ca. 470 Mrd. € (Stand Dezember 2023). Das entspricht fast der jährlichen Wirtschaftsleistung Österreichs (BIP 2023 – 473 Mrd. €) oder mehr als einem Zehntel der jährlichen Wirtschaftsleistung Deutschlands (BIP 2023 – 4,19 Billionen Euro).

▶ **Bruttoinlandsprodukt** Abgekürzt BIP, ist der Wert aller im Land produzierten Waren und Dienstleistungen. Wenn das BIP steigt, sagt man, dass die Wirtschaft wächst, bei einem fallenden BIP spricht man von schrumpfender Wirtschaft.

Besonders stark leiden unter dem Krieg Handel, Industrie, Landwirtschaft sowie Bau-, Transport- und Energiewirtschaft. Die Ukraine hat durch die Kriegshandlungen viele Kapazitäten der landwirtschaftlichen Produktion verloren, teilweise durch die russische Okkupation von 20% der landwirtschaftlichen Flächen der Ukraine, teilweise durch starke Verminung und Verseuchung der Böden, Zerstörung der Lager- und Verarbeitungsinfrastruktur und abgeschnittene Transportwege.

Vor der Vollinvasion hatte die Ukraine Strom exportiert, vor allem nach Europa. Nach massiven Zerstörungen der Energieproduktionsanlagen durch Russland muss das Land immer wieder Strom im Ausland zukaufen, um den Eigenbedarf decken zu können.

Im Osten der Ukraine befinden sich die größten Betriebe des Bergbaus und der Metallverarbeitung. Einige fielen bereits 2014 unter russische Kontrolle, andere erst 2022. Zahlreiche große Fabriken im russisch okkupierten Gebiet wurden demontiert und nach Russland gebracht. Viele Bergwerke stehen still. Wegen der Zerstörung der Anlagen, Lieferketten und der Transportmöglichkeiten mussten viele Fabriken schließen. Für die Ukraine bedeutet es Schäden im hohen Milliardenbereich.

In den Jahren 2023 und 2024 wuchs die ukrainische Wirtschaft um 3–5 % im Jahr, doch ist sie noch immer weit entfernt vom Vorkriegsniveau.

8.7 Schäden an der Natur

Die Ukraine weist die größte Biodiversität (= Artenvielfalt) auf dem europäischen Subkontinent auf – 35 % aller europäischen Pflanzen- und Tierarten, – und ist daher für Europa sehr wichtig. Fast ein Drittel des ukrainischen Territoriums besteht aus natürlichen und naturnahen Ökosystemen bzw. Naturschutzgebieten, 16 % sind Wälder.

Die größte ökologische und humanitäre Katastrophe im Krieg verursachte die Sprengung des Kachowka Staudamms nördlich von Cherson am 6. Juni 2023. Die Flutwelle aus dem Stausee überflutete eine Fläche von über 600 Quadratkilometern samt 80 Ortschaften auf beiden Ufern des Flusses Dnipro. In der Stadt Nowa Kachowka stieg das Wasser um zwölf Meter. 40.000 Menschen waren betroffen, 20.000 davon wurden evakuiert, Dutzende sind ums Leben gekommen.

8.7 Schäden an der Natur

Die Flut trug Landminen, Pestizide, Maschinenöl, Müll und Chemikalien bis ins Schwarze Meer. Das Verschwinden des Stausees ließ Menschen und Landwirtschaft in den Regionen Dnipro, Cherson, Saporischschja und Krim ohne Wasserversorgung. Dutzende Kulturstätten und Museen wurden zerstört oder beschädigt. Unzählige Tiere, unter anderem in drei Nationalparks, starben.

Durch die Zerstörung des Wasserkraftwerkes gingen enorme Stromerzeugungskapazitäten verloren. Mit der unterbrochenen Schifffahrt am Dnipro wurden die ukrainischen Exporte, darunter auch von Getreide, blockiert.

Die Zerstörung des Kachowka-Staudamms durch Russland wird als „Ökozid" bezeichnet.

▶ **Ökozid** Verbrecherische Handlung, die massive bzw. langwierige Schädigung der Umwelt verursachen kann.

BeobachterInnen äußern den Verdacht, dass der Kreml die Zerstörung der ukrainischen Natur als gezielte Kriegstaktik verwendet. Im März 2022 erlaubte der russische Präsident der Armeeleitung vor Ort, ukrainische Wälder ohne Einschränkung zu roden, für den Eigenbedarf und für den Verkauf. Die Besatzer holzten planlos große Waldflächen auch in Naturparks ab, sowie Schutzwälder, die Bodenerosion und Sandstürme verhindern sollten.

Im August 2024 kontaminierten die Russen mit chemischen Abfällen aus einer Zuckerfabrik die zwei Flüsse Seim und Desna im russisch-ukrainischen Grenzgebiet. Die Desna mündet in den Dnipro, den größten Fluss der Ukraine bzw. einen der größten in Europa, nördlich der ukrainischen Hauptstadt Kyjiw. Das natürliche Ökosystem der Flüsse auf der ukrainischen Seite brach zusammen, mehr als 30 t toter Fische mussten entsorgt werden. Nur mit Notmaßnahmen schafften es die ukrainischen Behörden, die Vergiftung des Trinkwassers in Kyjiw abzuwenden.

Zu anderen schweren Umweltschäden durch Krieg gehören Waldbrände, Vernichtung von Naturschutzgebieten und einzigartigen Tier- und Pflanzenarten, wie z. B. das Sterben Tausender Delfine im Schwarzen Meer durch den Lärm der Explosionen auf See und die Sonartechnik der russischen Kriegsschiffe.

Das Kampfgebiet beheimatet viele Produktionsstätten der Schwerindustrie. Es kommt immer wieder zu chemischen Unfällen durch Lecks. Schwermetalle und Chemikalien sickern ins Grundwasser und vergiften Trinkwasserquellen, machen die Böden für die Landwirtschaft ungeeignet.

Die Ukraine gehört aktuell zu den am meisten verminten Regionen der Welt. Durch Explosionen und Schüsse werden giftige Stoffe freigesetzt. Die durch den Krieg verursachten CO_2-Emissionen betragen mehrere hundert Millionen Tonnen. Laut einer Studie des niederländischen Klimaforschers Lennard de Klerk und anderer verursachten die ersten zwei Jahre des russischen Krieges 150 Mio. Tonnen CO_2-Emissions-Äquivalente – so viel wie Belgien in einem Jahr oder Österreich in zwei Jahren ausstoßen.

8.8 Vorsätzliche Zerstörung der Kultur

Die Experten der Vereinten Nationen werfen Russland die vorsätzliche Zerstörung der ukrainischen Kultur vor. Russische Militärangriffe in der Ukraine vernichteten oder beschädigten zahlreiche Stätten von kultureller, historischer und religiöser Bedeutung, darunter Denkmäler, Museen (siehe Skoworoda-Museum in der Abb. 8.3), Theater, Kirchen, Bibliotheken sowie Schulen und Universitäten.

Abb. 8.3 Hryhorij Skoworoda (1722–1794), ukrainischer Philosoph, Pädagoge und Dichter. (Quelle: Charkiw Regionale Militärverwaltung, Lizenz CC BY 4.0, https://kharkivoda.gov.ua/news/115622)

Die von Ihor Jastrebow 1971 geschaffene Statue stand im Skoworoda-Museum in der Region Charkiw. Das Museum wurde durch den gezielten russischen Beschuss am 7. Mai 2022 zerstört. Die Skoworoda-Statue hielt dem Beschuss jedoch stand

8.8 Vorsätzliche Zerstörung der Kultur

Bei Museen und Archiven wenden die russischen Invasoren auf ihrem Vormarsch überall die gleiche Taktik der Plünderung an. Die einmaligen Exponate werden teils unwiederbringlich vernichtet oder entsorgt, teils geraubt bzw. nach Russland abtransportiert.

Mit Stand September 2024 zerstörten oder beschädigten die russischen Kriegshandlungen etwa Eintausend Bibliotheken und mit ihnen Millionen ukrainische Bücher. Allein der Beschuss der Druckerei Faktor-Druck in Charkiw im Mai 2024 vernichtete über 50.000 Bücher.

Die gezielten Verwüstungen ukrainischer Kulturgüter als Kriegstaktik zielen darauf ab, die eigene kulturelle Identität der UkrainerInnen auszulöschen.

In den russisch besetzten Gebieten wurden aus Schulen ukrainische Lehrmittel entfernt und russische Materialien mit verzerrter russischer Darstellung der Geschichte eingeführt. LehrerInnen wurden „umgeschult" oder aus Russland in die besetzten Gebiete versetzt. Mehr als 3000 Bildungseinrichtungen in der Ukraine wurden beschädigt oder zerstört.

Leben unter russischer Besatzung 9

9.1 Die Regionen Cherson, Saporischschja

Die großangelegte russische Invasion in die Ukraine 2022 verursachte eine Massenflucht der ukrainischen Bevölkerung, vor allem aus den okkupierten Gebieten der Regionen Cherson und Saporischschja. Viele Menschen blieben jedoch vor Ort.

Von außen gab es zunächst kaum Zugang zu den russisch besetzten ukrainischen Territorien; es war lebensgefährlich oder durch die russische Okkupationsverwaltung verboten. Aufschlussreiche Berichte über das Leben unter russischer Besatzung kamen von geflüchteten Menschen sowie EinwohnerInnen der mittlerweile befreiten ukrainischen Ortschaften. So berichtete z. B. Kateryna Ukraintseva, Abgeordnete des Stadtrats von Butscha, in den sozialen Medien über ihre Erfahrungen während der russischen Okkupation der Stadt (Abb. 9.1).

Von den ersten Tagen der Invasion an verfolgten die Invasoren ukrainische AktivistInnen, JournalistInnen, Priester, ehemalige SoldatInnen, PolizistInnen und gewählte VolksvertreterInnen. Viele wurden verhaftet, gefoltert und umgebracht oder verschwanden. Russische Soldaten plünderten Häuser auf der Suche nach Essen und Wertgegenständen.

Eltern versteckten ihre Kinder aus Angst vor deren Verschleppung. Nach offiziellen ukrainischen Angaben wurden in den ersten Monaten der Okkupation rund 20.000 ukrainische Kinder von ihren Familien getrennt oder aus Betreuungseinrichtungen entführt und nach Russland deportiert. Sie erhalten russische Pässe, einige werden in Russland adoptiert, die anderen kommen in russische Heime zur Umerziehung. Die Nachverfolgung ihrer Schicksale und die Rückkehr zu ihren Fa-

Abb. 9.1 Es gibt keinen Strom und kein Gas. Menschen kochen Essen im Hof eines Hochhauses in Butscha, einem Vorort von Kyjiw, unter russischer Okkupation. 13. März 2022. (Foto: Kateryna Ukraintseva)

milien ist sehr schwer. Einige Tausend Kinder wurden nach Belarus zwangsverbracht.

Auch Erwachsene werden gezwungen, ihre Heimstätten in den okkupierten Territorien zu verlassen. Die Schätzungen zu deportierten ukrainischen StaatsbürgerInnen bewegen sich zwischen einigen Hunderttausenden und drei Millionen Personen. Russische Behörden nennen sie „Evakuierte" bzw. „Flüchtlinge". An ihre Stelle werden russische Staatsbürger aus entfernten Regionen der Russischen Föderation gebracht. Eine ähnliche Umsiedlungspolitik wurde im großen Stil in der Sowjetunion betrieben, sie dient der Russifizierung von nicht-russischer Bevölkerung und nicht-russischen Territorien.

Die stark bombardierten Orte wie Mariupol, Bachmut, Awdijiwka wurden fast völlig zerstört. Die verbleibenden Menschen lebten ohne Strom und Heizung und mit erschwertem Zugang zum Trinkwasser. Ein ordentliches Begräbnis von getöteten bzw. verstorbenen Menschen war oft nicht möglich. Sie wurden teils in Massengräbern, teils einzeln in Parks oder in Höfen von Privathäusern bestattet.

Nach der Übernahme der Kontrolle renovierten die russischen Besatzungskräfte einige Straßen, Häuser und Infrastrukturobjekte. Die russische Propaganda verwendet entsprechende Meldungen als Beweis für die vermeintliche Verbesserung der Lebensqualität unter russischer Verwaltung.

In den russisch besetzen ukrainischen Gebieten müssen EigentümerInnen ihre Wohnungen und Häuser ins russische Grundbuch eintragen, ansonsten gelten sie als „herrenlos". Dafür ist Anwesenheit vor Ort und der russische Pass notwendig – zwei Bedingungen, die viele UkrainerInnen nicht erfüllen können oder wollen. Entsprechende Regelungen gelten seit Frühjahr 2024 in allen okkupierten Gebieten. So werden Zehntausende Immobilien ukrainischer BürgerInnen enteignet.

Beschädigte und von den ukrainischen BewohnerInnen verlassene Wohnungen und Häuser nennen pro-russische Immobilienmakler vor Ort „Rasruschka" (= „Ruinchen" aus dem Russischen). Solche Immobilien werden nach Bedarf instandgesetzt und von russischen Zuwanderern genutzt, die Unterstützung für ihre Umsiedlung in die okkupierten Gebiete erhalten.

Gleichfalls gibt es Berichte über Enteignung von Privat- und Firmenautos sowie von noch funktionierenden Betrieben und Geschäften. Etliche Industrieanlagen und Fabriken wurden auseinandergenommen und nach Russland transportiert oder für Ersatzteile verwendet.

Statt der ukrainischen Währung Hrywnja wurde in den besetzten Gebieten der russische Rubel als Zahlungsmittel eingeführt. Geldautomaten waren außer Betrieb. Lebensmittel wurden knapp, Preise stiegen. Zahlreiche Geschäfte und Fabriken schlossen, viele Menschen verloren ihre Arbeit.

Russland drängt die UkrainerInnen in den besetzten Gebieten zur Annahme der russischen Staatsbürgerschaft. Der russische Pass ist Voraussetzung dafür, dass man humanitäre Hilfe, medizinische Behandlung, einen Job, ein Schulzeugnis oder die Auszahlung der Rente erhält, Immobilienbesitz oder Strom- und Wasserbezug anmeldet.

Es herrschte Mangel an Medikamenten, vor ärztlichen Einrichtungen bildeten sich lange Schlangen. Medizinische Grundversorgung für ukrainische ZivilistInnen war kaum verfügbar, da einerseits medizinisches Material von den Russen entwendet und für die eigenen Soldaten verwendet wurde, und andererseits das medizinische Personal fehlte.

Das ukrainische Internet, Mobilfunknetz, Fernsehen und Radio wurden abgestellt. Die EinwohnerInnen sind von Informationen aus der Ukraine und der Welt abgeschnitten und bekommen Nachrichten nur über russische propagandistische Fernseh- und Radiokanäle.

In den Schulen wurde ein russischer Lehrplan eingeführt. Halten sich die Lehrkräfte nicht daran, drohen ihnen Kündigung und Verfolgung. Unterrichtssprache ist

Russisch, Ukrainisch ist aus dem Lehrplan gestrichen. Ukrainische Bücher wurden aus den Schulbibliotheken entfernt bzw. vernichtet. Stattdessen bekommen Schulen russische Schulbücher, propagandistische Literatur, russische Flaggen und Porträts des russischen Präsidenten Putin.

Die nicht-russischen Glaubensgemeinschaften werden verfolgt. Es gibt Berichte über Entführung, Verhaftung und Mord an ukrainischen Priestern.

Mitglieder der LGBTIQ-Community werden ebenfalls gezielt verfolgt.

Im Oktober 2024 erklärten die russischen Besatzungsbehörden in der Region Cherson die verpflichtende Einberufung ukrainischer Männer in die russische Armee. Sie werden eingezogen und in den Krieg gegen die Ukraine geschickt.

Es gibt überall russische Checkpoints und Überwachungskameras im öffentlichen Raum. Die Besatzer führen regelmäßige Ausweis- und Smartphone-Kontrollen durch. Werden dabei fotografierte russische Soldaten oder ukrainische Texte entdeckt, droht Festnahme.

Im Alltag der russisch besetzen Territorien herrschen Ungewissheit, Willkür der Besatzungsbehörden und Gewalt. Sie trifft nicht nur AktivistInnen oder vermeintliche WiderstandskämpferInnen, sondern auch gewöhnliche BürgerInnen, besonders junge Frauen. In mehreren berichteten Fällen wurden Frauen entführt, vergewaltigt bzw. als (Sex-) Sklavinnen für russische Offiziere missbraucht.

Im Frühjahr 2024 fanden in der Russischen Föderation Präsidentschaftswahlen statt. Russische Okkupationsbehörden setzten in den ukrainischen Territorien Maßnahmen, um den Anschein von Wahlen zu erzeugen. Diese Pseudowahlen werden international nicht anerkannt.

9.2 Die Krim, Donezk, Luhansk

Die ukrainische Halbinsel Krim sowie zum großen Teil die Regionen Donezk und Luhansk befinden sich seit 2014 unter russischer Kontrolle.

Die Krim wurde im März 2014 durch russische Streitkräfte besetzt und nach einem Scheinreferendum völkerrechtswidrig an Russland angeschlossen (= annektiert).

In den Regionen Donezk und Luhansk wurden zunächst nach Einmarsch russischer Einheiten 2014 die zwei Scheinrepubliken „DNR" und „LNR" ausgerufen. Nach außen hin präsentierten sie sich als „Volksrepubliken" der Einheimischen („Donezker Volksrepublik, DNR" und „Luhansker Volksrepublik, LNR"). Die entscheidenden Leitungspositionen hatten jedoch russische Staatsbürger unter Kontrolle aus Moskau inne. 2022 wurden die „DNR" und „LNR" ebenfalls mittels Scheinreferenden an Russland angeschlossen.

9.2 Die Krim, Donezk, Luhansk

Die Besatzungsverwaltung ging hier mit ähnlichen Schritten vor wie später in den neu okkupierten Gebieten ab 2022, auch wenn die Intensität der Maßnahmen unterschiedlich war:

- Gewalt gegen ZivilistInnen und Willkür der Behörden, Menschenrechtsverletzungen und Verfolgung von KritikerInnen, AktivistInnen und proukrainischen Kräften, auf der Krim zusätzlich Verfolgung der KrimtatarInnen;
- Abriegelung gegen Informationen aus der Ukraine und der Welt (Mobilfunk, Internet, Fernsehen, Zeitungen, Bücher) und Etablierung der russischen propagandistischen Informationskanäle sowie Indoktrination;
- Verbot des Ukrainischen in den Schulen, Universitäten und im öffentlichen Bereich;
- Einführung russischer Pässe;
- Wechsel zu russischer Währung;
- Ansiedlung einer großen Anzahl BürgerInnen der Russischen Föderation, Besetzung von Verwaltungsjobs mit zugewanderten RussInnen und Etablierung einer Zwei-Klassen-Gesellschaft mit Privilegien für russische Zuwanderer und Benachteiligung lokaler EinwohnerInnen.

Diese Maßnahmen waren von einem Bevölkerungsrückgang, der Schließung ukrainischer und ausländischer Firmen, gestiegener Arbeitslosigkeit und Inflation begleitet. So sank die Geburtenrate in der „DNR" im Zeitraum 2018–2022 um fast 47%. Seit Jahren gibt es Probleme mit ausreichender Trinkwasserversorgung. Die Situation verschlechterte sich nach 2022. Leitungswasser wird rationiert bzw. an die Bevölkerung nur stundenweise abgegeben. Das führte insgesamt zu einer massiven Verschlechterung der wirtschaftlichen und gesellschaftlichen Lage sowie des Lebensstandards der Bevölkerung in den russisch kontrollierten Gebieten.

Im Juli 2024 wurde auf der Krim die letzte ukrainische Kirche demontiert. Aus den Bibliotheken der ukrainischen Halbinsel wurden Bücher über den Holodomor, die künstliche Hungersnot 1932–33, über die Krimtataren und den ukrainischen Widerstand sowie Bücher mit Abbildung des ukrainischen Staatswappen Trysub (= Dreizack) entfernt.

2020 führte die „DNR" die Todesstrafe ein. Bereits ab 2014 wurden in den „DNR/LNR" außergerichtliche Prozesse, die so genannten „Volkstribunale" abgehalten und wurden nach entsprechenden Urteilen Hinrichtungen durchgeführt.

Kurz vor dem großangelegten russischen Überfall auf die Ukraine rief die Verwaltung der Scheinrepubliken „DNR"/„LNR" eine allgemeine Mobilmachung (= Einberufung in die Armee) aus. Es folgten weitere Mobilisierungswellen, auch auf der Halbinsel Krim. Männer im wehrfähigen Alter werden in die russische Armee zwangseingezogen und in Kämpfe gegen die Ukraine geschickt.

Verbrechen und Verantwortung im Krieg 10

10.1 Krieg und Recht

Lange Zeit in der Menschheitsgeschichte galt die Annahme, dass ein Herrscher bzw. ein Staat zur Durchsetzung eigener Interessen einen Krieg beginnen darf, das heißt, ein Recht auf Krieg besitzt. Nach dem Ersten Weltkrieg wurde dieser Zugang immer wieder hinterfragt.

Nach dem Zweiten Weltkrieg etablierte sich endgültig die Ansicht, dass Krieg ein inakzeptables Übel ist, dass diejenigen, die einen Krieg anfangen, damit das größte Verbrechen begehen, und dass solche Akteure eine rechtliche Verantwortung tragen.

Die rechtliche Verantwortung im Zusammenhang mit einem Krieg hat zwei Formen: zivilrechtliche und strafrechtliche.

Die Grundidee der Verantwortung im Zivilrecht besagt: Wer Schaden verursacht hat, muss ihn wieder gutmachen bzw. für die Schadensbeseitigung aufkommen. Die wichtigsten Ziele des Strafrechts bestehen in: Bestrafung von TäterInnen, Gerechtigkeit für Opfer, Herstellung der Rechtsordnung und Vorbeugung künftiger Verbrechen.

10.2 Kriegsschäden und zivilrechtliche Entschädigung

Die Russische Föderation trägt die generelle Verantwortung für den Krieg gegen die Ukraine. Sie ist daher verpflichtet, die Zerstörungen, Beschädigungen, Verluste, physische und psychische Leiden zu entschädigen, die im Zuge des Krieges dem Staat Ukraine, der ukrainischen Bevölkerung, Infrastruktur, Natur und

Wirtschaft zugefügt wurden. Es geht um Kompensation der Kriegsschäden (die auch während oder nach dem Krieg stattfinden kann) bzw. um allfällige Reparationen (= Entschädigung an den Siegerstaat nach dem Kriegsende).

In der Ukraine beschäftigen sich mehrere Institutionen und staatliche Behörden mit der Erfassung und Abschätzung der Schäden, insbesondere um Soforthilfe z. B. bei Beschädigung des Wohnraums zu leisten oder lebensnotwendige Infrastruktur zu reparieren.

Das offizielle internationale Register der Kriegsschäden RD4U (= Register of Damage for Ukraine) wurde auf Beschluss des Europarats im niederländischen Den Haag geschaffen. Ab April 2024 können natürliche und juristische Personen sowie der ukrainische Staat, seine einzelnen Institutionen und Organe der Selbstverwaltung einen Antrag auf Dokumentation von Schäden einreichen.

Die gesammelten Informationen und Beweise sollen zukünftig eine Basis für eine mögliche Entschädigung bilden. Ein Mechanismus der Kompensation steht noch nicht fest.

Eine der wahrscheinlichen Finanzierungquellen für Kompensationen der Kriegsschäden stellt das eingefrorene Vermögen der russischen Zentralbank, der sanktionierten russischen Unternehmen und Oligarchen im Ausland dar.

Das sind Gelder auf Bankkonten, Immobilien, Aktien, Anleihen, Luxusgüter wie Jachten usw., zu welchen ihre Eigentümer nach entsprechenden Entscheidungen über Sanktionen der EU, der USA, Kanadas, Japans und anderer Länder keinen Zugang mehr haben. Mit Stand von November 2024 betragen die eingefrorenen russischen Aktiva (= Vermögen) weltweit ca. 300 Mrd. €, davon in der Europäischen Union ca. 210 Mrd. €.

10.3 Russische Kriegsverbrechen

Seit den ersten Kriegstagen wurde aus den russisch besetzten ukrainischen Territorien über Verbrechen der russischen Armeeangehörigen gegen die lokale Bevölkerung berichtet, über Verschleppungen, Folter und Deportationen.

Am 16. März 2022 warf ein russisches Kampfflugzeug eine Bombe auf das Theater im ukrainischen *Mariupol* ab (Abb. 10.1). Das Theater diente als Schutzort für ZivilistInnen und war mit der aus der Luft gut sichtbaren, russischen Aufschrift „Kinder" gekennzeichnet. Mehrere Hundert Menschen starben. Genauere Opferzahlen sind nicht bekannt, da die russische Besatzungsverwaltung die Leichen in einem Massengrab bestatten und die Trümmer des Gebäudes vollständig abtragen ließ.

10.3 Russische Kriegsverbrechen

Abb. 10.1 Ruinen des Akademischen Drama-Theaters von Mariupol (Donezk Region) nach der russischen Bombardierung. (Quelle: Wikimedia, Lirhan2016, Lizenz CC BY-SA 4.0, https://commons.wikimedia.org/wiki/File:Destroyed_theatre_in_Mariupol.jpg)

Ende März 2022, als die russischen Einheiten den Kyjiwer Vorort *Butscha* überstürzt verlassen mussten, hinterließen sie über 400 getötete ZivilistInnen in Massengräbern und auf den Straßen der Stadt. Dieses Bild wiederholte sich in weiteren ukrainischen Orten wie *Irpin*, *Isjum* und anderen.

Geburtskliniken, Wohnhäuser, Einkaufszentren, Bahnhöfe mit Hunderten Menschen, aber auch Kirchen, Museen und Schulen wurden Ziel der russischen Raketen.

Seit Herbst 2022 beschoss Russland gezielt die ukrainische Energieinfrastruktur. Millionen Menschen in der Ukraine mussten im Winter zeitweise ohne Strom, Wasser und Heizung ausharren.

Dokumentierte russische Kriegsverbrechen:

- öffentliche Hinrichtungen, Misshandlungen, Vergewaltigungen
- Errichtung von Folterkammern und illegalen Gefängnissen, Freiheitsentzug ohne Verurteilung
- Folter, Verstümmelungen und Tötungen ukrainischer Kriegsgefangener
- Betreiben von *Filtrationslagern*

- Deportationen (= zwangsweise Verschickung) nach Russland, insbesondere Entführung und Deportation ukrainischer Kinder
- Militarisierung, Russifizierung und politische Indoktrinierung ukrainischer Kinder und als Folge Auslöschung ihrer ukrainischen Identität
- Plünderungen von Privathäusern, Museen, Betriebsanlagen und öffentlichem Eigentum
- Einsatz von verbotenen Phosphorbomben, Antipersonenminen und Sprengfallen
- gezielte Angriffe auf zivile Ziele, Krankenhäuser, Energieinfrastruktur, Kraftwerke
- (absichtliche und fahrlässige) Zerstörung der Natur
- Zerstörung des Kachowka Kraftwerkes mit Überflutung des Gebietes als Folge
- Missbrauch des russisch besetzten AKW Saporischschja zur nuklearen Drohung

Filtrationslager
In den Filtrationslagern auf russisch besetztem ukrainischem Boden werden ukrainische EinwohnerInnen registriert und überprüft. Russische Beamte erheben dabei Personendaten, führen ein Verhör durch und lesen elektronische Geräte (Handys, Laptops, Tablets) aus, teilweise werden Fingerabdrücke genommen, wird Gepäck durchsucht, eine Körperuntersuchung durchgeführt. Die Registrierung ist verpflichtend, um sich vor Ort frei bewegen und weiterreisen zu können. Auch für die freiwillige oder erzwungene Einreise nach Russland muss jede Person eine Filtration bestehen.

Personen, die ukrainefreundlich oder russlandkritisch erscheinen, werden abgesondert – „herausfiltriert". Ihr genaueres Schicksal ist oft unbekannt, viele von ihnen werden anschließend inhaftiert und gefoltert oder auch umgebracht.

Im Angriffskrieg gegen die Ukraine setzt Russland gezielt Folter und Misshandlungen, darunter auch Vergewaltigung und sexuelle Gewalt durch russische Soldaten als Kriegswaffe ein.

„Diese schwerwiegenden Taten wirken weder zufällig noch beiläufig. Sie scheinen Teil einer organisierten staatlichen Politik zu sein, um einzuschüchtern, Angst zu schüren, zu bestrafen oder Informationen und Geständnisse zu erpressen."
Alice Jill Edwards, die UN-Sonderberichterstatterin für Folter, am 10. September 2023 nach ihrem einwöchigen Besuch in der Ukraine.

Mehrere Videos in russischen Netzwerken machten im Herbst 2024 eine neue menschenverachtende Methode bekannt. In den frontnahen Gebieten, vor allem in der von russischer Okkupation 2023 befreiten Großstadt Cherson, verfolgen und attackieren russische Drohnen ukrainische ZivilistInnen, zivile Fahrzeuge und Gebäude. Dieses in den Medien als „Menschensafari" genannte Vorgehen dient der Terrorisierung der Bevölkerung, der Abschreckung internationaler HelferInnen und als Übung für russische Drohnen-Piloten.

Ukrainische Armeeangehörige erleben in russischer Gefangenschaft eine besondere Brutalität. Bis zu 90 % aller zurückgekehrten Kriegsgefangenen berichten von systematischer und weitreichender Folter und sexuellen Misshandlungen, von Hunger und mangelhafter medizinischer Versorgung. Laut Meldungen nehmen gelegentlich auch Gefängnisärzte an Folterungen teil.

2024 mehrten sich Fälle von russischen Hinrichtungen ukrainischer Kriegsgefangener durch die russische Armee. BeobachterInnen vermuten dahinter eine gezielte Strategie zur Einschüchterung ukrainischer VerteidigerInnen.

Viele von Russland an die Ukraine übergebene Soldatenleichen weisen Folterspuren auf, einige kommen ohne innere Organe zurück, was den Verdacht des illegalen Organhandels durch russische Behörden nahelegt.

Russland verwehrt internationalen Organisationen den Zugang zu ukrainischen Kriegsgefangenen, sodass die meisten Daten von Befragungen betroffener Personen nach ihrer Rückkehr stammen.

Im Gegensatz dazu erhalten UNO-VertreterInnen regelmäßig Zugang zu russischen Kriegsgefangenen auf ukrainischem Territorium. Sie bestätigen, dass diese entsprechend den Standards des humanitären Völkerrechts behandelt werden, wenn auch vereinzelt Missstände vorkommen.

10.4 Straftatbestände im Völkerstrafrecht

Das Völkerstrafrecht, das sich als Teil des Völkerrechts mit Kriegsverbrechen beschäftigt, unterscheidet vier Straftatbestände (= Arten der Straftaten) im Krieg:

- *Verbrechen der Aggression*, womit ein *Angriffskrieg* gemeint wird: Anwendung bewaffneter Gewalt eines Staates gegen die Souveränität, territoriale Unversehrtheit oder politische Unabhängigkeit eines anderen Staates in offenkundiger Verletzung der Charta der Vereinten Nationen. Das Verbrechen der Aggression können nur Personen aus der höchsten politischen und militärischen Führung eines Landes begehen.
- *Kriegsverbrechen im engen Sinn*: Nach dem allgemeinen internationalen Verständnis müssen selbst in Kriegen bestimmte Regeln eingehalten werden, sodass das Leiden der Menschen und Schäden an materiellen Werten und Kultur-

gut auf ein unvermeidbares Minimum beschränkt werden. Diese Regelungen heißen *humanitäres Völkerrecht*. Verstöße dagegen sind Kriegsverbrechen, wie Gewalt, Misshandlung und Tötung von ZivilistInnen, Gefangenen und medizinischem Personal, gezielter Beschuss von zivilen Objekten, Einsatz von chemischen oder biologischen Waffen sowie von Streumunition usw.

- *Verbrechen gegen die Menschlichkeit*: Schwere Verbrechen im Rahmen eines *ausgedehnten und systematischen Angriffs gegen Zivilbevölkerung*. Diese Verbrechen können während eines bewaffneten Konflikts oder auch ohne einen solchen stattfinden.
- *Völkermord* oder Genozid: Schwere Verbrechen mit der *Absicht*, eine nationale, ethnische oder religiöse *Gruppe als solche ganz oder teilweise zu vernichten*.

Diese Straftatbestände sind in internationalen Verträgen wie dem Römischen Statut des Internationalen Strafgerichtshofs von 1998 und den Genfer Konventionen 1949 (bestehend aus vier Abkommen und drei Zusatzprotokollen) festgehalten und im nationalen Strafrecht vieler Staaten, darunter auch in Deutschland und Österreich, ausdrücklich verankert.

10.5 Dokumentation von Kriegsverbrechen

Mit Stand November 2024 haben ukrainische Ermittlungsbehörden Beweise für über 150.000 Kriegsverbrechen der russischen Streitkräfte gesammelt.

Mit der Unterstützung der Europäischen Union wurde bereits 2022 eine *gemeinsame Ermittlungsgruppe gegen Kriegsverbrechen (Joint Investigation Team, JIT)* aus dem Internationalen Strafgerichtshof, der Europol (= EU-Polizeiamt), der Ukraine sowie Litauen, Polen, Estland, Lettland, der Slowakei und Rumänien eingesetzt, um die russischen Kriegsverbrechen zu dokumentieren und Beweise zu sammeln.

Im Juli 2023 hat das *Internationale Zentrum für die Verfolgung des Verbrechens der Aggression gegen die Ukraine* (International Centre for the Prosecution of the Crime of Aggression against Ukraine, *ICPA*) seine Arbeit aufgenommen. Es setzt sich aus ausgewählten nationalen StaatsanwältInnen zusammen, die bereits an der gemeinsamen Ermittlungsgruppe JIT mitwirken. Das ICPA soll dazu beitragen, die seit Beginn des russischen Angriffskriegs gesammelten Beweismittel zu analysieren. Das neue Zentrum ist in Den Haag bei der Agentur der Europäischen Union für justizielle Zusammenarbeit in Strafsachen (Eurojust) angesiedelt.

Ebenfalls bei der Eurojust wurde 2023 die Datenbank für Beweismittel zu schwersten Völkerrechtsverbrechen (Core International Crimes Evidence Database – CICED) eingerichtet, welche Daten zu Kriegsverbrechen, unter anderem im Angriffskrieg Russlands gegen die Ukraine, aufnimmt.

Der UN-Menschenrechtsrat hat eine Untersuchungskommission eingerichtet. Auch mehrere Nichtregierungsorganisationen beteiligen sich an der Dokumentation der mutmaßlichen russischen Kriegsverbrechen.

10.6 Strafverfolgung

Für die strafrechtliche Verfolgung von russischen Kriegsverbrechen können mehrere Institutionen zuständig sein:

- Gerichte der Ukraine im Rahmen der nationalen Jurisdiktion (= Gerichtsbarkeit),
- Gerichte anderer Länder im Rahmen der universellen Jurisdiktion,
- Bestehende internationale Gerichte, insbesondere der Internationale Strafgerichtshof,
- Für diesen Fall neu zu schaffende Tribunale, sogenannte ad-hoc-Strafgerichte.

Die Ukraine hat nach eigenen Angaben bereits Dutzende Urteile in Strafverfahren wegen Kriegsverbrechen gefällt. Laut dem ukrainischen Justizminister Denys Maljuska wollen sich die ukrainischen Behörden in Hinkunft auf zwei Straftaten konzentrieren, unter denen sich die Kriegsverbrechen zusammenfassen lassen: völkerrechtswidrige Aggression und Völkermord.

Über 20 Länder, darunter USA, Deutschland, Rumänien, Argentinien ermitteln nach entsprechenden Anzeigen gegen den russischen Präsidenten Putin sowie weitere verantwortliche PolitikerInnen, KommandeurInnen und SoldatInnen. Das ist aufgrund des international anerkannten Weltrechtprinzips (auch Universalitätsprinzip oder Prinzip der universellen Jurisdiktion) der Kriegsverbrechen zulässig: Ein Land kann eine verdächtige Person strafrechtlich verfolgen, auch wenn kein Inlandsbezug vorliegt. Inlandsbezug heißt, dass sich TäterIn oder Opfer in dem Staat aufhalten, seine Staatsbürgerschaft besitzen oder das Verbrechen auf dem Territorium des Staates geschehen ist.

Die Untersuchungen laufen in mehrere Richtungen: Es wird sowohl wegen Kriegsverbrechen einzelner russischer Militärangehöriger als auch wegen Verbrechen gegen die Menschlichkeit, Völkermord und Verbrechen der Aggression durch die höchste politische und militärische Führung Russlands einschließlich dessen Präsidenten Putin ermittelt.

Mitte März 2023 erließ der *Internationale Strafgerichtshof* (IStGH, englisch – International Criminal Court, ICC, wird öfters als Weltstrafgericht bezeichnet) mit Sitz im niederländischen Den Haag einen Haftbefehl gegen den russischen Präsidenten Wladimir Putin und die russische Beauftragte für Kinderrechte Maria Lwowa-Belowa. Sie werden beschuldigt, die Entführung und Deportation Tausender ukrainischer Kinder aus russisch besetzten Gebieten nach Russland zu organisieren. Die Verschleppung von Kindern zum Zweck der Indoktrination oder der Umerziehung erfüllt den Tatbestand des Genozids (= Völkermord).

Weitere vier Haftbefehle des IStGH ergingen 2024 gegen den früheren russischen Verteidigungsminister Sergej Schoigu, den Armeechef Waleri Gerassimow und 2 hohe russische Offiziere Sergei Kobylasch und Viktor Sokolow. Den Beschuldigten wird vorsätzlicher Raketenbeschuss der ukrainischen Energieinfrastruktur und dadurch Zufügung großen Leides an der ukrainischen Zivilbevölkerung vorgeworfen. Es geht somit um mutmaßliche Kriegsverbrechen und Verbrechen gegen die Menschlichkeit.

Der Haftbefehl bedeutet für die 125 Mitgliedstaaten des IStGH die vertragliche Verpflichtung, Putin und weitere Beschuldigte nach Betreten ihres Territoriums zu verhaften. Das schränkt insbesondere die Reisefreiheit des russischen Präsidenten ein.

Im September 2024 reiste Wladimir Putin in die Mongolei, die dem IStGH angehört. Das Land ließ den russischen Präsidenten jedoch nicht verhaften. Die Missachtung des internationalen Haftbefehls argumentierte die Mongolei mit der Abhängigkeit von russischen Energieträgern.

> Alle Staaten der Europäischen Union haben das Statut des Internationalen Strafgerichtshofs (IStGH) – das sogenannte *Römische Statut* – unterzeichnet bzw. ratifiziert und sind daher Mitglieder des IStGH. Russland ist wie die USA, China, Indien, Israel und die Türkei kein Mitglied des IStGH und unterliegt daher nicht seiner Zuständigkeit. Die Ukraine ratifizierte das Römische Statut im August 2024 und wurde mit Wirkung vom 1. Jänner 2025 das 125. Mitglied des IStGH.

Das Statut des Internationalen Strafgerichtshofs sieht vor, dass der IStGH die Kriegsverbrechen (im engen Sinne) ermitteln darf, sobald eine Seite des Konfliktes damit einverstanden ist. Nachdem die Ukraine der Zuständigkeit des IStGH unterliegt, kann der IStGH hier tätig werden.

Die Verbrechen der Aggression (= Angriffskrieg) darf der IStGH jedoch nur dann verfolgen, wenn beide Kriegsparteien – der angreifende und der angegriffene Staat – den Ermittlungen zustimmen. Eine solche Zustimmung ist von Russland nicht zu erwarten.

Die EU und eine Reihe von Staaten befürworteten deswegen die Errichtung eines *Sondertribunals für russische Kriegsverbrechen*. Beispiele solcher Sondertribunale in der Vergangenheit sind das Nürnberger Tribunal und die Tokioter Prozesse nach dem Zweiten Weltkrieg, der Internationale Strafgerichtshof für das ehemalige Jugoslawien oder der Internationale Strafgerichtshof für Ruanda.

10.7 Gesellschaftliche Aufarbeitung in Russland

Bei der Bewertung der russischen Verbrechen im Krieg gegen die Ukraine geht es nicht nur um rechtliche Aspekte der Strafverfolgung, sondern auch um politische, gesellschaftliche und moralische Verantwortung.

Die russischen Verbrechen zu dokumentieren und die Schuldigen in fairen Verfahren zu verurteilen, bedeutet Gerechtigkeit für die Opfer und Abschreckung für potenzielle TäterInnen. Dies würde es auch der russischen Gesellschaft ermöglichen, die Ereignisse zu verarbeiten und sich weiterzuentwickeln.

Die Verbrechen der russischen Armee in den Kriegen in Transnistrien (Republik Moldau), Tschetschenien, Georgien, Syrien, aber auch länger zurückliegende Gräueltaten der kommunistischen Führung in der Sowjetunion sowie die Kriegsverbrechen der Roten Armee im Zweiten Weltkrieg sind in Russland bis heute nicht aufgearbeitet, auch nicht der Hitler-Stalin-Pakt.

Die in Russland populäre Idee von „russki Mir" gründet unter anderem auf dem Gefühl der eigenen Straflosigkeit und Erhabenheit über dem Recht und der internationalen Ordnung. Im russischen kollektiven Gedächtnis ist insbesondere der Zweite Weltkrieg eng mit der Vorstellung verbunden, dass Kriege sich am Ende lohnen, trotz großem Leid. So beendete die russisch dominierte Sowjetunion den Zweiten Weltkrieg mit Gebietsgewinnen. Sie eroberte die Westukraine, Westbelarus, Teile Rumäniens (Bessarabien), Lettland, Litauen, Estland, Kaliningrad (Königsberg). Gewalt wird in Russland nach wie vor gesellschaftlich als legitimes und unvermeidbares Mittel zum Zweck wahrgenommen und akzeptiert.

Kritische Analyse der historischen Verantwortung des eigenen Landes und eine entsprechende Geschichts- und Erinnerungskultur, wie sie etwa in Deutschland nach 1945 durchgesetzt und gefördert wurde, findet sich in Russland kaum. Eine Ausnahme stellt die NGO Memorial dar, sie ist aber in Russland inzwischen verboten.

Verantwortung für den Staat und für kollektives Handeln zu empfinden, wäre für eine lebendige Zivilgesellschaft und für die zukünftige Demokratisierung Russlands wichtig.

Geopolitische Aspekte 11

11.1 Friedenssicherung nach dem Zweiten Weltkrieg

Nach dem Zweiten Weltkrieg bemühte sich die internationale Staatengemeinschaft, eine Weltordnung zu schaffen, die Kriege in der Zukunft verunmöglichen sollte. Mit dem Ziel, den Weltfrieden zu sichern, wurden am 24. Oktober 1945 die *Vereinten Nationen* (englisch the *United Nations Organisation, UNO*) gegründet. Sie vereinen im Laufe der Zeit 193 von derzeit 195 anerkannten Staaten der Welt.

In Europa sollte ferner die neu gegründete *Montanunion*, die Vorläuferin der heutigen *Europäischen Union*, durch die Kontrolle der damals kriegsrelevanten Industrien (Kohle und Stahl) den Frieden sichern.

Die grundlegenden Prinzipien der neuen internationalen Ordnung, welche die *UN-Charta* (das Gründungsdokument der UNO) festschreibt, lauten: Verzicht auf die Anwendung von Gewalt als Mittel internationaler Politik, Gleichberechtigung der Völker, sowie die Verpflichtung zur Achtung der Unabhängigkeit, Souveränität (= Selbstbestimmung) und territorialen Unversehrtheit aller Staaten. Man nennt diese internationale Ordnung „globale *Friedensarchitektur*".

11.2 Geopolitik

Um die Weltordnung, zwischenstaatliche Beziehungen und außenpolitische Strategien einzelner Länder zu beschreiben, wird in den gesellschaftspolitischen Debatten gerne das Wort *Geopolitik* verwendet. Es setzt sich zusammen aus „Geografie" und „Politik" und ist in seiner Bedeutung nicht klar umrissen. Von der Geopolitik wird oft dann gesprochen, wenn Staaten versuchen, eigene Interessen auch außerhalb ihres Territoriums durchzusetzen und ihre Macht in der Welt zu festigen.

Manche Menschen behaupten, dass Geopolitik viel mehr beinhaltet, nämlich dass Staaten sogar ein Anrecht darauf hätten, andere unter Druck zu setzen, um eigene Interessen nach eigenem Verständnis zu befriedigen. Diese Menschen sehen Ereignisse in den internationalen Beziehungen als einen Wettbewerb der großen mächtigen Staaten miteinander; die kleineren Staaten werden als „Einflussgebiete" der Großen betrachtet.

Diese Auffassung widerspricht dem Grundsatz der souveränen Gleichheit der Staaten und dem Gewaltverbot in der UN-Charta.

11.3 Pazifismus

So wie unter Geopolitik manchmal das Recht einzelner Staaten verstanden wird, Gewalt zu verwenden, so wird unter Pazifismus manchmal die Pflicht einzelner Staaten oder Gruppen verstanden, auf Gewalt um jeden Preis zu verzichten.

▶ **Pazifismus** Auch Friedensbewegung (vom lateinischen pacificus – „friedliebend"), ist eine Weltanschauung, die Gewalt und Krieg ablehnt. Ziel des Pazifismus ist auch Abrüstung, also Vernichtung und Verbot von Waffen, da es ohne Waffen keinen Krieg geben könne.

Extreme PazifistInnen äußern sich gegen die Verwendung von Waffen, auch wenn sie zur Abwehr eines Übergriffes passiert. Im russisch-ukrainischen Krieg treten sie dafür ein, dass die Ukraine den bewaffneten Widerstand gegen Russland beendet und dass der Westen die Waffenlieferungen an die Ukraine einstellt.

Dieser Zugang widerspricht der UN-Charta, die im Artikel 51 für den Fall eines bewaffneten Angriffs gegen ein Mitglied der Vereinten Nationen „das naturgegebene Recht zur individuellen oder kollektiven Selbstverteidigung" festhält.

Auf deutschem Boden entstand bereits Ende der 1970er – Anfang 1980er-Jahre in der Bundesrepublik Deutschland (= BRD, „Westdeutschland") eine starke Friedensbewegung, und zwar nachdem die Sowjetunion Nuklearraketen Richtung Europa aufgestellt hat. Die Friedensbewegung der BRD zielte darauf ab, die Stationierung von US-Abwehrraketen in Reaktion auf die Stationierung der sowjetischen Raketen zu verhindern.

In der westdeutschen pazifistischen Bewegung waren neben christlichen, feministischen und umweltaktivistischen Gruppen unter anderem pro-sowjetische und kommunistische Gruppierungen sehr aktiv. Auch der Einfluss der SED (= Sozialistische Einheitspartei Deutschlands, die regierende Partei in der sowjetisch kontrollierten Deutschen Demokratischen Republik DDR, „Ostdeutschland"), der Stasi

(Geheimdienst der DDR) und des KGB (Geheimdienst der UdSSR) auf die Friedensbewegung ist gut dokumentiert.

Die AktivistInnen der Friedensbewegung bzw. des sogenannten „Friedenskampfes" forderten den Weltfrieden sowie die Abrüstung in Europa und kritisierten die USA, deren Politik sie als imperialistisch bezeichneten. Eine Kritik des totalitären Regimes der Sowjetunion und der sowjetischen Aufrüstung gehörte nicht zu den Zielsetzungen der deutschen Friedensbewegung.

Ähnliche Bewegungen gab es auch in anderen westlichen Ländern.

Doktrinäre PazifistInnen, die im laufenden russisch-ukrainischen Krieg gegen die Unterstützung der Ukraine mit westlichen Waffen auftreten, erwähnen die Friedensbewegung der 1980er-Jahre immer wieder als ihr Vorbild bzw. als erstrebenswerten Anknüpfungspunkt.

11.4 Grundsätze der bestehenden Friedensarchitektur

Die internationale Friedensarchitektur baute auf die Annahme, dass folgende Gesetzmäßigkeiten in der Weltpolitik allgemeingültig sind:

- Recht. Verträge werden eingehalten. Die Gesamtheit der internationalen Organisationen, das Völkerrecht und zwischenstaatliche Wirtschaftsbeziehungen funktionieren dank dem Vertrauen in die besondere Wirkung der schriftlichen Vereinbarungen. Sobald eine Abmachung vertraglich beurkundet ist, soll sie eingehalten werden.
- Handel. Handel bringt Frieden. Zwischenstaatliche wirtschaftliche Beziehungen, freie Kapital- und Warenflüsse und ökonomische Vernetzung reduzieren Spannungen zwischen den Staaten.
- Diplomatie. Es gibt immer einen guten Willen. Jede Machtperson, Organisation oder jeder Staat hat berechtigte Interessen und ist lösungsorientiert. Man muss nur zuhören, verhandeln und bereit sein, Kompromisse zu schließen, das heißt, diplomatisch agieren.
- Humanismus. Das Menschenleben ist der höchste Wert. Jeder Staat hat das Ziel, das Leben der Menschen in seinem Land zu schützen und für das Allgemeinwohl zu sorgen.

11.5 Politische Zeitenwende

Es gab nach dem Zweiten Weltkrieg mehrere Herausforderungen für die internationale Ordnung, größere wie kleinere bewaffnete Konflikte und auch Kriege. Der russische Krieg gegen die Ukraine hat besonders eindrücklich vor Augen geführt, dass Recht, Handel, Diplomatie und Humanismus keine Naturgesetze sind, sondern menschliche Gebote. Sie funktionieren nur dann, wenn sich alle an sie halten.

Russlands Präsident Putin hat mit der großflächigen Invasion der Ukraine mehrere teilweise von ihm persönlich unterzeichnete Verträge gebrochen (= Missachtung des Rechts). Die russische Wirtschaft ist eng verflochten mit der Welt und insbesondere mit der Ukraine. Das hat den Krieg jedoch nicht verhindert. Ganz im Gegenteil: Putin nutzt die von ihm geschickt erzeugte einseitige Abhängigkeit, wie etwa im Energiesektor, zur Erpressung (= Handel bringt nicht unbedingt Frieden).

Russische VertreterInnen nutzten diplomatische Kanäle, um Kriegsvorbereitungen zu verschleiern und Kriegsabsichten zu leugnen. Sie verwenden offensichtlich falsche Behauptungen in ihrer Argumentation des Krieges (= Missbrauch der Diplomatie). Die russischen Soldaten sind nicht ausreichend ausgerüstet und schlecht ausgebildet, die Anzahl der getöteten und verwundeten russischen Militärangehörigen ist übermäßig hoch. Der Kreml setzt Kriegstaktiken ein, die planmäßig mit hohen menschlichen Verlusten verbunden sind (= Missachtung des Menschenlebens selbst bei der eigenen Bevölkerung).

Der russische Krieg gegen die Ukraine ist zweifellos eine der größten Herausforderungen für die internationale Ordnung und für die globale Friedensarchitektur seit dem Zweiten Weltkrieg.

Bei einer Sondersitzung des deutschen Bundestages am 27. Februar 2022 erklärte der deutsche Bundeskanzler Olaf Scholz: „Wir erleben eine *Zeitenwende*. Und das bedeutet: Die Welt danach ist nicht mehr dieselbe wie die Welt davor."

Das bedeutet insbesondere, dass das Vertrauen in die Macht von Recht, Handel, Diplomatie und Humanismus und die Überzeugung von Pazifismus sowie Neutralität nicht vor einer Aggression schützen.

11.6 Internationale Organisationen

Das Netzwerk der internationalen Institutionen, insbesondere die Vereinten Nationen, die OSZE (die Organisation für Sicherheit und Zusammenarbeit in Europa) und der Europarat, konnte den Krieg in der Ukraine nicht abwenden. Einige von ihnen stellten sich angesichts des Krieges als wenig handlungsfähig heraus.

Russland konnte Entscheidungen der internationalen Organisationen oder die Geltung dieser Entscheidungen für Russland immer wieder blockieren. Das ist möglich, da russische VertreterInnen in den Entscheidungsorganen mehrerer Organisationen ein Vetorecht besitzen.

So hat Russland als eines der fünf ständigen Mitglieder des UN-Sicherheitsrats (neben den USA, Frankreich, Großbritannien und China) einen besonders großen

11.6 Internationale Organisationen

Einfluss auf Resolutionen des Gremiums. Laut dem Art. 24 der UN-Charta übertragen die UNO-Mitglieder dem Sicherheitsrat „die Hauptverantwortung für die Wahrung des Weltfriedens und der internationalen Sicherheit". Dass Russland in diesem Gremium mitentscheiden und sogar zeitweise Vorsitz führen darf (wie es im April 2023 und Juli 2024 der Fall war), während es einen Angriffskrieg führt, ist ein Widerspruch.

Außerdem kann die Russische Föderation jederzeit aus einer Organisation austreten. So trat Russland etwa im März 2022 aus dem Europarat aus, um dem drohenden Ausschluss aus der Organisation zuvorzukommen.

Im Juli 2024 erklärte das russische Parlament, an der Arbeit der Parlamentarischen Versammlung der Organisation für Sicherheit und Zusammenarbeit in Europa OSZE nicht mehr teilzunehmen. Bereits davor setzte Russland seine Zahlungen an die OSZE weitgehend aus.

Nach Erkenntnissen westlicher Nachrichtendienste nutzt Russland internationale Organisationen immer wieder für die Spionage bzw. dafür, seinen GeheimdienstmitarbeiterInnen Legenden (= verschleierte Identitäten) zu verschaffen.

Die Unterwanderung und Lahmlegung mehrere internationalen Organisationen durch den Kreml in der jüngsten Vergangenheit befeuerte die Debatte über neue Mechanismen und Systeme für die weltweite Friedensarchitektur. Die spürbare Notwendigkeit von Reformen veranlasste insbesondere die UNO, Ende September 2024 den sogenannten „Pakt für die Zukunft" zu verabschieden.

Unterwegs zur neuen Weltordnung? 12

12.1 Machtzentren und Kriegsherde

In der sogenannten „Brandrede" im Rahmen der 43. Münchner Konferenz für Sicherheitspolitik im Februar 2007 kritisierte der russische Präsident Putin zum ersten Mal öffentlich mit scharfen Worten den Westen, die NATO und die USA. Er rief darin zu einer neuen multipolaren Weltordnung auf. Nach seiner Darstellung existieren in einer solchen multipolaren Welt mehrere Machtzentren, und Russland ist eines davon, die aktiv Einfluss auf andere Länder ausüben bzw. ausüben dürfen.

Diese Vorstellungen hat Putin bei vielen Anlässen wiederholt und in einigen Essays detailliert argumentiert. Allerdings hat Putin mehrmals auch gegenteilige Aussagen getroffen.

Die KennerInnen Putins und der russischen Kommunikationskultur betonen, dass die gleichzeitige Ansprache sich einander widersprechender Botschaften eine in Russland bekannte rhetorische Technik in der politischen Debatte ist. Wenn Putin den Weltfrieden, Menschenrechte, Demokratie, internationale Ordnung und Selbstbestimmung der Völker hochpreist, hat dies je nach Situation verschiedene Motive: die Irreführung von Freunden und Feinden; die Demonstration eigener Macht bzw. des Privilegs, ungestraft lügen zu können; die Höflichkeitsfloskel in Kommunikation mit westlichen Partnern.

Putins „neue Weltordnung" entspricht den alten Vorstellungen von großen Weltmächten und ihren Einflussgebieten, welche die UN-Charta 1945 mit dem Grundsatz der Gleichberechtigung und Souveränität aller Staaten zu überwinden suchte.

Einige Länder zeigen offen das Interesse an diesem „neuen Modell" der zwischenstaatlichen Beziehungen.

Die Volksrepublik China strebt seit Jahren nach politischem und wirtschaftlichem Einfluss auf der ganzen Welt. Dazu kauft die chinesische Regierung bzw. kaufen chinesische Firmen mit der Unterstützung der Regierung kritische Infrastrukturanlagen, Rohstoffabbaulizenzen und wichtige Betriebe in Europa, USA und weltweit ein. Im Rahmen der so genannten „neuen Seidenstraße" baut China europäisch-asiatische und interkontinentale Handels- und Transportnetze unter eigener Kontrolle auf und strebt Beziehungen mit anderen Ländern an, die deren Abhängigkeit von China stärken.

Das Mullah-Regime im Iran versucht mit seinem deklarierten Ziel, Israel zu vernichten, seine Vorherrschaft in Nahost zu etablieren und investiert insbesondere in die Entwicklung von Atomwaffen. Es ist eines der engsten Verbündeten Putinrusslands.

Länder, die nicht an internationalen geopolitischen Spielen teilnehmen (wollen), besonders kleinere Staaten ohne starken Militärapparat, sind auf die bestehende internationale Ordnung angewiesen, in der das Recht der Verträge gilt und nicht das Recht der Stärkeren herrscht.

Seit dem Ende des Zweiten Weltkriegs gab es weltweit mehrere Konfliktherde, welche sich allein deswegen nicht zu großen kriegerischen Auseinandersetzungen auswuchsen, weil die Beteiligten negative Folgen befürchteten. Es ist daher sehr wichtig, dass die militärische Gewalt Russlands ihre Ziele nicht erreicht und der Krieg auch sonst keine Vorteile für Russland bringt.

Wie die Weltordnung nach der so genannten Zeitwende tatsächlich aussieht, entscheidet der Verlauf des russisch-ukrainischen Krieges mit.

12.2 Israel-Hamas Krieg

Am 7. Oktober 2023 überfielen Kämpfer der palästinensischen radikalislamistischen Terrororganisation Hamas und weiterer Terrororganisationen vom palästinensischen Autonomiegebiet Gazastreifen aus mehrere Kibbuzim (= Gemeinschaftssiedlungen) und ein Open-Air-Musikfestival im Süden Israels. Der Angriff begann mit einem massiven Raketenbeschuss auf Israel durch die Hamas. Die Terroristen ermordeten mit besonderer Grausamkeit über ein Tausend Menschen, mehrere Tausend wurden verwundet, viele Frauen und Mädchen vergewaltigt und ermordet, einige Hundert Menschen als Geiseln entführt, darunter auch Babys.

In Folge entfaltete sich ein Krieg, der eine neue Eskalationsstufe im Nahostkonflikt darstellt.

12.2 Israel-Hamas Krieg

> **Nahostkonflikt**
>
> Als Nahostkonflikt wird der Streit zwischen Juden und Arabern um das Gebiet von Israel und Palästina bezeichnet. Er entstand zu Beginn des 20. Jahrhunderts und führte wiederholt zu Kriegen zwischen dem 1948 gegründeten Staat Israel und einigen seiner Nachbarstaaten sowie zu zahlreichen bewaffneten Auseinandersetzungen zwischen Israelis und Palästinensern.
>
> Der Nahostkonflikt polarisiert seit jeher Gesellschaften und Politik, da seine rechtliche, politische, historische, religiöse und moralische Bewertung sich oft gegenseitig widerspricht.
>
> Dem Staat Israel werden insbesondere vorgeworfen die Besetzung und Besiedlung von Gebieten die von Palästinensern beansprucht werden, wie Gaza, Westjordanland und Golan-Höhen, sowie Bau von Zäunen und Sperranlagen in diesen Gebieten, weiters die Verweigerung der Rückkehr für Nachkommen palästinensischer Flüchtlinge und die Blockade des Gazastreifens und somit die Verschärfung der humanitären Lage.
>
> Die berechtigte Kritik an der Hamas schließt insbesondere ein die Ablehnung des Existenzrechts von Israel und ihr erklärtes Ziel, Israel auszulöschen, weiters die autoritäre islamistische Herrschaft sowie Terroranschläge und Anwendung excessiver Gewalt auch gegen ZivilistInnen, Missachtung von Menschenrechten, Unterdrückung von Frauen und Kindern, Missbrauch von ZivilistInnen als Schutzschild (Bau der Militäranlagen in zivilen Einrichtungen wie Spitäler und Schulen).

Der Israel-Hamas-Krieg markierte eine Trennlinie zwischen den demokratisch geführten Staaten und autoritären Kräften. So wurde Israel von den USA, Deutschland, aber auch Großbritannien, Frankreich und anderen westlichen Ländern im verschiedenen Ausmaß unterstützt. Auf der anderen Seite standen islamistische Milizen wie die palästinensischen Hamas und Islamische Dschihad, die libanesische Hisbollah, die jemenitischen Huthi, sowie die autoritär regierten Staaten der Iran, Syrien, Russland, Nordkorea und China. Sie unterstützen sich gegenseitig im Krieg gegen Israel auf unterschiedliche Art und Weise.

„Wenn Russland nicht in die Ukraine einmarschiert wäre, hätte die Hamas aller Wahrscheinlichkeit nach keinen solchen Angriff gegen Israel gestartet."
Giorgia Meloni, Ministerpräsidentin von Italien im Interview für il Giornale am 27. Februar 2024

12.3 Syrien

In Syrien herrschte seit 1970 ein autoritäres Regime unter der Präsidentschaft von Hafiz al-Assad, nach seinem Tod 2000 unter Führung seines Sohnes Baschar al-Assad als Staatspräsident. Assad ließ 2011 die anfangs friedlichen Proteste für politische Freiheiten im Zuge des sogenannten „Arabischen Frühlings" gewaltsam niederschlagen. Daraufhin brach in Syrien ein Bürgerkrieg aus.

Russland, Iran, die vom Iran unterstützte libanesische Hisbollah-Miliz und China unterstützten die Regierung Assads. Terroristische islamistische Gruppierungen wie der Islamischer Staat (abgekürzt IS oder ISIS) und andere beanspruchten für sich die Herrschaft über Syrien.

Die USA, Frankreich und Großbritannien unterstützten oppositionelle Kräfte, die gegen das Assad-Regime und gegen die Islamisten kämpften. Die Türkei unterstützte die zu ihr loyalen Oppositionellen, mit Ausnahme kurdische Gruppen, da sie jedenfalls verhindern wollte, dass die Kurden an Einfluss gewinnen.

Moskau pflegte bereits zur Zeit der Sowjetunion enge Kontakte mit dem syrischen Regime. Russische Söldner der Schattenarmee „Gruppe Wagner" arbeiteten für Assad. Als regierungstreue Streitkräfte 2015 fast das gesamte Territorium Syriens verloren, flog Russland massive Luftangriffe hauptsächlich auf Oppositionskräfte und half damit Assad, die Kontrolle wieder herzustellen. Traurige Berühmtheit erlangte die russische Bombardierung der Stadt Aleppo 2016 und neuerlich 2024.

Die russischen Luftattacken in Syrien führten regelmäßig zu hohen Opferzahlen unter der syrischen Bevölkerung, sie zielten vor allem auf zivile Infrastruktur wie Spitäler, Wasserwerke, Lebensmittelgeschäfte.

Moskau hatte in Syrien insbesondere die Taktik des „Double Tap" (= Doppelschlag) ausgearbeitet. Dabei wird ein Objekt zweimal hintereinander beschossen, der Zweitschlag erfolgt erst nach einer Pause, damit auch heraneilende ErsthelferInnen und Rettungskräfte getroffen werden und die Anzahl an Toten und Verwundeten höher ausfällt. Diese Methode benutzt der Kreml nun oft gegen die Ukraine.

Die Ukraine unterstützte 2024 die syrischen Oppositionskräfte mit Drohnen, im September 2024 griffen ukrainische Geheimdienste einen russischen Militärstützpunkt nahe Aleppo an.

Am 27. November 2024 starteten die zur Assad-Regierung oppositionellen Rebellen, angeführt von der Hai'at Tahrir asch-Scham (HTS) und der von der Türkei unterstützten Freien Syrischen Armee eine Großoffensive. Innerhalb von 12 Tagen nahmen sie große Teile des Landes ein, einschließlich der Hauptstadt Damaskus, was in der Nacht vom 7. auf den 8. Dezember 2024 zum Ende des Assad-Regimes führte. Assad flüchtete nach Moskau. Das russische Militär startete den Abzug seiner Streitkräfte von dem Militärflughafen Hmeimim bei Latakia und der Marinebasis Tartus.

Der Sturz des Assad-Regimes in Syrien bedeutete einen herben Rückschlag für Russland. Er erschwert Russlands Operationen in afrikanischen Ländern, vor allem seine Logistik, Waffennachschub und Personalrotationen der russischen Militäreinheiten Afrikakorps.

12.4 Belarus

Die Geschichte von Belarus beginnt vor mehr als Tausend Jahren. Die im 9. Jahrhundert zum ersten Mal schriftlich erwähnte Stadt Polozk war Zentrum des Polozk-Fürstentums, das später Teil der Kyjiwer Rus wurde. Die heutigen belarusischen Gebiete gerieten im Laufe der Jahrhunderte unter Kontrolle des Großfürstentums Litauens, des Staates Polen-Litauen und des russischen Zarenreichs. Nach dem Zerfall des russischen Imperiums riefen die Belarusen 1918 die unabhängige Belarusische Volksrepublik aus. Diese wurde, ähnlich wie die Ukrainische Volksrepublik, von den russischen Bolschewiken zerschlagen und in die neu gegründete Sowjetunion als Belarusische Sowjetrepublik eingegliedert. 1991 erklärte Belarus seine Unabhängigkeit.

1994 wurde Aljaksandr Lukaschenka (russische Schreibweise: Alexander Lukaschenko) zum Präsidenten von Belarus gewählt. Er hat ein autoritäres, repressives, russlandfreundliches System um sich herum aufgebaut und hält bis heute an der Macht fest. Lukaschenka verfolgt eine Politik der Annäherung an Russland und brachte das Land in eine vielschichtige Abhängigkeit von Russland. Nach Fälschungen bei der belarusischen Präsidentschaftswahl 2020 fanden landesweit riesige Proteste gegen Lukaschenkas Regierung statt. Die Demonstrationen wurden brutal niedergeschlagen.

Belarus hat 9,4 Mio. EinwohnerInnen. Die jahrhundertelange Russifizierung hat die belarusische Sprache aus dem öffentlichen Leben fast völlig verdrängt, obwohl heute sowohl Russisch als auch Belarusisch offizielle Sprachen in Belarus sind. In der behördlichen Kommunikation, den Medien und im Alltagsleben dominiert Russisch.

Die belarusische Regierung unterstützt Russland im Krieg gegen die Ukraine. Lukaschenka ermöglichte der russischen Armee, die Ukraine von belarusischem Territorium aus anzugreifen. Die belarusische Armee selbst kämpft nicht in der Ukraine.

Nach dem versuchten Aufstand Ende Juni 2023 der auf Seite Russlands kämpfenden Wagner-Schattenarmee ermöglichte Lukaschenka den Wagner-Söldnern und ihrem Anführer Jewgeni Prigoschin die Stationierung in Belarus.

Belarus führt regelmäßig gemeinsame Militärmanöver mit Russland durch. Im Juli 2024 fanden nahe polnischer Grenze gemeinsame belarusisch-chinesische Militärmanöver statt.

Berichte zufolge wurden mehrere Tausend ukrainische Kinder nach Belarus verschleppt.

Die EU und mehrere Länder belegten Belarus mit Sanktionen.

Während des Krieges in der Ukraine entstand in Belarus eine Antikriegsbewegung. Die belarusischen KriegsgegnerInnen verüben immer wieder Anschläge, z. B. auf belarusische Militärflugplätze und Eisenbahnlinien, die den russischen Kampfeinsätzen und der Versorgung der russischen Armee in der Ukraine dienen.

Umgang mit dem Krieg in der Welt 13

13.1 Interessenlage

Relativ früh im Kriegsverlauf zeigten sich drei grundsätzliche Einstellungen zum russisch-ukrainischen Krieg: einerseits pro-westlich/pro-demokratisch/pro-ukrainisch, andererseits autoritär/pro-russisch und dazwischen wechselhaft/eigennützig.

Am 2. März 2022 stimmte die Generalversammlung der Vereinten Nationen in der 11. Dringlichkeitssitzung über die UN-Resolution A/ES-11/L.1 ab, mit welcher sie den Einmarsch Russlands in die Ukraine verurteilte. 141 von 193 UN-Mitgliedern stimmten für die Resolution, 5 (Russland, Belarus, Nordkorea, Syrien, Eritrea) dagegen, 35 (darunter Iran, China, Indien, Pakistan, Kuba und andere) haben sich enthalten (Abb. 13.1).

Viele Staaten verurteilten den großangelegten russischen Überfall 2022 auf die Ukraine von den ersten Stunden an und boten der Ukraine ihre Unterstützung an. Dazu zählen insbesondere die westlichen Länder Großbritannien, die USA, Polen, die drei baltischen Staaten Estland, Lettland und Litauen sowie Deutschland, Frankreich, Italien und andere EU-Staaten wie auch Kanada, Australien und Japan.

Die bis dahin neutralen europäischen Länder Finnland und Schweden haben sich gegen die Neutralität und für den Antrag einer NATO-Mitgliedschaft entschieden und der Ukraine umfassende, auch militärische Hilfe zugesagt. In der Schweiz und in Österreich hält man an der Neutralität fest.

Auch Regierungen der europäischen Länder, welche vor dem Krieg starkem russischem Einfluss unterlagen bzw. besonders gute Beziehungen mit Russland pflegten, wie Ungarn, Serbien, Bulgarien, Griechenland und Österreich, verurteilten den russischen Einmarsch in die Ukraine. Einige machen jedoch immer

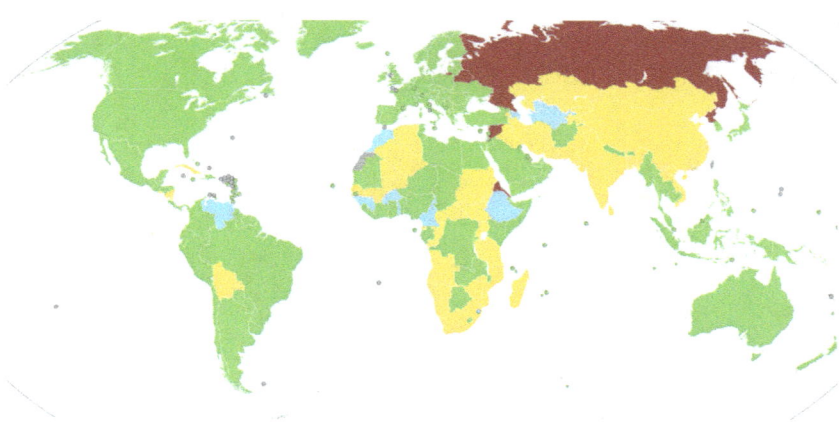

■ dafür, ■ dagegen, ■ enthalten, ■ abwesend, ■ kein Mitglied

Resolution A/ES-11/L.1 der Generalversammlung der Vereinten Nationen vom 2. März 2022

Abb. 13.1 Abstimmungsergebnis bei der Resolution A/ES-11/L.1 der Generalversammlung der Vereinten Nationen in der 11. Dringlichkeitssitzung am 2. März 2022. (Quelle: Wikipedia, Jurta, Lizenz CC 0 1.0, https://de.wikipedia.org/wiki/Datei:United_Nations_General_Assembly_resolution_ES-11_L.1_vote.svg)

wieder Vorbehalte gegen bestimmte Sanktionen gegen Russland oder Unterstützungsmaßnahmen für die Ukraine geltend.

Ungarn wird als einziges EU-Mitgliedsland von der NGO Freedom House nur als „teilweise frei" eingestuft. Unter der langjährigen Führung des rechtskonservativen Ministerpräsidenten Viktor Orban seit 2010 wurden systematisch demokratische Institutionen geschwächt, die Pressefreiheit und die Unabhängigkeit der Justiz eingeschränkt, die Aktivitäten von Opposition, NGOs und Journalistinnen behindert.

Orban und der ungarische Außenminister Peter Szijjarto pflegen nach wie vor gute Beziehungen mit dem Kreml. Der Ministerpräsident Ungarns versuchte im Lauf des russischen Krieges gegen die Ukraine, EU-Sanktionen gegen Russland hinauszuzögern und abzuschwächen, finanzielle und militärische Hilfsangebote an die Ukraine zu blockieren, die Beitrittsverhandlungen der Ukraine mit der EU aufzuhalten und Schwedens NATO-Beitritt zu behindern. Er äußerte sich mehrmals gegen die EU- und NATO-Beitritt der Ukraine.

2024 erleichterte Ungarn die Visumsvergabe für RussInnen und BelarusInnen, was als potenzielle Erleichterung der russischen Spionage in der EU kritisiert wurde.

13.1 Interessenlage

Auch der linkspopulistische Ministerpräsident der Slowakei Robert Fico führt eine russlandfreundliche Politik. Zwar hat sein Land, anders als ihr südlicher Nachbar Ungarn, bisher ausnahmslos alle von der EU beschlossenen Ukraine-Hilfen sowie sämtliche gegen Russland gerichtete Sanktionen unterstützt. Doch ähnlich wie Orban fiel Fico mit negativen Äußerungen zu der Ukraine-Politik der Europäischen Union und der NATO mehrmals auf. Neben Orban und dem österreichischen Bundeskanzler Karl Nehammer ist Fico einer der wenigen Staatschefs Europas, die den russischen Machthaber Putin nach dem Russlands Einmarsch in der Ukraine besuchten.

Die Slowakei gehört neben Ungarn, Österreich, Bulgarien, Malta und Zypern zu den sechs EU-Mitgliedern, die bis Ende 2024 kein Sicherheitsabkommen mit dem ukrainischen Staat abgeschlossen haben.

In den christlich orthodox geprägten Ländern Serbien, Bulgarien und Griechenland wird die russische Propaganda zusätzlich durch den Einfluss der regierungstreuen Russischen Orthodoxen Kirche verstärkt. In diesen Ländern (aber auch in Deutschland mit seiner großen russisch sprechenden Minderheit) fanden prorussische Demonstrationen statt. Sie waren jedoch insgesamt kleiner als Aktionen und Kundgebungen gegen den russischen Einmarsch und zur Unterstützung der Ukraine.

Nur ganz wenige Länder haben ihre ausdrückliche Unterstützung für Russland gezeigt, dazu gehören unter anderem Belarus (siehe Abschn. 12.4), Nordkorea und Syrien bzw. der syrische Diktator Baschar al-Assad, der im Dezember 2024 gestürzt wurde (siehe Abschn. 12.3).

Im September 2023 besuchte der Diktator des kommunistischen Nordkoreas Kim Jong Un Moskau. Im Juni 2024 folgte ein Gegenbesuch des russischen Präsidenten Putin in der nordkoreanischen Hauptstadt Pjöngjang, im Rahmen dessen Kim Jong Un und Putin einen Vertrag über eine umfassende strategische Partnerschaft und gegenseitige militärische Hilfe unterzeichneten. Nordkorea liefert dem Kreml Artilleriemunition, Raketen und sonstige militärische Güter.

Seit Oktober 2024 sind ca. 11.000 nordkoreanische Soldaten in der russischen Region Kursk an der Front. Bis Ende 2024 starben über Einhundert von ihnen in den Kämpfen mit den ukrainischen Streitkräften.

Der Iran und China stellen der Russischen Föderation vielfältige Unterstützung bereit, bestreiten das aber immer wieder.

Die seit der Mitte des 20. Jahrhunderts von der chinesischen Kommunistischen Partei autoritär regierte Volksrepublik China wurde im Juli 2024 von der NATO als „entscheidender Befähiger" des russischen Krieges gegen die Ukraine bezeichnet. Gut die Hälfte aller Waren, die wichtig für die russische Wirtschaft oder Militärindustrie sind, kommen aus der Volksrepublik. Darunter sind Elektrogeräte, Fahrzeuge, Rohstoffe und vor allem die sogenannten Dual-Use-Güter, also Produkte, die für zivile und militärische Zwecke genutzt werden können, wie Werkzeugmaschinen, Mikroelektronik und Chemikalien, die für die Herstellung von Munition und Raketentreibstoffen unerlässlich sind.

Das Agieren von China hilf der Russischen Föderation bei der Umgehung westlicher Sanktionen. Der Großteil der importierten Technologie und Komponenten in russischen Waffen stammt aus dem Westen und wird an Russland von chinesischen Zwischenhändlern weitergereicht. China steigerte nach der russischen Invasion der Ukraine Importe von russischem Gas und Erdöl, wenn auch zu rabattierten Preisen, und ermöglicht Schiffen der russischen Schattenflotte (siehe Abschn. 15.2) notwendige Dienstleistungen. Somit gleicht die Volksrepublik die entgangenen russischen Gewinne auf Grund westlicher Sanktionierung teilweise wieder aus.

Es gibt Beweise, dass chinesische Firmen in Russland Kampfdrohnen testen und dorthin exportieren.

Wie Satellitenbilder belegen, stellte China einen Liegeplatz zumindest einem russischen Frachtschiff zur Verfügung, das nordkoreanische Waffen an Russland liefert.

Gleichzeitig versucht die Volkrepublik, sich als neutral zu präsentieren, und meidet direkte Konfrontation mit dem Westen sowie offensichtliche Verstoße gegen westliche Sanktionen. Ihre Strategie zielt darauf ab, durch die Stärkung wirtschaftlicher Abhängigkeit ihren Einfluss in Russland und in der Welt auszubauen.

Chinas Staatspräsident Xi Jinping bekräftigte am letzten Tag 2024 in seiner Neujahrsbotschaft an den russischen Präsidenten Wladimir Putin gute Beziehungen Chinas zu Russland und den Wunsch, sie weiter zu vertiefen. Die Volksrepublik und Russland würden „Hand in Hand" auf dem „richtigen Weg voranschreiten", sagte Xi laut der staatlichen Nachrichtenagentur Xinhua.

Das autoritäre Mullah-Regime im Iran beliefert Russland mit diversen Waffen wie Raketen und Gleitbomben sowie mit Kampfdrohnen insbesondere des Typs Shahed-136 bzw. der entsprechenden Technologie.

2024 fanden gemeinsame russisch-chinesische, belarusisch-chinesische und russisch-chinesisch-iranische Militärmanöver statt.

Die Haltung anderer Staaten gegenüber Russland bewegt sich zwischen Verurteilung der Kriegshandlungen, teilweisem Verständnis für Russland und einer neutralen bzw. opportunistischen Position.

▶ **Opportunismus** Ein Verhalten, sich an verschiedene Situationen anzupassen, um eigenen Nutzen daraus zu ziehen.

Die Türkei hat Moskaus Angriff auf die Ukraine verurteilt und leistet der Ukraine sogar immer wieder einige Unterstützung. Andererseits ist die Türkei eines der am engsten mit Russland verbundenen NATO-Länder. Der türkische Präsident Recep Tayyip Erdogan unterhält ein enges Verhältnis zu Putin und telefoniert

13.1 Interessenlage

regelmäßig mit ihm; Putin und Erdogan sind beide seit mehr als zwei Jahrzehnten an der Macht und regieren autoritär.

Im Krieg zwischen Russland und der Ukraine versucht Erdogan zu vermitteln, wie im Falle des Getreideabkommens, das die Türkei gemeinsam mit den Vereinten Nationen 2022 ausgehandelt hatte und das inzwischen als gescheitert gilt. Der türkische Staat hat sich für einen intensiveren wirtschaftlichen Austausch mit Russland ausgesprochen, sich den westlichen Sanktionen gegen Russland nicht angeschlossen und profitiert vom gestiegenen Handelsvolumen mit Russland, insbesondere von billigen russischen Energielieferungen.

Die afrikanischen und ein Großteil der südamerikanischen Länder betrachten den Krieg als eine Angelegenheit, die sie wenig angeht. Mit vielen von ihnen pflegte Russland noch während der Sowjetzeit enge Beziehungen und heizte bei ihnen antiamerikanische, antiwestliche Einstellungen in Erinnerung an die koloniale Vergangenheit an. Die Präsenz von russischen Kämpfern in mehreren afrikanischen Staaten (mehr dazu siehe Abschn. 1.5 und 14.12) und die massive Verbreitung russischer Propaganda verstärken Russlands Einfluss und antiwestliche Stimmungen.

In den Staaten, welche vorher Teil der Sowjetunion waren, wie Kasachstan, Armenien oder Aserbaidschan, ist die Unterstützung der Ukraine seitens der Bevölkerung groß. Menschen erinnern sich an die russische Unterdrückung in Zeiten der Sowjetunion. Sie betrachten den Krieg als Kampf der UkrainerInnen gegen die imperialistischen Angriffe Russlands. Ihre Regierungen agieren jedoch vorsichtig, da sie oft in mehrfacher Hinsicht von Russland abhängig sind. Die Regierungen der baltischen Staaten Estland, Lettland und Litauen unterstützen die Ukraine hingegen mit allen Kräften.

Russland versucht seit langem die BRICS-Staaten für den Krieg gegen die Ukraine zu gewinnen. Doch das Bündnis zeigt daran kein Interesse. Die Abschlusserklärung des BRICS-Gipfels vom Oktober 2024 erwähnt die Ukraine nur ein einziges Mal, und zwar mit dem Aufruf zur Einhaltung der UNO-Charta.

BRICS – ein informelles Bündnis zwischen Brasilien, Russland, Indien, China und Südafrika (der Name kommt von deren Anfangsbuchstaben), gegründet 2006. Zum Jahresbeginn 2024 kamen Iran, Ägypten, Äthiopien und die Vereinigten Arabischen Emirate hinzu, weshalb die Vereinigung auch als BRICS plus bezeichnet wird. Russland und China bemühen sich, BRICS als anti-westlichen Verbund zu gestalten. Das widerspricht insbesondere den Vorstellungen von Indien und Brasilien, die keine Konfrontation, sondern sogar tiefere Beziehungen mit dem Westen suchen. So bleibt BRICS vorerst ein loses Bündnis ungleicher Mitglieder ohne einheitliche Ziele und Positionierung.

13.2 Zusammenarbeit des Westens

Der Begriff „kollektiver Westen" umfasst mehrere Länder, die sich nach den „westlichen Werten" der liberalen Demokratie und Achtung der Menschenrechte richten. Sie sind in mehreren Organisationen und Bündnissen vereint. Wenn man von der „westlichen Unterstützung" der Ukraine spricht, sind meistens die Europäische Union, die NATO und die G7 (Abb. 13.2) bzw. die meisten ihrer Mitglieder gemeint.

Russlands Angriff auf die Ukraine sollte den Westen schwächen. Angesichts des Krieges verstärkten die EU und die NATO ihre Zusammenarbeit jedoch, nahmen eine aktive Haltung ein und stimmen ihre Vorgehensweise regelmäßig miteinander ab. Auch Japan, Australien und Südkorea unterstützen die gemeinsamen Maßnahmen in Erwiderung auf den russischen Krieg.

Die Europäische Union hat den Erweiterungsprozess wieder aufgenommen und nun Beitrittsgespräche mit der Ukraine und der Republik Moldau gestartet sowie weitere Schritte in Beitrittsverhandlungen mit Albanien sowie Bosnien und Herzegowina gesetzt.

Die Beziehungen zwischen Europa und den USA intensivierten sich zunächst mit dem Beginn des Krieges.

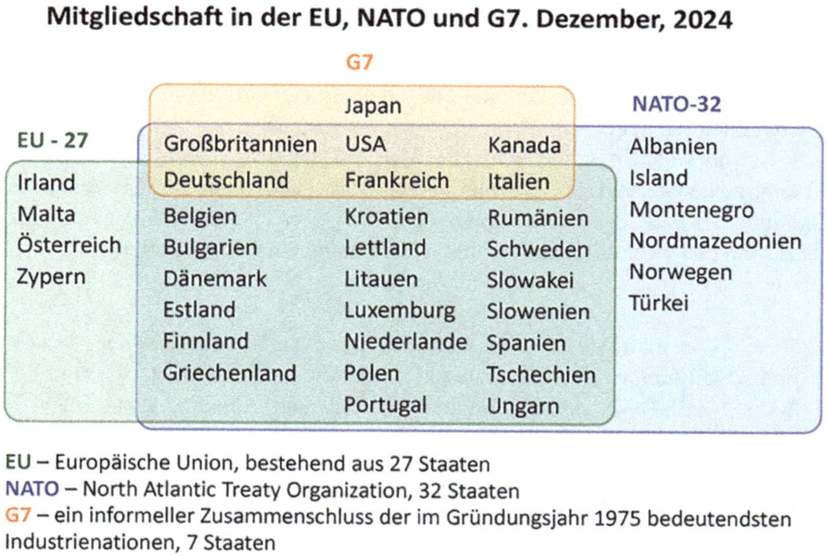

Mitgliedschaft in der EU, NATO und G7. Dezember, 2024

EU - 27	G7			NATO-32
		Japan		
Irland	Großbritannien	USA	Kanada	Albanien
Malta	Deutschland	Frankreich	Italien	Island
Österreich	Belgien	Kroatien	Rumänien	Montenegro
Zypern	Bulgarien	Lettland	Schweden	Nordmazedonien
	Dänemark	Litauen	Slowakei	Norwegen
	Estland	Luxemburg	Slowenien	Türkei
	Finnland	Niederlande	Spanien	
	Griechenland	Polen	Tschechien	
		Portugal	Ungarn	

EU – Europäische Union, bestehend aus 27 Staaten
NATO – North Atlantic Treaty Organization, 32 Staaten
G7 – ein informeller Zusammenschluss der im Gründungsjahr 1975 bedeutendsten Industrienationen, 7 Staaten

Abb. 13.2 Mitgliedschaft in der EU, NATO und G7. Dezember 2024. (Grafik: Oksana Stavrou)

Der am 5. November 2024 neu gewählte Präsident der USA Donald Trump (er bekleidete dieses Amt bereits 2016–2020) äußerte allerdings Erwartung, dass die EU mehr Verantwortung für die Belange Europas übernehmen und die USA sich zurückziehen sollte.

In Reaktion auf den Krieg vertieften die Länder Europas ihre Zusammenarbeit im Verteidigungsbereich, die Pläne einer gemeinsamen Außen- und Verteidigungspolitik rückten für die EU wieder in den Fokus. Im März 2024 präsentierte die Europäische Kommission die erste Strategie für die Verteidigungsindustrie auf EU-Ebene EDIS (= European Defence Industrial Strategy), die auch die Ukraine einbindet.

Im Oktober 2022 startete die European Sky Shield Initiative (ESSI), die auf Aufbau eines verbesserten europäischen Luftverteidigungssystems zielt und 17 europäische Länder (einschließlich die nicht NATO-Mitglieder Schweiz und Österreich) umfasst; vier weitere Länder haben ihr Interesse bekundet.

Ende 2023 haben die neutralen Staaten Schweiz, Österreich, Malta und Irland in einem gemeinsamen Brief der NATO eine erweiterte Partnerschaft vorgeschlagen. Sie würden gerne an gemeinsamen Übungen mit der NATO teilnehmen und insbesondere die Interoperabilität (die ist gegeben, wenn militärische Systeme aufeinander abgestimmt sind) erhöhen. Die Schweiz hat mit Umsetzung einiger Maßnahmen zur Steigerung der Interoperabilität bereits angefangen und z. B. im September 2024 gemeinsame Militärübungen mit dem NATO-Staat Italien absolviert.

Im Oktober 2024 schlossen Deutschland und das Vereinigte Königreich (Großbritannien) ein Abkommen über eine engere Kooperation in der Verteidigungs- und Sicherheitspolitik.

In mehreren europäischen Ländern wie Deutschland, Schweden, Kroatien, Serbien begann eine Diskussion über die Wiedereinführung der Wehrpflicht bzw. die Reform des Wehrdienstes.

Mehrere Länder weltweit steigerten nach Beginn der russischen Vollinvasion der Ukraine ihre Ausgaben für Verteidigung und Militär.

13.3 Warum unterstützt man die Ukraine?

Am Anfang des Krieges dachten viele, dass die Ukraine innerhalb einiger Stunden bzw. Tage unter dem militärischen Druck Russlands kapitulieren würde. Die russische Armee galt als die zweitstärkste der Welt nach den USA. Russland ist flächenmäßig das größte Land der Welt und fast dreißigmal größer als die Ukraine. Die militärischen Erfolge und der Widerstand der UkrainerInnen haben die Welt jedoch dazu bewogen, das Land in seiner Verteidigung gegen den Aggressor zu unterstützen.

Folgende Überlegungen sprechen dafür, die Ukraine im Krieg gegen Russland zu unterstützen:

- Das Wollen und Können der UkrainerInnen, ihr Land zu verteidigen, was sich im starken Widerstand gegen die russische Aggression zeigt.
- Liberale Werte. Die UkrainerInnen verteidigen ihren demokratischen Staat und ihre Freiheit – die grundlegenden Werte der freien Welt, insbesondere Europas – gegen das autoritäre russische Regime und dessen verbündete autoritäre Kräfte. Für viele Staaten ist das ein Kampf zwischen Demokratie und Autoritarismus.
- Völkerrechtliche Symbolwirkung. Eines der wichtigsten Prinzipien des internationalen Rechts heißt: keine Grenzverschiebung durch Gewalt. Sollte Russland die Ukraine besiegen, würde dies das Vertrauen in das Völkerrecht und in die Gültigkeit schriftlicher Vereinbarungen zerstören. Es wäre ein starkes negatives Signal, dass in den zwischenstaatlichen Beziehungen nun das Recht des Stärkeren herrsche.
- Ethische Gründe. Die besondere Brutalität der russischen Kriegsführung, zahlreiche verübte Gräueltaten der russischen Armee und das enorme Leid der lokalen Bevölkerung lösten in vielen Ländern eine Welle der Entrüstung und Solidarität mit der Ukraine aus.
- Selbstschutz. Die baltischen Länder Estland, Lettland, Litauen, die osteuropäischen Länder Polen, Tschechien, die Slowakei und die Republik Moldau sehen sich als die nächsten möglichen Opfer der russischen Aggression. Sie befürchten, dass Putins Russland sie unter eigene Kontrolle bringen möchte, wie es zur Zeit der Sowjetunion war. Die hybriden Kriegstaktiken Russlands gegen mehrere westliche Länder führten vor Augen, dass Russland auch westliche Gesellschaften direkt gefährdet, wenn es nicht aufgehalten wird.
- Befürchtung eines dritten Weltkrieges. ExpertInnen äußern die Annahme, dass Moskau weitere Länder attackiert, sollte es in der Ukraine Erfolg haben. Es wäre in jedem Fall sinnvoller und rechnerisch gesehen kostengünstiger, Russlands Aggression in der Ukraine zurückzudrängen, als Destabilisierung anderer Staaten durch die Russische Föderation zuzulassen, diese Territorien verteidigen zu müssen und auf diese Weise einen Weltkrieg zu riskieren, zumal der Kreml die Männer besetzter Gebiete für seine Kriege einsetzt und die Kinder militarisiert.
- Humanitäre Gründe. Der russische Krieg verursachte die größte Fluchtbewegung seit dem Zweiten Weltkrieg. Sollte Russland noch größere Gebiete besetzen, würde das weitere Menschen vertreiben.

13.3 Warum unterstützt man die Ukraine?

- Wirtschaftliche Gründe. Die Ukraine beliefert mehrere Länder mit Lebensmitteln. Europa hat ein dringendes Interesse an einer stabilen wirtschaftlichen Entwicklung der Ukraine. Die ukrainische Wirtschaft leidet stark unter dem russischen Krieg.
- Historische Parallelen mit dem Zweiten Weltkrieg. HistorikerInnen erkennen ähnliche Züge zwischen der Aggressionspolitik Hitlers und Putins, ohne die Regime gleichzusetzen.

Ähnlichkeiten der Aggressionspolitik Hitlers und Putins:

- Das Scheitern der Appeasement-Politik („Beschwichtigungspolitik" – Zugeständnisse und Entgegenkommen dem Aggressor gegenüber) in Europa gegenüber Hitler im Vorfeld des Zweiten Weltkriegs lässt sich mit der schwachen Antwort auf die russische Annexion der Krim und Besetzung der ostukrainischen Gebiete 2014 vergleichen, die Russland eher in seinem Handeln bestätigte.
- Beide Regime sind durch demokratische Wahlen an die Macht gekommen und haben danach die Demokratie eingeschränkt bzw. abgeschafft.
- Verbreitung von Hass und Diffamierung bestimmter Gruppen, geschürt durch die staatliche Propaganda. Sobald sich die eigene Bevölkerung an ein Feindbild gewöhnt hat, sinkt die Hemmung, die entsprechende Gruppe auch physisch anzugreifen. Die Beschimpfungen und Diffamierungen der UkrainerInnen als „Nazis", Drogensüchtige, korrupte und minderwertige Menschen erinnern stark an die NS-Rhetorik gegenüber Juden, Polen, Roma und Sinti.
- Die Behauptung, als Land gedemütigt worden zu sein. Hitler sah Deutschland nach dem Ersten Weltkrieg unfair behandelt. Putin benutzt eine ähnliche Rhetorik und beschuldigt Europa und die USA, Russland unfair zu behandeln und die Größe und Bedeutung Russlands nicht zu respektieren.
- Eine starke Militarisierung (= Bewaffnung) des Landes sowie Bildung zahlreicher paramilitärischer Gruppierungen – die bekannteste davon ist in Russland die „Gruppe Wagner".
- Der Rückgriff auf angeblich bedrohte Minderheiten. Hitler begründete seinen Anspruch auf das Sudetenland, einen Teil Tschechiens, mit der angeblichen Bedrohung der damals dort lebenden deutschsprachigen Bevölkerung. Putin erhebt Ansprüche auf den Süden und Osten der Ukraine unter dem Vorwand der „Bedrohung der Russischsprechenden".

13.4 Unterstützung für die Ukraine

Die Ukraine bekommt in ihrem Widerstand gegen die russische Aggression vielfältige Unterstützung aus dem Ausland. Das sind Maßnahmen und Gelder für die ukrainische militärische Abwehr wie Zurverfügungstellen von Waffen, Kriegsgerät und Munition sowie Ausbildung von ukrainischen SoldatInnen in der EU. Wichtig sind auch Entscheidungen und Handlungen der internationalen Akteure, welche

- direkt oder indirekt die Resilienz der Ukraine und der UkrainerInnen steigern: finanzielle und humanitäre Hilfe, Aufnahme von Kriegsvertriebenen, Entminung ukrainischer Territorien, Wiederaufbau zerstörter Infrastruktur bzw. Lieferung von Energieausrüstung,
- die Kriegsführung für Russland und seine Verbündeten erschweren: Sanktionen (siehe Abschn. 13.5) und Verfolgung von Kriegsverbrechen (siehe Kap. 10),
- den UkrainerInnen eine Zukunftsperspektive aufzeigen: der Annäherungsprozess an die NATO (siehe Abschn. 5.3), Aufnahme der Beitrittsverhandlungen mit der Europäischen Union im Juni 2024, sowie diverse Vereinbarungen im Rahmen von Sicherheitsabkommen zwischen der Ukraine und über 20 Ländern.

Seit dem Februar 2022 hat die Ukraine Hilfe von etwa 50 Ländern der Welt, insbesondere aus Europa und Nordamerika, sowie von internationalen Organisationen wie der EU und der NATO erhalten. Die Europäische Union hat bis Oktober 2024 insgesamt 241 Mrd. € an Hilfsmitteln versprochen, 125 Mrd. davon wurden bereitgestellt. Die USA haben im gleichen Zeitraum 119 Mrd. Euro zugesagt, 88 Mrd. davon tatsächlich bereitgestellt.

Betrachtet man die wirtschaftliche Leistung, so haben die drei baltischen Länder Estland, Litauen und Lettland, die skandinavischen Länder Dänemark, Finnland und Schweden sowie die Niederlande, Polen und die Slowakei den höchsten Anteil am Bruttoinlandsprodukt für Ukraine-Hilfe ausgegeben.

Die weiteren großen Hilfsgeber waren das Vereinigte Königreich (Großbritannien), Japan, Kanada, Norwegen.

Die EU einigte sich 2024 darauf, dass zur Finanzierung der Hilfen Gewinne aus dem eingefrorenen russischen Vermögen herangezogen werden.

Die USA und die Europäische Union reagierten am Anfang zögerlich auf die Bitten der ukrainischen Regierung um Waffen und Kriegsgeräte. Doch mit fortschreitenden russischen Kampfhandlungen, großflächigem Raketen- und Drohnenbeschuss der ukrainischen Städte und der Energieinfrastruktur sowie angesichts der großen Brutalität der russischen Armee gegenüber den ZivilistInnen stieg auch die Bereitschaft, größere und moderne Kriegstechnik an die Ukraine zu liefern.

13.4 Unterstützung für die Ukraine

Die Menge an zugesagten ausländischen Waffen und Munition war im gesamten Kriegsverlauf ab dem Februar 2022 viel geringer, als die Ukraine anfragte bzw. benötigte, um die russische Armee effektiv zu bekämpfen. BeobachterInnen sehen darin politisches Kalkül vor allem der USA und Deutschland, die aus Befürchtung einer Eskalation nur so viel Hilfe leisten, dass die Ukraine nicht gänzlich verliert, aber gegen Russland jedenfalls nicht gewinnen kann.

Ende 2023 – Anfang 2024 wurde das Ukraine-Hilfspaket von rund 60 Mrd. US-Dollar mehrere Monate von den Republikanern im US-Kongress blockiert, was die militärische Lage für die ukrainische Armee zunehmend verschlechterte.

Berichten zufolge behält Russland durchgehend den Artillerievorteil an der Front, im Winter 2023–2024 machte er je nach Frontabschnitt 1:10 aus, im Oktober 2024 noch immer 1 zu 3. Das bedeutet, dass auf drei russische Artilleriegeschosse die ukrainische Armee mit nur einem antworten kann, was die Verteidigung der Territorien für die Ukraine sehr erschwert.

Auf Grund bürokratischer Hürden und logistischer Verzögerungen seitens der Geberländer kommen selbst zugesagte Militärgüter zu spät oder gar nicht an. So hat die Ukraine auf die NASAMS-Luftabwehrsysteme, angefragt im Juni 2022, ein halbes Jahr gewartet, auf die gleichzeitig angefragten deutschen Kampfpanzer – ein Dreivierteljahr, auf die Kampfflugzeuge – 1,5 Jahre. Die ukrainische Gegenoffensive 2023 startete viel später als geplant und endete ohne Erfolg, unter anderem, weil die zugesagten westlichen Waffensysteme nicht rechtzeitig angekommen sind.

Die Nichtlieferung der zugesicherten Luftabwehrsysteme ermöglichte Russland, durch gezielten Beschuss ukrainische Energieinfrastruktur ohne Schutz großflächig zu beschädigen. Das Fehlen der von westlichen Partnern zugesagten Ausrüstung für ukrainische Armeeeinheiten schwächt unter anderem die Kampfmoral und erschwert die Mobilisierung von weiteren benötigten SoldatInnen.

Die westliche Unterstützung unterliegt mehreren Einschränkungen. So bildet die EU ukrainische SoldatInnen aus, jedoch in der EU und nicht vor Ort in der Ukraine. Westliche politische Eliten lehnen den Einsatz von westlichen Truppen (der EU, der NATO oder einzelner Länder) ab.

Die Bitte der Ukraine, russische Drohnen und Raketen über dem ukrainischen Territorium mangels eigener ausreichender Luftverteidigung abzuschießen, haben die USA und andere stets abgeschlagen. Das trug ihnen den Vorwurf einer Doppelmoral ein, nachdem die USA, Großbritannien und Frankreich im April 2024 iranische Raketen mit Richtung Israel abgeschossen hatten. Diese Länder hatten wie Deutschland der Ukraine auch verboten, mit den von ihnen gelieferten Waffen militärische Ziele in Russland anzugreifen. Sie milderten das Verbot erst nach dem russischen Ansturm auf Charkiw im Mai bzw. den zunehmenden russischen Angriffen auf die gesamte Ukraine im November 2024.

Am Anfang des großflächigen russischen Krieges erhielt die Ukraine Waffensysteme, die im Westen produziert wurden. Mit dem Fortschreiten des Krieges, Entwicklung eigener Waffen und Steigerung der Produktionskapazitäten durch die Ukraine geht man dazu über, in die Herstellung von Kriegsgerät und Munition direkt in der Ukraine zu investieren. So finanzierte Dänemark 2024 zum ersten Mal aus den Zinsen auf eingefrorenes russisches Vermögen in der EU die Produktion der ukrainischen Haubitzen „Bohdana" vor Ort in der Ukraine. Norwegen, Schweden, Litauen und die Niederlande folgen diesem „Dänischen Modell".

Im April 2022 kam erstmalig eine Kontaktgruppe zur Koordination der militärischen und zivilen Unterstützung der Ukraine auf dem US-Stützpunkt im deutschen Ramstein zusammen. Die Gruppe wird seitdem als „Ramstein-Format" bezeichnet und umfasst VertreterInnen von mehr als 50 Staaten. Im Rahmen des Ramstein-Formats organisierten sich die sogenannten Koalitionen der Staaten jeweils im Bereich der Artillerie, Luftwaffe, Luftabwehr, Panzer, Drohnen, Entminung, IT/Cyberabwehr.

Außer militärischer Hilfe leisten viele Staaten rund um den Globus humanitäre und finanzielle Unterstützung und nehmen ukrainische Kriegsvertriebene auf. Von ca. 5 Mio. registrierten ukrainischen Kriegsvertriebenen in Europa 2022 hat Polen die höchste Zahl an Geflüchteten – mehr als 1,5 Mio. – aufgenommen. Die zweithöchste Anzahl von ca. 1 Mio. Kriegsvertriebenen entfiel auf Deutschland. Im Verhältnis zur Landesgröße hat Polen gleich Tschechien, den baltischen Ländern und der Republik Moldau den höchsten Anteil der ukrainischen Kriegsvertriebenen aufgenommen.

Spendenaktionen weltweit, organisiert von Prominenten, Institutionen, Unternehmen und Wohltätigkeitsorganisationen, brachten der Ukraine Millionenbeträge an Hilfen.

Auch psychologische Dienste für Traumatisierte vor Ort, Behandlung ukrainischer Verwundeter in ausländischen Spitälern, Stipendien für ukrainische ForscherInnen, StudentInnen und WissenschaftlerInnen, sowie Förderungen, Auftritts- und Publikationsmöglichkeiten für ukrainische Kunst- und Kulturschaffende stellen für die Ukraine eine wertvolle Hilfe aus dem Ausland dar.

13.5 Sanktionen

Bereits seit der völkerrechtswidrigen Annexion der Krim durch Russland im Jahr 2014 gab es vereinzelt Sanktionen der EU und der USA. Als unmittelbare Reaktion auf den russischen Einmarsch am 24. Februar 2022 verhängten bzw. verschärften mehrere Staaten Sanktionen gegen Russland. Im Laufe des Krieges kamen zusätzliche Sanktionen dazu.

13.5 Sanktionen

> Verschiedene Staaten und Staatengemeinschaften belegten den russischen Staat, seine Organisationen und Einzelpersonen mit Sanktionen unterschiedlichen Wirkungsgrades: dazu zählen unter anderem die EU und weitere europäische Länder wie die Schweiz, Norwegen und Großbritannien; auf dem amerikanischen Kontinent die USA und Kanada; Japan, Südkorea und Taiwan in Asien sowie Australien.

Ziele der Sanktionen sind:

- zu verhindern, dass Russland Waffen und ihre Komponenten im Ausland einkaufen kann. Dazu dient das Verbot des Handels mit Militärgütern (= Militärgüterembargo);
- Russland vom internationalen Finanzsystem abzuschneiden, damit es seine Devisen (= Fremdwährung wie Euro oder US-Dollar) nicht für die Kriegsfinanzierung nutzen kann. Das geschieht durch den Ausschluss vieler russischer Banken vom SWIFT-Zahlungssystem, das Verbot der Kreditvergabe an staatsnahe russische Unternehmen und das Verbot des Börsenhandels für russische staatliche Unternehmen;
- bestimmte Sektoren der russischen Wirtschaft zu schwächen, damit geringere Finanzmittel für die Kriegsführung zur Verfügung stehen. Dazu dienen Ölembargos (= Verbot des Handels mit russischem Erdöl), ein beschränkter Zugang für Russland zu Häfen im Ausland sowie ein Verbot der Einfuhr von Luxusgütern und Technologie nach Russland;
- den Krieg für Personen spürbar zu machen, die für den Krieg verantwortlich sind und dem Regime nahestehen (u. a. durch Einreiseverbote, Einfrieren des Auslandsvermögens, Verbot der wirtschaftlichen Beziehungen);
- eingefrorenes russisches Vermögen für zukünftige Entschädigungen zum Wiederaufbau der Ukraine zu sichern;
- Russland daran zu hindern, durch gezielte Desinformation Menschen im Ausland zu manipulieren und zu verunsichern. In der Europäischen Union sind aus diesem Grund die russischen staatlichen Sender RT (Russia Today) und Sputnik verboten;
- anderen Ländern, wie dem Iran, Belarus, China durch gezielte Sanktionen die Unterstützung des russischen Angriffskrieges zu erschweren.

Die Russische Föderation schafft es teilweise, einige Sanktionen mit Hilfe von Drittländern wie Türkei, China, Vereinigte Arabische Emirate, Malediven usw. zu umgehen. So finden sich z. B. in niedergegangenen russischen Drohnen und Raketen auch Komponenten aus westlicher Produktion, die Russland eigentlich nicht direkt kaufen darf. Russisches Erdöl und Gas gelangen manchmal über Umwege nach Europa und in andere Länder, in denen Sanktionen gegen sie gelten. Die sanktionierenden Länder bemühen sich daher, Sanktionen rigoroser zu gestalten bzw. ihre Überwachung zu stärken.

Über 1000 Unternehmen haben seit der russischen Invasion in die Ukraine ihre Geschäftsaktivitäten in Russland eingeschränkt oder beendet, teilweise auf Grund der Sanktionen, teilweise aus Protest gegen den russischen Krieg.

> Folgende Marken haben sich aus Russland auf Grund des Krieges zurückgezogen: Adidas, Amazon, Audi, Asos, BMW, Chanel, Coca-Cola, IKEA, Levis, Mango, McDonald's, Mercedes-Benz, Netflix, OBI, Samsung, Shell, Sony, Spotify, Starbucks

Die in Russland weiterarbeitenden westlichen Firmen werden dafür kritisiert, mit ihren Steuern den russischen Staat und damit den Angriffskrieg mitzufinanzieren. Die Befürworter des Verbleibs verweisen auf potenzielle finanzielle Verluste der Firmen bei einem Rückzug aus Russland.

Die größten Steuerzahler unter den ausländischen Konzernen in Russland sind US-Firmen (allen voran Philip Morris, Procter & Gamble und Pepsico) und Unternehmen aus Deutschland, wie der Handelskonzern Metro. Von den deutschen Unternehmen blieben trotz des Krieges rund zwei Drittel auch 2023 in Russland. Auch Nestlé (Schweiz) und Auchan (Frankreich) setzten ihre Tätigkeiten in Russland trotz seines verbrecherischen Angriffskrieges fort.

Der größte österreichische Investor in Russland, die Raiffeisen Bank International (RBI), hat sein Russland-Geschäft nicht aufgegeben. 2023 verzeichnete die RBI in Russland einen Gewinn von rund 1,3 Mrd. €.

Unterstützer im Porträt 14

14.1 Übersicht

Das im deutschen Kiel angesiedelte Institut für Weltwirtschaft KfW erfasst im Rahmen des sogenannten Ukraine Support Trackers Unterstützung, die Regierungen oder Regierungsorganisationen von 41 Ländern seit Februar 2022 der Ukraine zugesagt und geliefert haben. Darunter fallen die EU-Mitgliedstaaten, andere Mitglieder der G7 sowie Australien, Südkorea, die Türkei, Norwegen, Neuseeland, die Schweiz, China, Taiwan, Indien und Island. Private Spenden oder Zusagen internationaler Organisationen wie des Roten Kreuzes sind nicht berücksichtigt.

Betrachtet man den finanziellen Betrag der bilateralen (= zwischen zwei Seiten, also von Staat zu Staat) Ukraine-Hilfe im Verhältnis zur Wirtschaftsleistung, sind die sieben größten Unterstützer der Ukraine Estland, Dänemark, Litauen, Lettland, Finnland, Schweden und die Niederlande, siehe Abb. 14.1a.

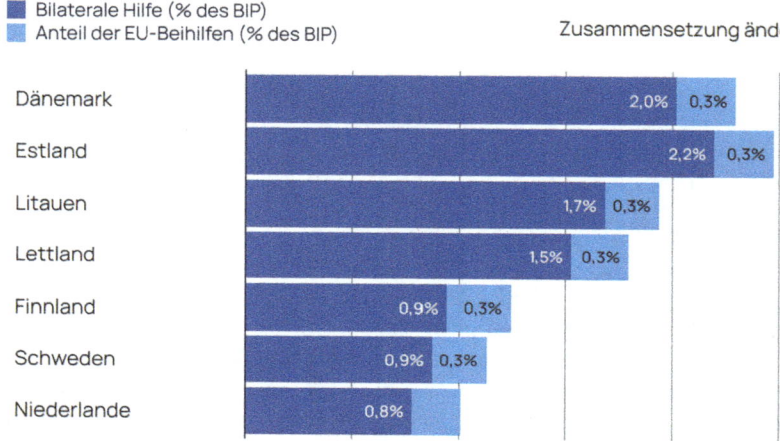

Abb. 14.1 (**a**) Regierungshilfen für die Ukraine der sieben größten Geberländer im Verhältnis zu ihrer Wirtschaftsleistung (% des BIP). (Quelle: Trebesch et al. (2023) „The Ukraine Support Tracker" Kiel WP) (**b**) Regierungshilfen für die Ukraine der sieben größten Geberländer sowie die Hilfen der Europäischen Union in absoluten Zahlen. (Quelle: Trebesch et al. (2023) „The Ukraine Support Tracker" Kiel WP).

In der Liste der bilateralen Ukraine-Unterstützung nach dem BIP-Anteil belegt Polen den Platz 8, Deutschland 15, das Vereinigte Königreich 17, Frankreich 18, Österreich 19, Kanada 22, die USA 25, Japan 32, die Schweiz 34.

Die höchste bilaterale Hilfe in absoluten Zahlen lieferten im Zeitraum Februar 2022-Oktober 2024 die USA (88,3 Mrd. €), Deutschland (15,8 Mrd. €), das Vereinigte Königreich (14,8 Mrd. €), Japan (9,3 Mrd. €), Kanada (7,88 Mrd. €), Dänemark (7,46 Mrd. €), die Niederlande (7,37 Mrd. €) – siehe Abb. 14.1b. Bei den EU-Ländern kamen zusätzliche Beträge an Hilfen im Rahmen gemeinsamer EU-Hilfsprogramme für die Ukraine.

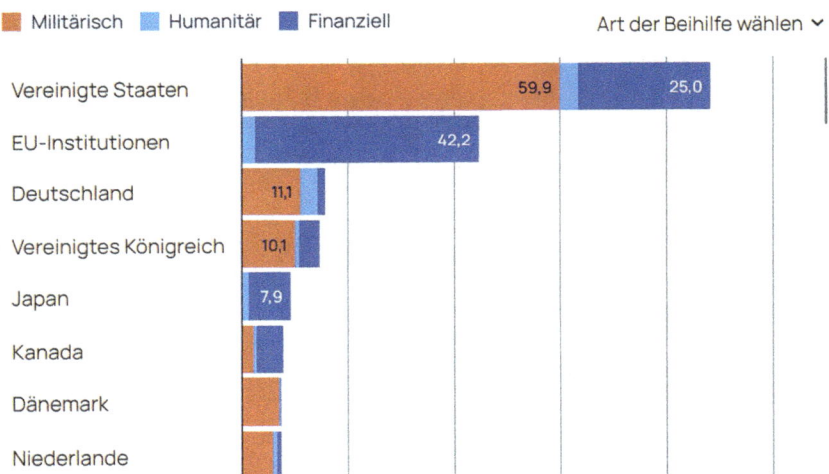

Abb. 14.1 (Fortsetzung)

14.2 Estland

Estland leistet die größte Unterstützung für die Ukraine gemessen an der Wirtschaftsleistung – 2,2 % des estnischen BIP flossen in die Ukraine-Hilfe 2022–2024. Die estnische Bevölkerung und Regierung stehen in mehrfacher Hinsicht geschlossen hinter der Ukraine. Estland war eines der ersten Länder, das den russischen Einmarsch auf die Krim 2014 verurteilte. Der Staat lieferte als einer der ersten bereits vor der russischen Vollinvasion 2022 Verteidigungswaffen an die Ukraine. Von Estland kam der Vorschlag an die NATO-Mitglieder, zukünftig jährlich mindestens 0,25 % des BIP der Militärhilfe der Ukraine zu widmen.

Die Koalition mehrerer Länder, der sogenannte Tallinn Mechanismus, genannt nach der estnischen Hauptstadt, koordiniert Maßnahmen zur Stärkung der Cyberabwehr/IT in der Ukraine.

Die EU-Außenbeauftragte Kaja Kallas, estnische Premierministerin 2021–2024, besuchte die ukrainische Hauptstadt Kyjiw gemeinsam mit dem EU-Ratspräsidenten António Costa gleich am ersten Tag ihrer Amtszeit am 1. Dezember 2024.

Estland kam wie Lettland und Litauen im 18. Jahrhundert unter die Herrschaft des Moskauer Zarenreiches und gründete nach dessen Zerfall 1918 einen unabhängigen Staat. 1940 okkupierte die Sowjetunion die drei baltischen Staaten. Erst 1991 errangen sie wieder ihre Unabhängigkeit. Die Länder des Baltikums besitzen daher ein tiefes Verständnis der russischen Herrschaftsmechanismen (dazu zählen massenhafte Deportationen), Propaganda und der hybriden Kriegsführung.

14.3 Dänemark

Dänemark gehört seit Beginn des russischen Angriffskrieges zu den stärksten Unterstützern der Ukraine finanziell, militärisch, humanitär und politisch. Das Land mit knapp 6 Mio. EinwohnerInnen lieferte den ukrainischen Streitkräften überproportional viele Militärgeräte, Ausrüstung und Munition, ohne Einschränkung für ihre Verwendung. Auch in absoluten Zahlen belegt Dänemark mit überwiesenen 7 Mrd. € Militärhilfe für die Ukraine den vierten Platz nach den USA, Deutschland und Großbritannien.

Insbesondere stellte Kopenhagen der Ukraine Flugzeuge F-16 (gemeinsam mit den Niederlanden) zur Verfügung, im Dezember 2024 erfolgte bereits die zweite Lieferung der Kampfjets, sowie Panzer und sonstige schwere Waffen. Angesichts des schweren Mangels an Artilleriemunition an der Front kündigte die dänische Regierung im Februar 2024 an, der Ukraine die gesamten dänischen Vorräte an Artilleriegeschossen zu schenken.

Dänemark investierte 2024 zum ersten Mal direkt in die ukrainische Rüstungsindustrie und finanzierte mit ca. 50 Mio. € die Herstellung der ukrainischen Haubitzen „Bohdana" vor Ort in der Ukraine. Für dieses effektive und kostengünstige „Dänische Modell" nutzt das Land teilweise Zinsen auf eingefrorene russische Aktiva. Es folgen weitere ähnliche Investitionsprojekte, auch durch andere Länder angestoßen.

Die dänische Regierung arbeitet entschlossen daran, die Verteidigung des Staates auszubauen. Im März 2024 kündigte die dänische Ministerpräsidentin Mette Frederiksen an, dass die Wehrdienstpflicht zukünftig länger sein und auch für Frauen und Männer gleichermaßen gelten wird. Wer zum Wehrdienst einberufen wird, wird in Dänemark per Los entschieden.

Dänemark spielt auch eine aktive Rolle in der Suche nach globalen Antworten zu Lebensmittelsicherheit, Energieversorgung und Wirtschaftskrisen. Die dänische

Ministerpräsidentin wurde vom UN-Generalsekretär als eine von sechs „Global Champions" für die „Global Crisis Response Group on Food, Energy and Finance" ernannt, die die Folgen des Krieges in der Ukraine analysieren und Empfehlungen zum Umgang mit den Kriegsfolgen geben.

14.4 Litauen

Litauen unterstützt die Ukraine auf mehreren Ebenen. Außer militärischer, humanitärer und finanzieller Hilfe setzt sich Litauen gemeinsam mit den anderen baltischen Staaten entschieden für den NATO- und EU-Beitritt der Ukraine ein.

Im Herbst 2024 erklärte die Regierung in Vilnius, in die Produktion der neu entwickelten ukrainischen Rakete-Drohne „Paljanyzja" vor Ort in der Ukraine zu investieren. Ende 2023 riefen Litauen und Island eine Koalition zur Entminung der Ukraine ins Leben.

Eine litauische Spendeninitiative sammelte im Februar 2023 14 Mio. € für Radargeräte für die Ukraine. Bereits im Sommer 2022 starteten litauische Institutionen den Wiederaufbau zerstörter städtischer Infrastruktur wie ukrainischer Kindergärten sowie die Errichtung von Luftschutzräumen in ukrainischen Schulen.

Andrius Kubilius, litauischer Ex-Premierminister, der im Dezember 2024 EU-Kommissar für Verteidigung und Raumfahrt wurde, fordert angesichts der russischen Aggression höhere Investitionen in die europäische Rüstungsindustrie.

Litauen und die Ukraine sind geschichtlich verflochten. Das mittelalterliche Großfürstentum Litauen (13.–18. Jahrhundert) erstreckte sich teilweise auch über das Gebiet der heutigen Ukraine bzw. über die ehemaligen Gebiete der Kyjiwer Rus. Die offizielle Sprache im Großfürstentum Litauen war die weiterentwickelte Sprache der Rus (Vorläufer der ukrainischen und belarusischen Sprachen), bis sie im 17. Jahrhundert dem Polnischen wich.

14.5 Lettland

Ähnlich wie in Litauen und Estland herrscht in Lettland ein Konsens zwischen der Bevölkerung und der Regierung, dass die erfolgreiche Verteidigung der Ukraine vor russischer Aggression für die nationale und europäische Sicherheit die höchste Priorität hat. Dementsprechend leistet Lettland einen großen Beitrag zur Unterstützung der Ukraine.

Das kollektive Gedächtnis an die Schrecken der russischen Herrschaft während der Sowjetunion seit der Besatzung des Landes 1940, über den Befreiungskampf, die Russifizierungspolitik und Repressionen gegen lokale Eliten macht das Land weniger empfänglich für russische Narrative.

Das lettische Parlament erklärte als eines der ersten im August 2022 Russland zu einem „staatlichen Sponsor des Terrorismus", dessen Aktionen in der Ukraine ein „gezielter Völkermord am ukrainischen Volk" sind.

Lettland fordert für Russland konsequent die Errichtung eines Sondertribunals für das Verbrechen der Aggression. Das Land schloss sich bereits im Mai 2022 an die Gemeinsame Ermittlungsgruppe zur Untersuchung russischer Kriegsverbrechen (Joint Investigation Team, JIT) an, die von der Ukraine, Litauen und Polen gebildet wurde und auch VertreterInnen von Estland, Slowakei, Rumänien und der EU umfasst.

Lettland, das unter den drei Ländern des Baltikums die längste Grenze zu Russland hat, übernahm eine Vorreiterrolle in Entwicklung und Produktion neuer Drohnen, vor allem zur Unterstützung der Ukraine. Riga initiierte Ende 2023 die Gründung der sogenannten Drohnenkoalition, der mittlerweile ein Dutzend Länder angehört.

14.6 Finnland

Das Verhältnis zwischen Finnland und Russland war Jahrhunderte lang durch russische Versuche geprägt, Finnland zu beherrschen. Finnland hat sich stets bemüht, sich von russischer Einflussnahme abzugrenzen und eine friedliche Nachbarschaftsbeziehung aufzubauen.

Der Hitler-Stalin-Pakt sah Finnland als Interessenssphäre der Sowjetunion. Infolgedessen griff die Sowjetunion 1939 Finnland an. Finnland konnte sich verteidigen, wurde aber zur Abtretung von etwa 10 % seines Gebietes an die UdSSR gezwungen. Mit dem Ziel, der weiterhin bestehenden Bedrohung seitens der Sowjetunion zu entgehen, bedachte die Regierung in Helsinki die Interessen und Wünsche des Kremls stets mit und blieb strikt neutral. Für diese Politik des vorauseilenden Gehorsams prägte der deutsche Politiker Franz Josef Strauß das Wort Finnlandisierung.

Kurz nach dem Zerfall der Sowjetunion schloss sich Finnland der Europäischen Union an. Nach der russischen Vollinvasion der Ukraine 2022 erklärte das Land unter Führung der Ministerpräsidentin Sanna Marin seine Solidarität mit der Ukraine, verwarf die von Moskau seinerzeit aufgezwungene Neutralität und trat 2023 dem Verteidigungsbündnis NATO bei.

Befragt zu einem möglichen neutralen Status nach Vorbild Finnlands als Vorschlag zur Beendigung des Krieges zwischen Russland und der Ukraine weisen die FinnInnen eine solche „Finnlandisierung der Ukraine" entschieden zurück.

Die besondere Stärke Finnlands besteht in seinem erfolgreichen Bildungssystem und hoher Medienkompetenz der Bevölkerung. In verschiedenen Rankings in Bereichen Pressefreiheit, Geschlechtergleichheit, soziale Gerechtigkeit, Transparenz, Glück und Bildung (z. B. Pisa-Studie) belegt der Staat mit seinen ca. 5,5 Mio. EinwohnerInnen Spitzenplätze von 1 bis 4 weltweit.

Das Land widersetzte sich seit Jahrzehnten den Propagandakampagnen aus Moskau. Als Russland 2014 die Krim annektierte und den Krieg in der Ostukraine lostrat, durchschaute Finnland den Informationskrieg, den Russland gegen die Ukraine und den Westen führte. Daraufhin entwickelte das Land Programme zur Stärkung der Medienkompetenz, zum Erkennen von Desinformation sowie zur Durchführung von Faktenchecks und etablierte sie auf verschiedenen Ebenen beginnend schon im Kindergarten.

Finnland zählt zu den entschiedenen Unterstützern der Ukraine. Für die direkten Hilfen vor allem in den Bereichen Verteidigung, Entwicklungszusammenarbeit und humanitäre Hilfe hat Finnland bisher 0,9 % seiner Wirtschaftsleistung ausgegeben.

14.7 Schweden

Das Königreich Schweden hatte eine lange 200-jährige Tradition der Neutralität. Als Reaktion auf Russlands Überfall auf die Ukraine 2022 reichte das Land unter der Führung der Ministerpräsidentin Magdalena Andersson gleichzeitig mit Finnland das NATO-Beitrittsgesuch ein.

Die schwedische Gesellschaft und die Politik sind sich einig, dass imperialistische Ansprüche des Kremls eine Bedrohung für die europäische Sicherheit und die internationale regelbasierte Ordnung darstellen. Der schwedische Ministerpräsident Ulf Kristersson erklärte die Entscheidung seines Landes bei der Pressekonferenz im Februar 2024 mit den Worten: „Wir treten der NATO bei, um noch besser zu verteidigen, was wir sind und woran wir glauben. Gemeinsam mit anderen verteidigen wir unsere Freiheit, unsere Demokratie und unsere Werte".

Ähnlich Finnland hat das Königreich bisher 0,9 % seines BIP in die Unterstützung der Ukraine investiert und gehört in dieser Hinsicht zu den Top-10 Unterstützern der Ukraine. Das skandinavische Land beteiligte sich finanziell am Programm „Grain from Ukraine", im Rahmen dessen verschiedene Staaten und Institutionen ukrainisches Getreide für die von Hunger bedrohten Länder in Asien und Afrika einkaufen.

Im Mai 2024 beschloss die schwedische Regierung einen Rahmen für die militärische Unterstützung der Ukraine in Höhe von umgerechnet ca. 6 Mrd. € für die Jahre 2024–2026.

14.8 Die Niederlande

Die Niederlande bilden gemeinsam mit einigen Inseln in der Karibik das Königreich der Niederlande. Amsterdam ist die Hauptstadt des Landes. Allerdings arbeiten die niederländische Regierung und das Parlament in Den Haag. In der Stadt haben auch mehrere internationale Institutionen ihren Sitz: Internationaler Gerichtshof, Internationaler Strafgerichtshof, Europol.

Die Niederlande leisten den fünftgrößten Beitrag zur Verteidigung der Ukraine (nach den USA, Deutschland, dem Vereinigten Königreich und Dänemark). Insbesondere lieferten die Niederlande schwere Waffen und im Sommer 2024 die ersten Kampfjets an die Front.

Die sonstige Unterstützung für die Ukraine umfasst unterschiedlichste Felder: Aufrechterhaltung und Wiederaufbau von Energieinfrastruktur, Entminung des Territoriums, Schutz des ukrainischen Kulturerbes, Gelder für Mini-Projekte vor Ort usw.

Die Niederlande engagieren sich besonders in der Aufklärung von Kriegsverbrechen in der Ukraine und der Strafverfolgung der Täter. Sie stellten der Internationalen Kommission für vermisste Personen (ICMP) in Den Haag Finanzmittel zur Verfügung, damit diese mithilfe von DNA-Analysen vermisste und verstorbene Personen in der Ukraine schneller finden und identifizieren kann. Der Menschenrechtsfonds der niederländischen Botschaft in Kyjiw finanziert lokale NGO-Projekte im Bereich Menschenrechte und Bekämpfung der Straflosigkeit.

Im April 2024 waren die Niederlande, die Ukraine und die Europäische Kommission gemeinsam Gastgeber der internationalen Konferenz „Wiederherstellung der Gerechtigkeit für die Ukraine" beim Weltforum in Den Haag.

Für die Niederlande steht außer Streit, dass Russland bereits seit 2014 einen Krieg gegen die Ukraine führt. Am 17. Juli 2014 schossen russisch kontrollierte Kämpfer mit einer russischen Rakete des Typs BUK die Boeing 777 der Malaysia Airlines von Amsterdam nach Kuala Lumpur in der Region Donezk ab. Alle 298 Menschen an Bord starben, davon waren 192 StaatsbürgerInnen der Niederlande. Auch ein niederländischer Abgeordneter mit Familie zählte zu den Opfern.

Ein Strafgericht bei Amsterdam sprach im November 2022 in Abwesenheit zwei russische Ex-Armeeangehörige und einen ukrainischen Kollaborateur, die direkt für den Abschuss der Rakete auf das Flugzeug MH17 verantwortlich waren, des Mordes schuldig.

Im Urteil stellte das Gericht fest, dass die Russische Föderation spätestens seit Mai 2014 die Gesamtkontrolle über die Scheinrepublik „DNR – Donezker Volksrepublik" hatte und auf dem Territorium der Ukraine somit ein „internationaler bewaffneter Konflikt stattfand".

Der ehemalige Ministerpräsident der Niederlande Mark Rutte übernahm im Oktober 2024 das Amt des Generalsekretärs der NATO.

14.9 Polen

Polen und die Ukraine verbindet eine jahrhundertlange wechselhafte und zeitweise sehr dramatische Geschichte. In verschiedenen historischen Epochen standen heute polnische Gebiete unter Kontrolle von Kyjiw bzw. heute ukrainische Gebiete unter Kontrolle von Warschau (im Mittelalter in der Zeit der Kyjiwer Rus, des Großfürstentums Litauens und Polen-Litauen bzw. Rzeczpospolita); beide Länder standen unter der Herrschaft anderer Staaten bzw. Imperien (vor allem der Österreichisch-Ungarischen Monarchie und des Moskauer Zarenreiches); sie kämpften miteinander gegen einen gemeinsamen Feind bzw. kämpften gegeneinander (vom Ersten bis einschließlich Zweiten Weltkrieg).

Umso wichtiger war der Verständigungs- und Versöhnungsprozess, der insbesondere nach dem Zusammenbruch des sowjetischen Imperiums 1991 einsetzte, als Polen im Dezember 1991 als erster Staat weltweit die staatliche Unabhängigkeit der Ukraine anerkannte. Die Basis dieses Prozesses bildete stets die gegenseitige Anerkennung der bestehenden Staatsgrenzen und der staatlichen Souveränität sowie die gemeinsame Achtung des Völkerrechts. So gelang es den beiden Ländern in den letzten 30 Jahren, eine enge freundschaftliche Nachbarschaftsbeziehung aufzubauen, die auch den immer wieder entstehenden Konflikten standhält.

Polen gehörte zu den größten Unterstützern der Ukraine in der EU und der NATO bereits vor Russlands Angriffskrieg. Das Land verurteilte konsequent die Aggression der Russischen Föderation gegen die Ukraine.

Nach Beginn des großflächigen russischen Angriffs 2022 hat Polen die meisten Kriegsvertriebenen aus der Ukraine – ca. 1,5 Mio. Menschen aufgenommen. Durch sprachliche Verwandtschaft (Ukrainisch und Polnisch sind beide slawische Sprachen und untereinander ähnlicher, als z. B. Ukrainisch und Russisch) konnten viele UkrainerInnen einen Job finden und sich in die Gesellschaft integrieren.

Polen agiert als Drehscheibe, über welche westliche Waffenlieferungen für die Ukraine abgewickelt werden. Warschau selbst lieferte der Ukraine diverse Waffen und Munition, organisierte Ausbildung ukrainischer SoldatInnen und Instandhaltung westlicher Militärtechnik, übergab mehrere Tausend Starlink-Geräte für die Internetkommunikation usw.

Ab Jänner 2025 beherbergt das polnische Bydgoszcz das neu gegründete Trainingszentrum JATEC (= Joint Analysis, Training and Education Centre) für die Stärkung der militärischen Zusammenarbeit zwischen der NATO und der Ukraine.

Gemeinsam mit den USA gründete Polen eine Kommunikationsgruppe (UCG) für die Abwehr im russischen Informationskrieg gegen den Westen und Bekämpfung der russischen Desinformation. Auch mit Deutschland und Frankreich startete Polen Maßnahmen zur Verteidigung gegen Destabilisierung durch Russland. Diese Länder sind neben der Ukraine die häufigsten Ziele der hybriden Kriegsführung des Kremls.

In einigen Fragen bestehen zwischen der Ukraine und Polen Meinungsverschiedenheiten. Warschau lehnt nach wie vor die Bitte aus Kyjiw ab, russische Drohnen in Richtung Polen über der Ukraine abzuschießen. Bestimmte Probleme werden von einigen PolitikerInnen so instrumentalisiert, dass sie auch die ukrainisch-polnischen Beziehungen beeinflussen.

2022 verlegten ukrainische Landwirtschaftsunternehmen wegen der russischen Blockade des Schwarzen Meeres ihre Getreidetransporte auf den Landweg durch Polen. Durch fehlerhaftes Management kam ein Teil davon auf dem polnischen Markt. Aus Protest und in Befürchtung von wirtschaftlichen Einbußen blockierten daraufhin mehrere polnische Bauern mit LKWs Ende 2022-Anfang 2023 die polnisch-ukrainische Grenze und damit teilweise auch Hilfstransporte bzw. Personenverkehr. Bei diesen Protesten tauchten vereinzelt prorussische Plakate auf. In der Zeit vor den Wahlen wollte die Politik die Blockade nicht auflösen und duldete sie, bis eine politische Lösung gefunden wurde.

14.10 Deutschland

Deutschland ist nach den USA das zweitgrößte Geberland für die Ukraine, was die Gesamthilfe in absoluten Zahlen angeht. In 1000 Tagen des Krieges hat die deutsche Bundesregierung der Ukraine bilateral Mittel im Gesamtwert von etwa 15,8 Mrd. € zur Verfügung gestellt. Das ist etwa das Doppelte der Direkthilfen von Dänemark, dabei ist Deutschlands BIP etwa 9-mal größer als Dänemarks, Deutschlands Bevölkerung ist sogar fast 15-mal größer als die Dänemarks.

Dazu kommen deutsche Leistungen im Rahmen der EU-Programme sowie Ausgaben für ukrainische Kriegsvertriebene und Unterstützungsleistungen von Ländern, Kommunen, privaten Initiativen und Unternehmen.

Vor dem großangelegten Krieg war die Unterstützung für die Ukraine kein Thema in der politischen Debatte Deutschlands. Die deutsche Außenpolitik der letzten zwei Jahrzehnte berücksichtigte weitgehend die behaupteten russischen Interessen und die russische Sichtweise.

So gehört der deutsche Ex-Bundeskanzler Gerhard Schröder von der Sozialdemokratischen Partei Deutschlands, SPD (im Amt 1998–2005) seit Jahren zu den engen Freunden des russischen Präsidenten Putin. Nach seiner politischen Karriere in Deutschland bekleidete Schröder Funktionen in russischen staatlichen Unternehmen.

14.10 Deutschland

Seine Nachfolgerin Angela Merkel von der Christlich Demokratischen Union Deutschlands, CDU (Bundeskanzlerin 2005–2021) zeigte immer wieder Verständnis für die Politik Putins. Gemeinsam mit dem damaligen Präsidenten Frankreichs Nicolas Sarkozy stimmte sie aus Rücksicht auf Putins Wünsche 2008 gegen den Start des NATO-Beitrittsprozesses für die Ukraine und Georgien.

Nach der völkerrechtswidrigen Annexion der ukrainischen Halbinsel Krim durch Russland 2014 schloss die Regierung Merkel Waffenlieferungen an die Ukraine aus. Gleichfalls im Jahr 2014 genehmigte Deutschland den Bau der Gasleitung Nord Stream 2 für russisches Gas unter Umgehung der Ukraine.

Eine Reihe europäischer Länder sowie die USA kritisierten mehrmals die Politik Deutschlands gegenüber Russland als zu nachgiebig bzw. zu zögerlich. In Deutschland mangelte es in der Bevölkerung und in den politischen Eliten an Verständnis möglicher Folgen der ukrainischen Niederlage für die Sicherheit und den Frieden in Deutschland und Europa.

Der deutsche Bundesnachrichtendienst hat noch 2012 die Gegenspionage gegen Russland eingestellt und erst ab 2022 versucht, sie wieder aufzubauen. Die Warnungen der US-amerikanischen und britischen Nachrichtendienste vor dem herannahenden Großangriff Russlands auf die Ukraine fanden in Deutschland bis zum 24. Februar 2022 wenig Beachtung.

Zahlreiche deutsche Medienunternehmen haben zu jenem Zeitpunkt keine Auslandsbüros in der Ukraine unterhalten bzw. sie geschlossen und erst mit dem Fortschreiten des Krieges neue Büros vor Ort eröffnet.

Noch ein paar Wochen vor der russischen Invasion der Ukraine im Frühjahr 2022 hatte Deutschland die Lieferung von Waffen auf Anfrage der Ukraine abgelehnt.

Am dritten Kriegstag schrieb der deutsche Bundeskanzler Olaf Scholz (SPD, im Amt seit 2021) auf der Nachrichtenplattform X: „Der russische Überfall markiert eine Zeitenwende" und versprach der Ukraine zum ersten Mal in der Geschichte, Panzerabwehrsysteme und Stinger-Raketen zur Verfügung zu stellen. Eine Aufarbeitung der alten Russlandpolitik und Fehleinschätzungen findet in Deutschland jedoch nur vereinzelt statt.

Auf Drängen der deutschen Regierung musste die EU das geplante 14. Sanktionspaket vom Juni 2024 abschwächen. Das Paket sollte die Umgehung der früher erlassenen Sanktionen gegen Russland verhindern und insbesondere den Weiterverkauf von europäischen kriegsrelevanten Gütern an Russland unterbinden. Deutschland argumentierte mit eigenen Wirtschaftsinteressen.

In Hinsicht auf Waffenlieferungen verfolgte Bundeskanzler Scholz eine vorsichtig abwartende Strategie. Konkrete Zusagen bezüglich deutscher Kriegsgeräte kamen in der Regel erst, wenn ähnliche Zusagen aus anderen Ländern bereits vorlagen.

Bis zum Zerfall der Regierungskoalition im November 2024 lehnte Scholz ab, die von der Ukraine dringend benötigten und angefragten Marschflugkörper „Taurus" zu liefern. Trotz wiederholten Bitten aus der Ukraine erlaubte die deutsche Regierung den Einsatz deutscher Waffen auf dem russischen Territorium teilweise erst nach massiven russischen Angriffen auf Charkiw im Frühjahr und auf die gesamte Ukraine im Herbst 2024.

Deutschland äußert sich nach wie vor gegen einen baldigen NATO-Beitritt der Ukraine.

14.11 Das Vereinigte Königreich von Großbritannien und Nordirland

Am 20. Februar 2022, zwei Tage vor der Vollinvasion Russlands in die Ukraine warnte der britische Premierminister Boris Johnson im Rahmen der jährlichen Sicherheitskonferenz in München davor, dass Russland „den größten Krieg seit 1945 plant". Die Nachrichtendienste des Vereinigten Königreichs gingen davon aus, dass ein russischer Einmarsch vom Osten, Süden und vom belarusischen Territorium im Norden mit dem Ziel, die Hauptstadt Kyjiw zu umzingeln, unmittelbar bevorsteht.

Zuvor hatte Boris Johnson erfolglos versucht, im Telefongespräch Putin von seinen Invasionsplänen abzubringen. Als die russischen Streitkräfte die Ukraine am 24. Februar 2022 attackierten, reagierte das Vereinigte Königreich gemeinsam mit Polen und den baltischen Staaten am schnellsten mit der militärischen Unterstützung, Waffen und Panzern für die Ukraine, erste Lieferungen gab es bereits vor dem 24. Februar.

Diese Vorreiterrolle nimmt London während des gesamten Kriegsverlaufs ein.

Boris Johnson war der erste westeuropäische Regierungschef, der Wolodymyr Selenskyj am 9. April 2022 in Kyjiw besuchte. London half bei der Ausbildung der ukrainischen Soldaten. Der Erfolg des britischen Programms trug dazu bei, die EU davon zu überzeugen, ein ähnliches Projekt zu starten.

Im Jänner 2024 unterzeichnete London mit Kyjiw das 10-jährige Sicherheitsabkommen für die Unterstützung der Ukraine durch das Vereinigte Königreich in Bereichen wie Cyberverteidigung, Informationsaustausch, militärische Ausbildung und Zusammenarbeit im Verteidigungssektor. Der Vertrag hatte eine große symbolische Wirkung, weitere Länder folgten.

Die allumfassende Unterstützung des Vereinigten Königreiches für die Ukraine erstreckt sich über militärische, finanzielle, humanitäre und politische Bereiche und ist ungebrochen hoch angesehen unter allen Gesellschaftsschichten, politischen Parteien und Regierungen. Bis Ende 2024 erreichte sie den Betrag von umgerechnet fast 15 Mrd. € – den drittgrößten nach den USA und Deutschland.

Eine wichtige Rolle im Vorfeld der russischen Vollinvasion und im gesamten Kriegsverlauf spielten britische Nachrichtendienste. Die USA und das Vereinigte Königreich beschlossen einen ungewöhnlichen Schritt und machten geheimdienstliche Informationen über Kremls Angriffspläne Monate davor bekannt, um die EntscheidungsträgerInnen und die Weltöffentlichkeit zu warnen. Damit machten sie Kremls Argumentation zunichte, er würde bloß auf ukrainische böswillige Aktionen spontan reagieren. Die enge Zusammenarbeit und die geheimen Daten aus Washington und London ermöglichten den Erfolg der ukrainischen Gegenoffensive im Herbst 2022. Die täglich aktualisierten Informationen des britischen Verteidigungsministeriums zur Lage in der Ukraine „Intelligence update" (= Geheimdienst-Update) wirken russischen Lügen entgegen. Die EU hat in diesem Zusammenhang noch einen Nachholbedarf.

In den Jahren 2022–2024 erlebten die Briten hohe Inflationsraten und einen Anstieg der Heiz- und Lebenshaltungskosten. Anders als in vielen kontinentaleuropäischen Ländern hat jedoch keine politische Partei dazu aufgerufen, die britische Unterstützung für die Ukraine einzustellen, um die Krise zu lindern. Umfragen zeigen, dass die Bevölkerung Sanktionen gegen Russland unterstützt und dagegen ist, die Ukraine zu Gebietsabtretungen zu drängen.

Großbritannien sieht neben der Klimakrise und China die höchste Bedrohung für Europa im russischen kriegerischen Regime. Die großflächigen Angriffe auf friedliche ukrainische Städte und Dörfer durch russische Raketen und Drohnen rufen Assoziationen mit der massiven Bombardierung Großbritanniens durch Nazi-Deutschland im Zweiten Weltkrieg hervor.

Im letzten Jahrzehnt sammelte das Land ausreichend Erfahrung mit russischer hybrider Kriegsführung und feindlichen Aktionen aus Moskau. Dazu zählen insbesondere die Vergiftung des ehemaligen russischen Geheimdienstoffiziers Sergei Skripal in Salisbury 2018, vermutete russische Einmischung beim Brexit-Referendum 2016 sowie Cyberangriffe auf britische Gesundheitsinfrastruktur, Unternehmen und Institutionen.

14.12 Frankreich

Frankreich ist eine Präsidialrepublik, in welcher der Präsident traditionell viele Kompetenzen und viel Macht besitzt. Der amtierende französische Präsident Emmanuel Macron wurde 2017 zum ersten Mal ins Amt gewählt und im April 2022 wiedergewählt. Er prägt entscheidend die Haltung seines Landes gegenüber der Ukraine und Russland.

Das Wissen und das Interesse betreffend die Ukraine war in Frankreich lange Zeit wenig ausgeprägt. Auch ein Jahrzehnt nach dem Auseinanderbrechen der Sowjetunion in mehrere Staaten galt die Anerkennung und Aufmerksamkeit im Land vor allem der Russischen Föderation. Frankreichs Präsident Nicolas Sarkozy hat 2008 gemeinsam mit der deutschen Bundeskanzlerin Angela Merkel den NATO-Beitritt für die Ukraine und Georgien abgelehnt.

Nach der Krim-Annexion und der russischen Besetzung der Ostukraine 2014 beteiligten sich Frankreich und Deutschland an dem sogenannten Minsker Friedensprozess. Die entsprechende Kontaktgruppe, welcher ebenfalls die Präsidenten Russlands und der Ukraine angehörten, erhielt die Bezeichnung Normandie-Format. Den damals ausgehandelten Minsker Vereinbarungen fehlten vom Anfang an realistische Ansätze und anschließend auch Umsetzung.

2021-Anfang 2022 stand Emmanuel Macron im engen Kontakt mit dem russischen Präsidenten Putin, telefonierte regelmäßig mit ihm und besuchte ihn in Moskau am 7. Februar 2022 in der Hoffnung, den großen russischen Angriff auf die Ukraine durch Gespräche und Vermittlung verhindern zu können.

Nach Beginn der russischen Vollinvasion verlor diese als „Telefondiplomatie" oder „Beschwichtigung" bezeichnete Taktik Macrons zunehmend an Bedeutung. Spätestens im Februar 2024 vollzog Macron einen Wechsel im Umgang mit dem Kreml und erklärte, dass er keine Handlungsoptionen im Krieg ausschließen wolle. Insbesondere sprach er die Möglichkeit der Entsendung von westlichen Truppen in die Ukraine an. Im Dezember 2024 konkretisierte er seine Idee einer ausländischen Friedensmission.

Nachdem die französische Regierung Irrtümer in der Einschätzung von Russland gestand, startete auch die französische Gesellschaft die Diskussion über die Neubewertung der früheren Russland-Politik.

Am Anfang der großflächigen Kriegs Russlands gegen die Ukraine befürwortete die französische Bevölkerung die Ukraine-Hilfe mehrheitlich. Mit dem Fortscheiten der Kriegshandlungen wurden die ukrainekritischen bzw. prorussischen Stimmen der rechten und linken Parteien und Strömungen Frankreichs wieder lauter, insbesondere nach dem starken Abschneiden des linken Wahlbündnisses Nouveau Front populaire, NFP, und des rechtspopulistischen Rassemblement National, RN, bei den vorgezogenen Parlamentswahlen im Sommer 2024.

Auch der wachsende russische Einfluss in ehemaligen französischen Kolonien in Afrika bereitet Paris Sorgen. Russland nutzt gekonnt antifranzösische Stimmungen in der Region aus und verstärkt sie mit massiver Desinformation und antiwestlicher Propaganda. Unter dem Motto des Kampfes mit Kolonialismus unterstützt Moskau Militärputsche und Diktaturregime Mali, Burkina Faso, Niger, der Zentralafrikanischen Republik (ZAR) und Guinea mit Söldnerarmeen, wie die Gruppe

Wagner. Frankreich musste in den letzten Jahren seine Militärstützpunkte in Senegal, Tschad, Mali, Burkina Faso und Niger räumen. Die Abhängigkeit von Frankreich wird in Afrika zunehmend durch Abhängigkeit von Russland und in wirtschaftlicher Hinsicht zusätzlich von China ersetzt.

Was europäische Belange betrifft, ergreift der Präsident Macron öfters die Initiative und agiert als Ideenspender. Er schlug 2022 eine neue Form der politischen Zusammenarbeit europäischer Länder, einschließlich der Ukraine, als Europäische Politische Gemeinschaft vor; er tritt für eine starke, von den USA unabhängige europäische Verteidigung auf; er forciert die Idee der Schaffung einer europäischen Armee und sieht Frankreich in militärischer Führungsrolle in Europa.

Seit Beginn der Vollinvasion lieferte Paris Waffen an die Ukraine im Umfang von ca. 3,5 Mrd. €. Das macht den siebthöchsten Beitrag nach den USA, Deutschland, dem Vereinigten Königreich, Dänemark, Niederland und Schweden aus.

Frankreich hatte im ersten Halbjahr 2022 den Vorsitz der Europäischen Union inne und trug dazu bei, dass die Ukraine im Juni 2022 den Status des EU-Beitrittskandidaten erhielt. Die Regierung in Paris zeigt sich offen dem NATO-Beitritt der Ukraine gegenüber und unterstützt den sogenannten „Siegesplan" des ukrainischen Präsidenten Selenskyj.

14.13 Österreich

Die bilaterale österreichische Hilfe belief sich 2022–2024 auf etwa 790 Mio. €. Weitere ca. 2,4 Mrd. € staatlicher Mittel flossen in die Betreuung der ukrainischen Kriegsvertriebenen. Österreichische Länder, Gemeinden, Unternehmen und Organisationen unterstützen die Ukraine und die kriegsvertriebenen UkrainerInnen finanziell, mit Hilfsgütern, Leistungen und Hilfsinitiativen.

Das österreichische Neutralitätsgesetz 1955 verbietet es, militärischen Bündnissen beizutreten und militärische Stützpunkte fremder Staaten auf dem Staatsgebiet zu errichten. Die Neutralität war eine Forderung der Sowjetunion, damit sie ihre Truppen 1955 aus Österreich abzieht.

Mit dem Verweis auf die gesetzliche Neutralität leistet Österreich der Ukraine keine Unterstützung im Verteidigungsbereich.

Österreich pflegte lange Zeit enge politische, wirtschaftliche und kulturelle Beziehungen mit Russland, mehrere ehemalige österreichische PolitikerInnen erhielten Jobs bei russischen staatsnahen Betrieben, die Abhängigkeit Österreichs vom russischen Gas stieg mit der Zeit an, russische Desinformation und antiwestliche Propaganda fand Verbreitung in Österreich über soziale Medien, Foren österreichischer Zeitungen sowie über verschwörungserzählerische Plattformen und Vereine.

Als im Frühjahr 2023 der ukrainische Präsident Wolodymyr Selenskyj per Video-Übertragung eine Rede im österreichischen Parlament hielt, verließen die Abgeordneten der Freiheitlichen Partei Österreichs, FPÖ, geschlossen den Plenarsaal, mehr als die Hälfte der Abgeordneten der Sozialdemokratischen Partei Österreichs, SPÖ, waren erst gar nicht anwesend.

Seit dem Kriegsbeginn im Februar 2022 bis Juli 2023 zahlte Österreich für Gasimporte über 7 Mrd. € an Russland – fast das Zehnfache der direkten Unterstützung Österreichs für die Ukraine in fast drei Jahren des Angriffskrieges. Die österreichische OMV unterschrieb 2018 geheimgehaltene Gaslieferverträge mit dem russischen Konzern Gazprom, die bis 2040 laufen.

Der zu 31,5 % im staatlichen Besitz stehende österreichische Öl- und Gaskonzern OMV finanzierte Nord Stream 2 mit. Nach dem russischen Überfall auf die Ukraine geriet das Projekt in Schwierigkeiten, sodass die OMV Verluste in Höhe von einer Milliarde Euro im März 2022 abschreiben musste.

Die OMV kündigte den Gasvertrag mit Russland erst im Dezember 2024, nachdem die Ukraine den Gastransitvertrag mit Russland über ihr Territorium für 2025 nicht verlängerte und nachdem der russische Gazprom im November 2024 die Gaslieferungen an den OMV wegen Zahlungsstreitigkeiten eingestellt hatte.

Die im Laufe der Jahre aufgebaute österreichische Abhängigkeit von russischem Gas war mit ein Grund, warum die britische Wochenzeitung „The Economist" im Juli 2023 Österreich in der Liste der „nützlichen Idioten Putins" auf Platz 2 nach Ungarn setzte.

Die rechtlich-politische Lage in Österreich ermöglicht umfassende russische Spionagetätigkeiten gegen westliche Länder. Das österreichische Gesetz verbietet die Spionage nicht, wenn sie nicht gegen Österreich gerichtet ist.

Bereits 2018 sickerte die Information durch, dass europäische Geheimdienste hochsensible Informationen den österreichischen KollegInnen aus Befürchtung der Weitergabe an Russland teilweise vorenthalten. Mit Einflussnahme aus Russland, unter anderem über den russischen Agenten und österreichischen Unternehmer Jan Marsalek, und Mitwirkung der FPÖ wurde das österreichische Bundesamt für Verfassungsschutz und Terrorismusbekämpfung (BVT) anschließend zerschlagen.

Das Ausmaß der russischen Einflussnahme und der Infiltration in österreichische Institutionen ist nicht bekannt, sie wird kaum überwacht bzw. bekämpft. Die österreichische rechte Partei FPÖ hat 2016 einen Freundschaftsvertrag mit Putins Partei „Einiges Russland" geschlossen und zeigt eine konsequent prorussische Haltung.

Mit einer aggressiven Wahlkampagne auf TikTok und Telegram erreichte die FPÖ im Oktober 2024 zum ersten Mal den Platz eins im österreichischen Parlament. Das chinesisch kontrollierte TikTok und das von einem Russen gegründeten Telegram stehen massiv in der Kritik, prorussische und antiwestliche Propaganda, Hetze und Verschwörungserzählungen zu verbreiten bzw. durch Algorithmen zu begünstigen.

14.14 Die USA – die Vereinigten Staaten von Amerika

Die Vereinigten Staaten von Amerika (= United States of America, USA) sind der größte Lieferant von Militärgütern und somit der wichtigste Unterstützer der Verteidigung der Ukraine gegen die russische Aggression. Dazu kommen hohe Beträge an humanitärer und finanzieller Hilfe.

Die Vereinigten Staaten nehmen im russisch-ukrainischen Krieg eine entscheidende Rolle in vielerlei Hinsicht ein:

- als Land mit der größten militärischen Stärke im Verteidigungsbündnis NATO beeinflussen sie entscheidend die NATO-Politik im Krieg, insbesondere, was den NATO-Beitritt der Ukraine angeht;
- als größte Volkswirtschaft der Welt besitzen sie enorme ökonomische Macht, ihre Sanktionen zum Eindämmen des Russlands Krieges sind spürbar;
- die USA sind ein wichtiger und aktiver Akteur auf der Weltbühne. Ihre Reaktionen und Handlungen in der internationalen Politik sind für viele Länder richtungsweisend.

In der Außen- und Sicherheitspolitik zeigten sich im Lauf der US-amerikanischen Geschichte abwechselnd zwei Zugänge: Isolationismus (= Konzentration auf innerstaatlichen Themen und Interessen, Abschottung nach außen) und Internationalismus (= Beschäftigung mit globalen Themen und Situation in anderen Ländern).

Die Phasen des Internationalismus brachten den USA weltweit sowohl große Anerkennung (für ihren Beitrag bei der Bekämpfung von Hitler-Deutschland im Zweiten Weltkrieg und bei dem Wiederaufbau Europas mittels Marshallplans nach dem Krieg), wie auch große Kritik und Hass (für den sogenannten „amerikanischen Imperialismus", den Krieg in Vietnam und sonstige Interventionen in anderen Ländern).

Nach dem Zerfall der Sowjetunion verfolgte die US-Regierung eine flexible Außenpolitik in der Suche nach einer passenden Strategie in den veränderten Machtverhältnissen in der Welt.

Dementsprechend handelte die politische Führung der USA im Verhältnis zu Russland und zur Ukraine ab 2014 und besonders ab 2022 situationsabhängig. Weder in der Gesellschaft noch in den politischen Eliten gab es bis zuletzt eine einheitliche Sicht der strategischen Positionierung der USA im Russlands Krieg gegen die Ukraine.

Die Demokratische Partei, welcher der bisherige Präsident Joe Biden (im Amt 2020 – Jänner 2025) angehörte, äußert sich für die Fortsetzung der Ukraine-Hilfe. Im Vergleich dazu steht die Republikanische Partei, deren der im November 2024 gewählte Präsident Donald Trump angehört, der Ukraine-Unterstützung deutlich kritischer gegenüber. Im Winter 2023–2024 blockierten die Republikaner im Kongress, dem US-Parlament, ein Hilfepaket für die Ukraine über 60 Mrd. US-Dollar sechs Monate lang.

Die USA stellten der Ukraine unter allen Ländern die meisten Verteidigungswaffen zur Verfügung. Relativ zur Wirtschaftsleistung beträgt die Ukraine-Hilfe lediglich 0,4 % des US-amerikanischen Bruttoinlandsprodukts. Würde sie ähnlich wie z. B. bei Dänemark 2 % BIP betragen, würde das eine Verfünffachung und einen entscheidenden Vorteil an der Front für die Ukraine bedeuten, die im gesamten Kriegsverlauf einen Munitions- und Waffenmangel spürt. Washington belegte die gelieferten Waffen mit einem Verbot, sie auf dem russischen Territorium zu verwenden, und lockerte es erst 2024.

Der neu gewählte US-Präsident Donald Trump vertritt mit seinem Motto „America first" eine isolationistische Haltung. Er fordert von Europa und von der Europäischen Union, sich um eigene Sicherheit und Vereidigung besser zu kümmern, auch im Rahmen der NATO. Vor dem Amtsantritt im Jänner 2025 versprach Trump, den russisch-ukrainischen Krieg innerhalb kürzester Zeit, in seiner Sprechweise „binnen 24 h", zu beenden, zur Not durch die Streichung der Ukraine-Hilfe oder durch deren Erhöhung.

Donald Trump agierte in seiner ersten Amtsperiode als US-Präsident in 2016–2020 oft unberechenbar und äußerte sich scharf und widersprüchlich. Die Folgen seiner jetzigen Aussagen und Handlungen bleiben abzuwarten.

Wirtschaftliche Auswirkungen des Krieges 15

15.1 Russisches Gas in Europa

Die Europäische Union war für Russland bis 2022 der größte Einzelmarkt (= der größte Käufer) für russische Energie. Fast drei Viertel der Exporte (= Ausfuhren) von russischem Erdgas und fast die Hälfte der Exporte von russischen Rohöl- und Ölprodukten gingen 2021 an europäische Länder.

Das Energiegeschäft ist eine wichtige Finanzierungsquelle für den russischen Staat. Bis 2022 steuerte der staatliche Gaskonzern Gazprom allein durch Zölle, Verbrauchssteuern und Gewinnsteuern etwa 10 % der Einnahmen des russischen Staatshaushalts bei. Die Öleinnahmen machten normalerweise weitere 30 % der Haushaltseinnahmen aus.

Die 27 Staaten der EU bezogen 2021 ihre Energie zu 23 % aus Erdgas und zu 34 % aus Erdöl.

Die EU importiert mehr als die Hälfte ihrer Energie aus dem Ausland. In den Jahren vor der russischen Vollinvasion der Ukraine verringerte die EU ihre Abhängigkeit von Energieimporten (= Einfuhren der Energie aus dem Ausland) geringfügig. Gleichzeitig stieg der Anteil von russischem Gas an Gasimporten von 26 % im Jahr 2010 trotz verringerten importierten Energiemengen auf 44 % im Jahr 2021, wie die Abb. 15.1 zeigt.

Der Gasverbrauch einzelner Länder unterscheidet sich stark, der EU-Gesamtverbrauch bleibt dabei seit Jahren auf ähnlichem Niveau.

Die Gasleitungen „Sojus" und „Jamal" führen aus Russland über die Ukraine bzw. Belarus weiter über Polen und die Slowakei in Richtung Westeuropa. Nach der Annexion der Krim und dem Beginn der russischen Kampfhandlungen in der Ostukraine 2014 reduzierten einige Länder ihre Abhängigkeit von russischem Gas,

Anteil von russischem Gas an Gasimporten in die Europäische Union

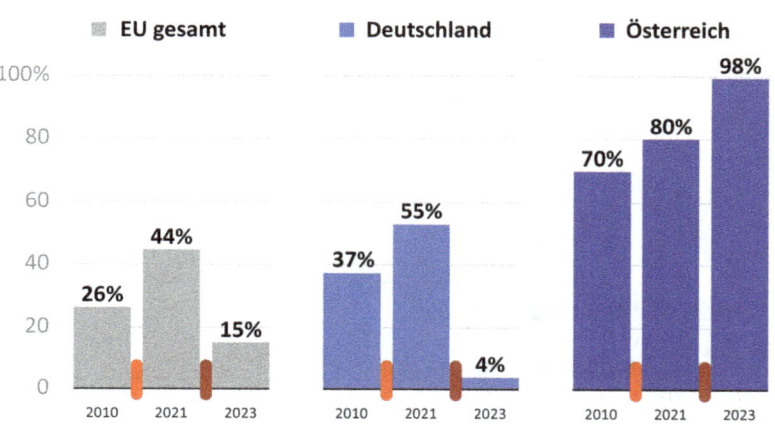

Abb. 15.1 Anteil von russischem Gas an Gasimporten in die Europäische Union. (Grafik: Oksana Stavrou)

vor allem Polen, Italien und die baltischen Staaten Estland, Lettland und Litauen. Sie errichteten Flüssiggasterminals (= LNG-Terminals, englisch liquefied natural gas terminal) und trieben Pipeline-Projekte zur Versorgung aus alternativen Quellen voran.

Im Gegensatz dazu erhöhten Länder wie Ungarn, Österreich, Deutschland die importierten Gasmengen aus Russland signifikant nach 2014.

Deutschland steigerte den russischen Anteil an importiertem Erdgas bis auf 55 % im Jahr 2021. Gemeinsam mit dem russischen Konzern Gazprom und mit Finanzierung der Energiekonzerne aus Deutschland, Frankreich, Großbritannien, Niederlande und Österreich baute Deutschland in der Ostsee die Unterwasser-Pipeline Nord Stream 1, die 2011 in Betrieb genommen wurde, und genehmigte den Bau einer zweiten Pipeline, Nord Stream 2, durch Russland (nicht in Betrieb genommen).

Das Ziel von Nord Stream war die Einfuhr von russischem Gas mit Umgehung der Ukraine. Dafür erntete Deutschland Kritik von den EU-Institutionen, sowie von Polen, Schweden, den baltischen Ländern, den USA und der Ukraine. Sie warnten

15.1 Russisches Gas in Europa

vor einem Sicherheitsrisiko durch die Umgehung der Ukraine, da Russland sie nicht mehr für den Transit von Gas nach Europa brauchte, sowie vor Erhöhung der Energieabhängigkeit von Russland. Der ukrainische Präsident Wolodymyr Selenskyj bezeichnete 2021 das Nord-Stream-Projekt als eine Waffe gegen die Ukraine.

> Während der sogenannten **"Gas-Kriege"** 2005/2006, 2007/2008, 2008/2009 drosselte Russland die Gasmenge nach Europa, um günstige Bedingungen für sich zu erwirken. ExpertInnen sprachen von "Erpressung mit Gas".

Im Lauf der Jahre 2021 und 2022 hat Russland mehrmals die Gasmenge nach Europa reduziert und im Sommer 2022 die Nord-Stream-Pipelines stillgelegt. Im September 2022 haben Unbekannte beide Stränge von Nord Stream 1 und einen Strang von Nord Stream 2 durch eine Explosion beschädigt. Die Gasleitungen wurden nicht repariert.

Daraufhin haben mindestens 19 Unternehmen aus 11 europäischen Staaten Klagen gegen Gazprom wegen Vertragsbruchs bzw. nicht geliefertem Gas in der Höhe von über 18 Mrd. € eingebracht und teilweise auch Recht bekommen. Allein dem deutschen Energiekonzern Uniper sprach ein Schiedsgericht im Juni 2024 13 Mrd. € Entschädigung zu, der österreichische Konzern OMV bekam 230 Mio. € zugesprochen.

2022 unternahmen mehrere EU-Staaten Maßnahmen zur Reduktion (= Verringerung) der Abhängigkeit von russischem Gas. Dafür bauten sie vor der europäischen Küste schwimmende LNG-Terminals und investierten vermehrt in alternative, darunter auch erneuerbare Energiequellen.

Im Jahr 2023 waren Norwegen, die USA, Großbritannien, Qatar und nordafrikanische Länder die größten Gaslieferanten in Europa. Russisches Gas aus der Pipeline machte nur 8 % der EU-Gaseinfuhren aus, das war der niedrigste Stand seit Anfang der 1970er-Jahre. Die Hauptempfänger waren Österreich, Slowakei, aber auch Tschechien, Ungarn und Italien. Mit Einbeziehung von verflüssigtem Erdgas (LNG), eingekauft vor allem von Frankreich, Spanien und Belgien, lag der Anteil des russischen Gases an den Gesamtimporten der EU bei 15 %.

Gleichzeitig meldete das russische Unternehmen Gazprom für 2023 einen massiven Verlust von 6,1 Mrd. Dollar, den ersten seit 1999. Das minderte erheblich seinen Beitrag zum Haushalt der Russischen Föderation und somit zur Finanzierung von Russlands Angriffskrieg.

Nach dem Einbruch der europäischen Einnahmen aus den Gasexporten über die Pipeline konnte Russland zwar 2024 die Exporte in die EU von Flüssiggas etwas steigern. Doch Maßnahmen des Westens erschweren das russische LNG-Geschäft.

Ab 2023 verhängten die USA Sanktionen gegen einige Unternehmen und Schiffe, die an russischen LNG-Projekten arbeiteten. Davor kündigte Japan den Abzug von Mitarbeitern aus einem geplanten russischen LNG-Projekt an. Im Sommer 2024 verbot die EU die Umladung und Servicierung von russischen LNG-Schiffen in EU-Häfen im Rahmen des 14. EU-Sanktionspakets. Großbritannien sanktionierte mehrere russische LNG-Schiffe im Oktober 2024.

Diese Maßnahmen zeigten Wirkung, so hat das russische Gas-Export-Terminal Arctic LNG 2 im Herbst 2024 den Betrieb unterbrochen, zwei weitere Projekte im Bau Murmansk LNG und OB LNG wurden gestoppt.

Im Dezember 2024 läuft der Vertrag zwischen der Ukraine und Russland über den Transit von russischem Gas nach Europa aus. Die Ukraine hat angekündigt, den Vertrag nicht verlängern zu wollen. Das bedeutet eine weitere Einschränkung verbleibender russischer Gasexporte nach Europa und Wegfall dieser Finanzierungsquelle für den Krieg.

15.2 Russisches Erdöl

Europa war bis 2022 der größte Bezieher von russischem Erdöl. Insgesamt entfielen 47 % der 230 Mio. Tonnen exportierten russischen Rohöls im Jahr 2021 auf die EU-Länder – 108,1 Mio. Tonnen im Wert von 50,9 Mrd. US-Dollar.

Im Jahr 2021 deckte die EU ca. 34 % ihres Energiebedarfs aus Erdöl. Etwa ein Viertel davon lieferte Russland. Das russische Rohöl kommt nach Europa zu einem Drittel über die Pipeline „Druschba" (russisches Wort für Freundschaft) und zu zwei Dritteln in Tankern auf dem Seeweg. Im Mai 2022 beschloss die EU ein Ölembargo (= ein Verbot der Öleinfuhren) aus Russland, das Dezember 2022 (für Rohöl) bzw. im Mai 2023 (für Rohölprodukte) in Kraft trat.

Die Slowakei, Ungarn und Tschechien setzten für sich eine Ausnahme von den Sanktionen durch, sodass sie noch weitere Jahre das russische Rohöl über die Druschba-Pipeline beziehen können. Deutschland und Polen, die ebenfalls an diese Ölleitung angeschlossen sind, verzichteten darauf 2022. Tschechien hat keine Verlängerung der Ausnahme nach dem 5. Dezember 2024 beantragt und somit auf russisches Öl ab 2025 verzichtet.

Bereits kurz nach dem Start der russischen Vollinvasion der Ukraine 2022 kündigten die USA und das Vereinigte Königreich ein Verbot von russischen Öleinfuhren an. Kanada importierte sogar seit Ende 2019 kein russisches Rohöl mehr.

15.2 Russisches Erdöl

Um zu verhindern, dass Russland am weltweiten Ölgeschäft übermäßig verdient und somit die Kriegskasse finanziert, beschlossen Ende 2022 die Europäische Union, die G7 und Australien den so genannten „Preisdeckel" für russisches Erdöl in Höhe von 60 US-Dollar pro Barrel (= ca. 159 L, eine historische, heute noch gebräuchliche Einheit für Rohöl).

> Der Preisdeckel bedeutet eine Preisobergrenze für Erdöl, dass in Tankern in Drittländer transportiert wird. Über die Hälfte der Reedereien, die Öltanker betreiben, hatten ihren Sitz 2022 in der EU. Das Prinzip des Preisdeckels ist: Fuhren mit russischem Rohöl sind nur dann erlaubt, wenn der Preis von transportiertem Öl 60 Dollar (ca. 57 €) nicht übersteigt. Dieselbe Regelung gilt für Dienstleistungen wie Versicherungen, technische Hilfe sowie Finanzierungs- und Vermittlungsdienste bei Öltransport.

Trotz dieser Maßnahmen blieben die russischen Ölexporte auf dem hohen Niveau. Die Nichtteilnahme von Indien, China und der Türkei verhinderte die volle Wirkung der Sanktionen. Nach dem Inkrafttreten des EU-Einfuhrverbots 2023 verdoppelte die Türkei den Import von Öl aus Russland und gleichzeitig verdoppelte den Export von Öl in die EU, sodass russisches Öl wahrscheinlich in die EU fließt, ohne als solches deklariert zu sein.

Indien, das 2024 zum größten Abnehmer von russischem Rohöl wurde, verarbeitet und verkauft es unter anderem nach Europa als indische Ölerzeugnisse. Die indischen Exporte von Kraftstoff in die EU erreichten 2024 das Mehrfache des Vorkriegsniveaus.

Bis 2024 baute Russland zusätzlich eine sogenannte „Schattenflotte" mit schätzungsweise 500 Tankern auf, die mit illegalen Techniken russisches Öl nach Indien, China, in die Türkei und andere Länder bringen. Sie manipulieren ihre Positionsdaten, benennen sich um, schalten Transmitter ab, laden das transportierte Öl um oder vermischen es mit anderem Öl. So wird verschleiert, woher das Öl stammt und zu welchem Preis es gehandelt wurde.

Diese „Geisterschiffe" der „Schattenflotte" fahren oft unter den Flaggen von Ländern, die keine strengen Schifffahrtsvorschriften haben, wie z. B. Panama, Liberia und die Marshallinseln. Die Eigner solcher Schiffe haben kaum Kontakt zu den US- oder EU-Behörden, sodass die Durchsetzung von Sanktionen schwierig ist. Die Öltanker sind in der Regel sehr alt und in schlechtem technischem Zustand, sodass bereits mehrere Schiffsunfälle und Öllecks am Meer passierten.

Es gibt teils erfolgreiche Bemühungen, die Überwachung der geltenden Sanktionen zu verbessern und neue gezielte Sanktionen gegen die Schattenflotte einzuführen. So kündigte im November 2024 Panama an, den vier von den USA sanktionierten Schiffen seine Flagge zu entziehen. Immer wieder verzichten auch einige Geschäftstreibende aus Drittländern auf russisches Öl in Berücksichtigung der Sanktionen.

Die Ukraine erkannte die Bedeutung russischer Energieexporte für den Krieg und griff zunehmend russische Gas- und Ölindustrieanlagen mit Drohnen an, allein 2024 gab es über 60 solche Attacken.

15.3 Getreide

Die Ukraine mit ihren fruchtbaren Schwarzerdeböden gilt seit jeher als „Kornkammer Europas" und beliefert viele Länder mit Lebensmitteln. Das Land war vor 2022 mengenmäßig weltweit Nummer 1 in der Produktion von Sonnenblumenöl, Nummer 5 bei Mais und Nummer 6 bei Weizen. Im Jahr 2021 entfielen 10 % der weltweiten Weizen-, 15 % der Mais- und Gerste- sowie 50 % der Sonnenblumenexporte auf die Ukraine. Die Landwirtschaft trug zu diesem Zeitpunkt knapp 10 % zum Bruttoinlandsprodukt bei, etwa 18 % zur Beschäftigung und sogar 44 % zum Wert der exportierten Güter der Ukraine.

Auch seltene Mineralien, Eisen, Stahl, Holz, Teile für die Möbelindustrie und weitere Produkte sind wichtige Exportgüter der Ukraine.

Länder in Afrika und Asien sind auf Agrarerzeugnisse (= Lebensmittel) aus der Ukraine angewiesen, die mit Schiffen über das Schwarze Meer transportiert werden. Nach dem Beginn der großflächigen Invasion blockierte Russland die ukrainischen Schwarzmeerhäfen, sodass bis Sommer 2022 keine Agrartransporte die Ukraine verlassen konnten. Die verursachte Unsicherheit und fehlenden Exporte lösten einen weltweiten Preisanstieg für Getreide und andere Lebensmittel aus und verschärfte weltweit den Nahrungsmangel.

Um den Wegfall des Seewegs für ukrainische Landwirtschaftsexporte während der russischen Blockade auszugleichen, hat die Europäische Union die bestehenden Handelseinschränkungen und Zölle für ukrainische Lebensmittel bis Mitte 2025 aufgehoben und ihnen dadurch den sogenannten „Solidaritätskorridor", also den Landweg über die EU, ermöglicht.

Im Juli 2022 wurde unter Vermittlung der Vereinten Nationen und der Türkei ein sogenanntes „Getreideabkommen" abgeschlossen, wonach Russland seine Seeblockade für ukrainische Getreideschiffe teilweise aufgehoben hat.

15.3 Getreide

Die Ukraine exportierte 2022 um ein Viertel weniger Getreide als noch ein Jahr zuvor. Ein Teil der Erträge wurde durch Kriegshandlungen zerstört, nicht abgeerntet oder von Russland gestohlen oder abgeerntet. Russland meldete für 2022 eine Rekordernte von Getreide.

Getreideraub

Im November 2022 teilte die US-Raumfahrtbehörde NASA nach Auswertung von Satellitenbildern mit, dass Russland in den besetzten Gebieten der Ukraine 5,8 Mio. Tonnen Weizen im Wert von einer Milliarde Dollar abgeerntet habe.

Enthüllungen zeigen, dass Russland Monate vor der Vollinvasion den Raub von ukrainischem Getreide geplant hatte. Die russische Armee erwarb bereits im Dezember 2021 mehrere Getreide-Lastwägen sowie drei Getreide-Schiffe und begann mit dem koordinierten Abtransport von Lebensmitteln gleich in der ersten Woche der Okkupation der ukrainischen Gebiete.

Die Hauptmärkte für gestohlenes ukrainisches Getreide waren 2024 der Iran und Jemen.

Im Juli 2023 lehnte Russland die Verlängerung des Getreideabkommens ab. Kurz danach begann die russische Armee, die Hafeninfrastruktur der ukrainischen Hafenstadt Odesa am Schwarzen Meer zu bombardieren. Darüber hinaus zerstörten russische Drohnen Getreidelager mit Hunderttausenden Tonnen Getreide im ukrainischen Donau-Hafen in Ismajil an der rumänischen Grenze. Das führte zum erneuten Anstieg von Getreidepreisen und zur Steigerung der russischen Nahrungsmittelexporte, vor allem nach Afrika und Asien.

Die Europäische Union kritisierte Russland dafür, dass es Lebensmittel als Waffe missbrauche und den Entwicklungsländern billiges Getreide als Ersatz für die ausgefallenen ukrainischen Lieferungen anbiete, um diese Staaten von Russland abhängig zu machen.

Während der russischen Meeresblockade nutzte die Ukraine alternative Transportmöglichkeiten mit Eisenbahn und LKWs über Europas Landweg sowie über die Donau. Die Nachbarstaaten der Ukraine konnten die gestiegenen Mengen importierten ukrainischen Getreides schlecht managen, Ende 2022-Anfang 2023 kam es zu Protesten der Bauern vor allem in Polen. Darauf verboten 2023 zuerst die Nationalregierungen und dann die EU selbst teilweise die Einfuhr ukrainischer Agrarprodukte nach Polen, Ungarn, Slowakei, Bulgarien und Rumänien.

Die erfolgreichen ukrainischen Militäroperationen gegen die russische Schwarzmehrflotte ermöglichten der Ukraine ab Ende 2023 eine neue Transportroute über das Schwarze Meer. Der Export ukrainischer Lebensmittel in die Länder Asiens und Afrikas insbesondere im Rahmen des Programms „Grain from Ukraine" erreichte 2024 fast das Vorkriegsniveau. Daraufhin verstärkte die Russische Föderation Angriffe auf die ukrainischen Häfen und Getreidespeicher. Seit Sommer 2024 beschießt sie regelmäßig Getreideschiffe im Schwarzen Meer. Allein im Juli-September 2024 trafen russische Anschläge 22 Handelsschiffe im Schwarzen Meer unter der Flagge von Panama, Türkei, Palau, St. Kitts und Nevis usw.

Moskaus Angriffe auf die Lebensmittelproduktion und -transporte stellt eine Kriegstaktik dar und bedroht die Nahrungsmittelversorgung von Millionen Menschen in Afrika und Asien.

15.4 Teuerung und Wirtschaftswachstum

Seit 2021 steigen die Preise in der ganzen Welt. Mitverantwortlich dafür sind die Probleme mit den unterbrochenen Lieferketten während der COVID-19-Pandemie und die hohe Nachfrage nach Konsumgütern nach dem Ende der Pandemie. In manchen Ländern erreichten die Inflationsraten noch vor dem 24. Februar 2022 zweistellige Zahlen.

Die unregelmäßigen Energielieferungen sowie die Getreideblockade durch Russland befeuerten zusätzlich die steigenden Preise für Energie und Lebensmittel weltweit. Die durchschnittliche Teuerungsrate im Euro-Raum betrug 2022 8,4 %, Anfang 2023 ist sie leicht zurückgegangen. Auch die Energiepreise sind 2023 wieder fast auf das Vorkriegsniveau gesunken. 2024 stabilisierte sich die Inflation in der EU auf etwas über 2 %.

Der andauernde Krieg verursacht nach wie vor wirtschaftliche Instabilität in der Welt. Kriegsgeschehnisse wie Energielieferstopps und Angriffe auf Getreidelager und Handelsschiffe durch Russland rufen Preisschwankungen und Sorgen um die Nahrungsversorgung hervor.

Trotz des russischen Angriffskrieges wuchs die Wirtschaft (das Bruttoinlandsprodukt, BIP) in der EU im Jahr 2022 durchschnittlich um 3,5 %. Deutschlands BIP stieg um 1,4 %, Österreichs — um 5,3 %. In den Folgejahren 2023–2024 verlangsamte sich das Wirtschaftswachstum in der EU auf unter ein Prozent, in Deutschland und Österreich schrumpfte die Wirtschaft sogar. Eine ähnliche Entwicklung zeigte die Schweiz: 3 % BIP-Wachstum 2022, 0,7 % im Jahr 2023, ca. 1,8 % im Jahr 2024. Die Weltwirtschaft verlangsamte das Wachstum in diesem Zeitraum ebenfalls.

Gesellschaftliche Debatte 16

16.1 Umgang mit russischer Kultur

Die russische Regierung unter Präsident Putin verwendet Kultur zu Propagandazwecken. Kulturschaffende und Kultureinrichtungen in Russland stehen vor einer schwierigen Wahl: Sie können die offizielle staatliche Politik unterstützen, dann bekommen sie Finanzierung, Möglichkeiten für Auftritte und zur Weiterentwicklung ihrer Projekte. Wenn sie die Regierung und den Krieg gegen die Ukraine nicht unterstützen, werden sie unterdrückt.

Die neue russische Strategie 2022 erklärt offiziell Kultur, Wissenschaft, Bildung, Sport und Tourismus (Russland verwendet dafür den Begriff „humanitärer Bereich") zu einem Bestandteil des russischen Einflusses im Ausland.

„Die russische Kultur ist ein wichtiger Bestandteil der Weltkultur. Als Instrument der „Soft power" trägt sie zur Stärkung der internationalen Autorität Russlands bei."

„Aufgaben der humanitären Politik der Russischen Föderation im Ausland sind: (…) Schutz, Beibehaltung und Förderung der Traditionen und Ideen der Russischen Welt."

„Unterstützung und Förderung der russischen Sprache ist ein wesentlicher Bestandteil des Bildungsauftrags der Russischen Föderation im Ausland."

Auszüge aus dem „Konzept der humanitären Politik der Russischen Föderation im Ausland", genehmigt durch das Dekret des Präsidenten der Russischen Föderation vom 5. September 2022

Gleichzeitig führt Russland einen gezielten Krieg gegen die ukrainische Kultur. Die russische Armee zerstört vorsätzlich Museen, historische Gebäude, Denkmäler, Theater, Konzertsäle und Bibliotheken.

Nach dem 24. Februar 2022 entbrannte in westlichen Kulturkreisen eine Debatte über den Umgang mit der russischen Kultur. Viele Kulturinstitutionen in Europa und auf der Welt stornierten Veranstaltungen mit Beteiligung russischer Kulturschaffender und russischer Kunstwerke; sie wollen nicht zur Förderung der russischen Interessen durch Kultur beitragen, während Russland die ukrainische Kultur vernichtet. Ihre KritikerInnen erklärten, russische Kultur sei weiterhin sehenswert, selbst wenn die Regierung Russlands sie für ihre Zwecke missbrauche; man dürfe von KünstlerInnen nicht verlangen, sich zur Politik und zum Krieg zu äußern.

Zugleich plädieren Kulturinteressierte dafür, sich genauer mit der russischen Kultur und besonders Literatur zu beschäftigen und Ansichten russischer AutorInnen zu hinterfragen. So vertraten die berühmten russischen Dichter Aleksandr Puschkin und Michail Lermontow sowie der Schriftsteller Fjodor Dostojewski und andere eine klare imperialistische Haltung. Sie werteten Völker, die sich gegen die Herrschaft Moskaus stellten, wie Polen, Ukrainer und Völker des Kaukasus, aber auch Westeuropas, ab. Welchen Einfluss solche Einstellungen russischer Kulturschaffender auf die russische Gesellschaft und Politik hatten und haben, soll untersucht werden.

Zahlreiche Kulturschaffende aus Russland leben mittlerweile im Ausland. Einige verurteilen den Krieg gegen die Ukraine, andere schweigen oder unterstützen nach wie vor die Regierung Putins.

> Einige der ukrainischen Kulturschaffende, die durch den russischen Krieg ihr Leben verloren: Viktoria Amelina, Schriftstellerin; Wolodymyr Wakulenko, Schriftsteller; Olexandr Schapowal, Balletttänzer und Solist der Nationaloper der Ukraine; Jurij Kerpatenko, Dirigent der Philharmonie Cherson; Rostyslaw Jantschyschen, Balletttänzer der Nationaloper Odesa; Ljubow Pantschenko, Malerin; Oksana Schwez, Schauspielerin; Pawlo Li, Schauspieler; Artem Dazyschyn, Sänger und Solist der Nationaloper der Ukraine; Jelysaweta Otschkur und Sonja Ameltschikowa, zwei neunjährige Schauspielerinnen aus Mariupol.

16.2 Umgang mit russischen SportlerInnen

In Russland gibt es keinen unabhängigen Spitzensport. Fast alle Sportschulen, Sportverbände, Sporteinrichtungen und Sportklubs stehen direkt oder indirekt im Eigentum des Staates. SportlerInnen, die in Russland Karriere machen wollen,

16.2 Umgang mit russischen SportlerInnen

müssen die Politik der russischen Regierung mittragen. „Steigerung der Autorität Russlands auf der sportlichen Weltbühne" ist das offizielle Ziel der Russischen Föderation im Bereich Sport.

Nach der aus der Sowjetzeit übernommenen Tradition hängen Sport und Armee in Russland eng zusammen. Sportler können ihren Wehrdienst in einer sogenannten Sportkompanie der russischen Streitkräfte leisten. Viele ProfisportlerInnen schließen zudem längere Verträge mit dem russischen Verteidigungsministerium. Von den 212 russischen AthletInnen, die 2022 an den Olympischen Winterspielen in Peking teilnahmen, waren 34 im Alltag Militärangehörige, 15 von ihnen hatten einen Offiziersrang.

In den letzten Jahren wurden mehrere Fälle bekannt, in denen staatliche Sporteinrichtungen Russlands mit Hilfe der staatlichen Labore systematisches Doping der russischen SportlerInnen organisiert haben. 2019 hat die Welt-Anti-Doping-Agentur (WADA) Russland für die Teilnahme an den Olympischen Spielen und Weltmeisterschaften wegen staatlich betriebenen Dopings gesperrt. Russische SportlerInnen durften an Wettbewerben nur noch unter einer neutralen Flagge antreten, nicht unter der russischen Staatsflagge.

▶ **Doping** – Verwendung von unerlaubten Mitteln zur Steigerung der sportlichen Leistung.

Wegen des Krieges gegen die Ukraine haben mehrere internationale Sportverbände im Jahr 2022 SportlerInnen aus Russland und Belarus gesperrt, wie der Leichtathletik-Weltverband World Athletics (WA), die Weltverbände für Radsport, Ski, Hockey, Triathlon und Badminton, die Ruderer, Kanuten und auch der Rugby-Sport. Auch von den 2023 stattfindenden Fußballwettbewerben der UEFA und FIFA, den europäischen Wettbewerben in Handball und Volleyball sowie der Weltmeisterschaft in Eiskunstlauf waren russische und belarusische AthletInnen ausgeschlossen.

Das Internationale Olympische Komitee (IOK, englisch International Olympic Committee, IOC) sprach sich im März 2023 für eine teilweise Rückkehr russischer SportlerInnen zu Wettbewerben unter bestimmten Bedingungen aus. Zu der Teilnahme an den Olympischen Spielen in Paris im Juli-August 2024 wurden als „Neutrale" 15 russische und 16 belarusische AthletInnen der Russischen Föderation zugelassen. Es wurde die Kritik laut, diese Zulassung mitten im russischen Krieg widerspreche der „Olympischen Idee".

> Die Olympische Idee steht dafür, dass Sport und sportliche Bewerbe wie die Olympischen Spiele dazu dienen sollen, sportliche Höchstleistungen zu zeigen, sie in einem friedlichen Wettkampf zu vergleichen, Freundschaft und Völkerverständigung zu fördern und dabei die Regel des Fair Play einzuhalten.

Nach ukrainischen Angaben hat der Krieg Russlands bis August 2024 etwa 500 ukrainischen SportlerInnen das Leben gekostet, über 500 Sporteinrichtungen wurden zerstört.

Wie sich der Sport während des Kriegs gegen das eigene Land anfühlt, versuchte der weltberühmte Streetart-Künstler Banksy in einem seiner Kunstwerke in Irpin, einem Vorort von Kyjiw festzuhalten (Abb. 16.1). Auf dem Graffiti balanciert eine junge Gymnastin mit Halsbandage und einem wehenden Band über einem in die Wand gebombten schwarzen Loch. Banksy hat im November 2022 mehrere Kunstwerke in der Ukraine hinterlassen, meist auf den Ruinen der im Krieg beschädigten Häuser. Später spendete Banksy den Erlös aus 50 verkauften Drucken der Graffitis an die Ukraine.

Abb. 16.1 Mädchen mit Band, Graffiti des Streetart-Künstlers Banksy in Irpin, einem Vorort von Kyjiw. (Quelle: Wikimedia, Rasal Hague, Lizenz CC BY-SA 4.0, https://commons.wikimedia.org/wiki/File:Banksy_in_Irpin.jpg)

Zu den im russischen Angriffskrieg gegen die Ukraine getöteten ukrainischen AthletInnen zählen der zweifache Europameister im Gewichtheben Oleksandr Pjeljeschenko, der vierfache Weltmeister im Kickboxen Witalij Merinow, der ukrainische Kickboxchampion und Muay-Thai-Weltmeister Alexei Yanin, ukrainischer Landesmeister in Leichtathletik Roman Havryliuk, Radfahrer und Landesmeister Andriy Kutsenko, Fechter und mehrfacher Landesmeister Denys Boreyko, Eiskunstläufer Dmytro Sharpar, Biathlet Jewhen Malyschew, Leichtathlet Yurii Mochulskyi, Fußballer Witalii Sapylo und Dmytro Martynenko, Fußballspielerinnen Eleonora Maltseva und Victoria Kotlyarova, 9-jährige Judoka Viktoria Ivashko, ukrainische Landesmeisterin im Turniertanz Daryna Kurdel und viele andere.

16.3 Westsplaining

Seit dem Überfall Russlands auf die Ukraine 2022 findet in der gesellschaftlichen Debatte der Begriff „Westsplaining" zunehmende Verwendung. Er ist an das vor einigen Jahren entstandene Wort „Mansplaining" angelehnt.

Mansplaining (vom Englischen „Man explaining things to woman") beschreibt die Situation, wenn ein Mann eine Frau über etwas belehrt, was sie selber besser weiß.

▶ **Westsplaining** bedeutet, aus der Sicht des Westens, aber ohne ausreichendes Fachwissen und aus einer Position der Autorität über die Länder „Osteuropas" zu sprechen. Oft wird dabei den Interessen und Sichtweisen Russlands eine größere Gewichtung als den Interessen anderer Staaten beigemessen.

Der Begriff „Osteuropa" ist nicht eindeutig und umstritten. Lange Zeit hat man in westeuropäischen Ländern und in Nordamerika auf dieser Weise die Länder unter dem Einfluss bzw. der Herrschaft von Russland bezeichnet. Deswegen nannte man z. B. Tschechien „osteuropäisch", obwohl seine Hauptstadt Prag geografisch gesehen westlicher als das „westliche" Wien, Hauptstadt von Österreich liegt. Die Osteuropa-Studien an den Universitäten und Forschungseinrichtungen weltweit beschäftigten sich bis Ende des 20. Jahrhunderts am meisten mit dem Erforschen von Russland.

Nun bezeichnet die russische Propaganda die Staaten Tschechien, Polen, Slowakei, Estland, Lettland, Litauen usw., die sich nach dem Zerfall der Sowjetunion 1991 um die Loslösung vom russischen Einfluss bemühten und noch immer oft als „Osteuropa" adressiert werden, selbst als Teil des „feindlichen Westens".

„Westsplaining" ist mit dem Begriff „Eurozentrismus" verwandt. Unter Eurozentrismus versteht man eine Sicht auf andere Länder, die ausschließlich von europäischen Normen, Erfahrungen und Werten, sowie ihrer angenommenen Überlegenheit gegenüber anderer ausgeht. Die beiden Denkmuster sind durch (versteckte) Vorurteile gegenüber einzelnen Ländern, Völkern und ethnischen Gruppen geprägt und neigen dazu, die Eigenständigkeit und die Handlungsfähigkeit der betrachteten Länder gar nicht oder weniger zu beachten.

In Ländern Afrikas, Asiens und Lateinamerikas verbindet man diesen Zugang auch mit dem Kolonialismus und Imperialismus. Europäische Länder, wie Deutschland, Frankreich, Belgien, Niederlande, Großbritannien, die in vergangenen Jahrhunderten weltweit andere Länder als ihre Kolonien missbrauchten, wie auch die USA, wurden und werden immer noch beschuldigt, ehemalige Kolonien und andere Länder als minderwertig zu betrachten. Die Kolonialherrschaft Russlands und der Sowjetunion in Osteuropa und Asien wird von vielen nach wie vor ignoriert.

Im Zusammenhang mit dem russisch-ukrainischen Krieg bedingt das Westsplaining, dass man die Ukraine bzw. den ukrainischen Staat und das ukrainische Volk als handelnde Subjekte der Geschichte nicht voll anerkennt, sie als Objekte von Entscheidungen der Großmächte versteht und den russischen Positionen größeres Gewicht als den ukrainischen zuspricht.

Die VerfechterInnen vom Westsplaining, ob bewusst oder unbewusst, sehen in der souveränen Entscheidung der Staaten des ehemaligen „Ostblocks", der NATO beizutreten, eine feindselige Aktion des Westens gegenüber Russland; im völkerrechtswidrigen russischen Angriff auf die Ukraine – eine Schlacht der Supermächte USA und Russland „um die Ukraine"; in den Plänen Russlands, die Ukraine ganz oder teilweise zu okkupieren – eine vernünftige Lösung zur Wahrung der russischen Sicherheitsinteressen und zum Beenden des Kriegsleidens.

Solche Menschen sehen auf der einen Seite große, starke, überlegene Großmächte und auf der anderen – kleine, schwache, minderwertige Pufferzonen. Das entspricht dem imperialistischen Narrativ, das der Kreml mit Hilfe anderer autoritärer Regime als zukünftige Weltordnung durchsetzen will.

Wie es weitergeht 17

17.1 Militärische Lösung?

Fast drei Jahre nach dem russischen Einmarsch 2022 kontrollierte die russische Armee die bereits 2014 besetzte ukrainische Krim und Gebiete in den Regionen Donezk und Luhansk sowie zusätzlich Gebiete in den Regionen Saporischschja und Cherson.

Die brutale Kriegsführung und die massiven Kriegsverbrechen der russischen Armee konnten die ukrainische Gesellschaft nicht brechen.

Wie gut sich die Ukraine gegen Russlands kriegerische Handlungen wehren kann, also der Erfolg des Widerstandes, hängt jedoch von der Unterstützung aus dem Ausland ab, vor allem von der Luftverteidigung für den Schutz des ukrainischen Territoriums und von Waffen für effektive Schläge auf russischem Territorium.

In den letzten drei Jahren entwickelten ukrainische staatliche wie private, kommerzielle wie freiwillige Akteure mehrere neuartige Technologien, z. B. für unbemannte Kriegsführung (wie Seedrohne „Sea Baby", mobile Landroboter und FPV-Drohnen), eigenes Kriegsgerät (wie Haubitzen „Bohdana", Truppentransporter „Chorunschyj"), Raketen (wie Rakete-Drohne „Paljanyzja" und „Peklo"), Laserwaffen (Waffensystem „Trysub", ukrainisches Wort für Dreizack und Hauptelement des ukrainischen Staatswappens) und Munition (2024 war die erste Ernte von Baumwolle für eigene Schießpulverherstellung; 2024 war die Hälfte der Artilleriemunition „made in Ukraine"). Bis die Ukraine militärische Produktionskapazitäten auf das notwendige Niveau aufbaut, braucht sie jedenfalls weiterhin die westliche Hilfe.

Im gesamten Kriegsverlauf verfügte die Russische Föderation über eine viel größere Anzahl von Waffensystemen und Munition in so gut wie jeder Kategorie. Die zahlenmäßig viel größere russische Armee konnte nach den Geländegewinnen am Anfang der Vollinvasion 2022 erst im Laufe des Jahres 2024 wieder geringfügige Eroberungen der ukrainischen Gebiete verzeichnen, jedoch mit massiven Verlusten von Soldaten.

Die Ukraine bewies, dass sie selbst mit viel geringeren Ressourcen, dafür aber mit Flexibilität, Lernbereitschaft, richtiger Strategie und kluger Kampfführung den Feind aufhalten kann. Die ukrainischen Geheimdienste haben erfolgreich den Kampf gegen Russland im Cyberspace aufgenommen und führen nun regelmäßige erfolgreiche Cyberattacken auf die russische Kriegsinfrastruktur aus.

Die Frage, ob die Ukraine mit der vergleichbar großen Menge an Waffen Russland militärisch besiegen könnte, bleibt nach wie vor aktuell.

17.2 Option Friedensgespräche?

Eine nahe liegende Option für das Ende des Krieges wäre, dass Russland seine Truppen aus der Ukraine abzieht und die Kriegshandlungen einstellt.

> „Wenn Russland aufhört zu kämpfen, ist der Krieg zu Ende. Wenn die Ukraine aufhört zu kämpfen, ist es das Ende der Ukraine."
> US-Außenminister Antony Blinken in der Sitzung des UN-Sicherheitsrates am 22. September 2022

Es ist nicht damit zu rechnen, dass Moskau freiwillig den Krieg auf diese Weise beendet.

Der russische Präsident Putin wie russische RegierungsvertreterInnen haben mehrmals betont, dass ihr Ziel die Unterwerfung der gesamten Ukraine – in der Moskauer Sprechweise „Entnazifizierung der Ukraine" – ist. Als ersten Schritt in diese Richtung verlangen sie von der Ukraine das Akzeptieren der Annexion der Krim und der Eroberung der vier ukrainischen Regionen Donezk, Luhansk, Cherson und Saporischschja, obwohl sie nur zum Teil von Russland okkupiert sind.

Mit militärischer Gewalt versucht der Kreml, die ukrainische Führung zur Annahme seiner Bedingungen zu zwingen. In den ersten vier Tagen der russischen Vollinvasion der Ukraine haben die Besatzer große Gebiete erobert und standen vor Kyjiw. Am 28. Februar trafen sich die Delegationen Russlands und der Ukraine ein erstes Mal zu Friedensverhandlungen in Belarus.

Die Russen forderten von den Ukrainern eine Kapitulation, Demilitarisierung und einen neutralen Status. Die Ukraine zeigte Kompromissbereitschaft. Doch nach mehreren Wochen von Gesprächen gab es nach wie vor ein unüberwindbares

17.2 Option Friedensgespräche?

Hindernis: Niemand wollte dem Kyjiw eine Sicherheitsgarantie geben, dass die neutrale Ukraine von Russland nicht wieder angegriffen wird. Die ukrainische Erfahrung mit dem wirkungslosen „Budapester Memorandum" (siehe Abschn. 1.2) machte eine harte Sicherheitsgarantie zwingend notwendig.

In der Zwischenzeit erlitten russische Truppen beim Vormarsch gewaltige Verluste, sie schafften es nicht, die Hauptstadt zu umzingeln, zogen sich schließlich zurück und konzentrierten sich nun auf den ukrainischen Süden und Osten. Das bekannt gewordene Ausmaß an russischen Verbrechen und Gräueltaten nach dem russischen Rückzug, z. B. im Kyjiwer Vorort Butscha, offenbarte mangelnde russische Friedensbereitschaft. Die Verhandlungen kamen schließlich im April 2022 zum Stillstand.

„Ob durch die militärische Spezialoperation oder durch Verhandlungen – wir haben keine Alternative zum Erreichen unserer Ziele. Und wir werden sie auf jeden Fall erreichen."
Kreml-Sprecher Dmitri Peskow am 24. Juli 2024 als Antwort auf das Gesprächsangebot aus Kyjiw

Die Entschlossenheit der ukrainischen Bevölkerung zum Widerstand wird durch solche Botschaften aus Russland nur verstärkt und bildet einen Auftrag an die politische Führung des Landes. Das erklärte Ziel der ukrainischen Regierung lautet die Befreiung des kompletten Territoriums der Ukraine und seiner Bevölkerung vor Schrecken der russischen Herrschaft sowie die Wiederherstellung der international anerkannten Staatsgrenzen vor 2014.

Im Herbst 2022 erörterte der ukrainische Präsident Wolodymyr Selenskyj die ukrainische Friedensformel für einen gerechten Frieden, die Vorschläge in 10 Teilbereichen beinhaltet, wie nukleare Sicherheit, Ernährungssicherheit, Energiesicherheit, Freilassung aller Kriegsgefangenen und Deportierten und Rückkehr aller entführten ukrainischen Kinder, Einhaltung der UN-Charta sowie Wiederherstellung der territorialen Integrität der Ukraine und der Friedensarchitektur, Abzug der russischen Truppen und Einstellung der Kampfhandlungen, Wiederherstellung der Gerechtigkeit, Schutz der Natur und Verhinderung von Ökozid, Vermeidung der Eskalation, Bestätigung des Kriegsendes.

Selenskyj nannte dabei fünf Bedingungen für die Friedensformel, die er als unverhandelbar bezeichnete:

1. Bestrafung Russlands für die Aggression
2. Schutz von Leben mit allen erlaubten Mitteln
3. Wiederherstellung von Sicherheit sowie der territorialen Integrität der Ukraine
4. Sicherheitsgarantien für die Ukraine
5. Entschlossenheit der UkrainerInnen zur Selbstverteidigung

Im Juni 2024 fand auf dem Bürgenstock, Schweiz, eine Friedenskonferenz statt, zu der 160 Länder eingeladen waren. Russland hat im Vorfeld seine Teilnahme abgelehnt, wurde daher nicht eingeladen. Um eine möglichst breite Unterstützung unter Teilnehmerstaaten zu schaffen, wurden bei der Konferenz nur 3 von 10 Bereichen der Formel thematisiert, die eine Grundlage für einen Friedensprozess bilden sollen: Nukleare Sicherheit, Ernährungssicherheit und Freilassung von Kriegsgefangenen. Die Abschlusserklärung der Konferenz wurde von 88 Delegationen unterzeichnet.

Mit den gegensätzlichen Positionen von Russland und der Ukraine gibt es aktuell wenig Verhandlungsbasis für direkte Friedensgespräche zwischen Russland und der Ukraine.

Gegen ein baldiges Friedensabkommen oder einen Waffenstillstand spricht auch, dass es keine übergeordnete Instanz gibt, welche die Einhaltung des so erreichten Friedens garantieren könnte. Eine Vereinbarung, die Russland brechen kann, bringt keinen dauerhaften Frieden. Ein Waffenstillstands- oder Friedensabkommen würde kein Ende der Aggression und russischer Kriegsverbrechen in den von Russland kontrollierten Gebieten in der Ukraine bedeuten, wie die illegale Annexion der Krim und die Zeit seit 2014 gezeigt hat.

Für die Ukraine bleibt daher die Frage: Wer und was zwingt Russland zur Einhaltung der Vereinbarungen? Bis eine Lösung gefunden ist, z. B. durch die Aufnahme der Ukraine in die NATO oder vergleichbare Sicherheitsgarantien seitens westlicher Länder, ist ein echter Friedensprozess nicht möglich.

Im Herbst 2024 präsentierte Selenskyj den sogenannten „Siegesplan" auf Basis der ukrainischen Friedensformel. Einerseits schildert der Plan in insgesamt 5 Punkten Maßnahmen, die der Ukraine einen Sieg im Krieg ermöglichen würden: die NATO-Mitgliedschaft, Stärkung der ukrainischen Verteidigung und Abschreckung durch Platzierung auf dem ukrainischen Territorium nichtnuklearer Waffen.

Andererseits beschreibt der Plan des Sieges den Nutzen für bzw. das Angebot der Ukraine an den Westen: Einbezug reicher ukrainischer Naturressourcen wie seltene Erden, Metalle, Titan, Landwirtschaftserzeugnisse usw. in die europäische/westliche Wirtschaftsprozesse und Beitrag zur Sicherheit Europas durch Zurverfügungstellung ukrainischen Know-how und Einsatz ukrainischer Soldaten für Friedenssicherung (anstatt der US-Einheiten).

Friedensinitiativen von dritten Parteien, wie der gemeinsame Vorschlag von China und Brasilien vom Mai 2024, sind teilweise uneindeutig oder beinhalten Kompromisse, welche Russland nutzen (wie Abtretung ukrainischer Gebiete an Russland).

17.3 Putin, rote Linien und Atomdrohungen

Der russische Präsident Putin startete den großangelegten Krieg gegen die Ukraine mit dem Versprechen an die russische Gesellschaft, die Ukraine zu besiegen. Er suchte damit auch die Macht und Größe Russlands gegenüber der Welt zu demonstrieren und den Westen als schwach darzustellen. Darüber hinaus sollte der Krieg von drängenden innenpolitischen Problemen ablenken und wirtschaftliche sowie gesellschaftliche Fehlentwicklungen der Russischen Föderation als feindliche Aktionen des Westens erscheinen lassen.

Die Unterstützung für Putin seitens des russischen Militärs und der Geheimdienste, Medien, Wirtschaftstreibenden und der Gesellschaft gründet auf seinem Ruf als starker Mann, der Russland Erfolg bringe. Um sich als solcher zu präsentieren, greift Putin systematisch zu Drohungen gegenüber angeblichen Feinden innerhalb und außerhalb des Staates. Dazu gehört insbesondere die wiederholte Drohung, Atomwaffen einzusetzen, wenn bestimmte „rote Linien" überschritten werden.

Als solche „rote Linien" für einen möglichen Atomschlag definierte der Kreml im Jahr 2022 die Lieferung schwerer westlicher Waffen an die Ukraine und Angriffe auf die Krim durch die Ukraine, in Jahr 2023 den Einsatz deutscher Panzer in der Ukraine sowie Angriffe auf Moskau und St. Petersburg, im Jahr 2024 den Einsatz amerikanischer Waffen Richtung Russland bei Charkiw und Lieferung westlicher Kampfjets an die Ukraine.

Jedes einzelne Ereignis ist eingetreten ohne nennenswerte russische Reaktion. Die Drohung mit Atomwaffen erwies sich bis jetzt als politischer Bluff (= Täuschungsmanöver, bewusste Irreführung), eine altbekannte Taktik der russischen Politik und der psychologischen Kriegsführung, um die Gegenseite zu erpressen. Sie ist besonders wirksam in Deutschland und den USA, wo „Eskalation" und „Atomschlag" als Triggerwörter in außenpolitischen Debatten bezeichnet werden können.

Das Abfeuern einer Atomrakete setzt das koordinierte Vorgehen mehrerer Stellen voraus und ist durch eine einzige Person, zum Beispiel durch den Präsidenten, technisch nicht durchführbar. Ein atomarer Schlag würde Russland keine Vorteile im Krieg gegen die Ukraine bringen. Andererseits würde der Einsatz von Atomwaffen durch Russland eine massive Gegenreaktion des Westens auslösen. Eine direkte Konfrontation z. B. mit der NATO würde Russland und den russischen politischen Eliten nur schaden und die Machtstellung von Putin gefährden.

China hat Russland mehrmals vor einem Atomwaffeneinsatz gewarnt. Da Moskau an die chinesische Unterstützung im Angriffskrieg gegen die Ukraine angewiesen ist, muss es sich an solche Warnungen halten.

Je länger der Krieg dauert und je schlechter die militärischen Leistungen der russischen Armee sind, desto brüchiger wird die Macht Putins in Russland. Verschiedene Interessengruppen zeigen ihre Unzufriedenheit mit Putins Führung, etwa die sogenannten Silowiki (von russisch „sila" – Kraft, Macht), die hochrangigen Angehörigen des Militärs und des Geheimdienstes. Putin reagiert darauf mit Repressionen und Umstrukturierungen in seinem Umfeld. 2024 wurden der russische Verteidigungsminister Sergej Schoigu entlassen, Dutzende hohe Angehörige des russischen Militärs verhaftet, nach offizieller Version wegen Korruptionsvorwürfen.

> Jewgeni Prigoschin, Leiter der größten russischen Schattenarmee „Gruppe Wagner", die in der Ukraine seit 2014 kämpfte, übte Kritik an schlechter militärischer Führung. Ende Juni 2023 besetzten Wagner-Söldner die russische Grenzstadt Rostow, ein Teil marschierte Richtung Moskau. Nach Verhandlungen mit dem Kreml zog sich Prigoschin mit seinen Kämpfern nach Belarus zurück. Ende August starb er bei einem Flugzeugabsturz nahe Moskau. Die Wagner-Truppe wurde in die russischen Streitkräfte integriert.

Es wird spekuliert, wer und auf welcher Weise die Nachfolge des mittlerweile 72-jährigen Putin antreten könnte. Putin hat lange Zeit die autoritären Denkmuster und Machtstrukturen der russischen Gesellschaft einerseits widergespiegelt, andererseits verstärkt und neu aufgebaut. Ohne eine radikale Transformation der russischen Gesellschaft werden diese von Putins Nachfolgern berücksichtigt werden müssen. Was das für den russischen Angriffskrieg gegen die Ukraine bedeutet, ist noch nicht eindeutig.

Wiederaufbau der Ukraine 18

18.1 AkteurInnen und Visionen

Nach fast zwei Jahren der russischen Invasion in der Ukraine schätzte eine gemeinsame Schnellbewertung der Schäden und des Bedarfs (Rapid Damage and Needs Assessment, RDNA3) der ukrainischen Regierung, der Weltbankgruppe, der Europäischen Kommission und den Vereinten Nationen im Februar 2024 (Datenerhebung bis Dezember 2023), dass sich die Gesamtkosten für den Wiederaufbau und die Sanierung in der Ukraine in den nächsten zehn Jahren auf 486 Mrd. US-Dollar (umgerechnet 470 Mrd. €) belaufen werden.

Bereits einige Wochen nach dem russischen Einmarsch in die Ukraine startete die Planung für den Wiederaufbau der Ukraine. Sie beschäftigt sich erstens mit dem Wiederaufbau noch während des Krieges und zweitens mit dem Wiederaufbau nach Kriegsende.

Einerseits soll die durch Russland zerstörte Infrastruktur laufend repariert werden, um das Überleben der ukrainischen Bevölkerung zu sichern. Damit wird die Funktionsfähigkeit des ukrainischen Staates aufrechterhalten, und das unterstützt den ukrainischen Widerstand. Dieser Wiederaufbau geschieht in der Ukraine teils finanziert durch die internationalen Hilfen, teils aus eigener Kraft.

Ein Beispiel für laufend stattfindende Reparaturen liefert die sogenannte „Klitschko-Brücke" (Abb. 18.1). Die 212 m lange Brücke im Zentrum von Kyjiw wurde 2019 unter Bürgermeister Vitali Klitschko eröffnet. Wegen der Bauelemente aus Glas wird sie im Volksmund auch „Gläserne Brücke" genannt. Am 10. Oktober 2022 traf eine russische Rakete die Brücke, wobei mehrere Glaselemente zerstört wurden. Die Konstruktion selbst hielt jedoch stand. Nach der Reparatur wurde die

Abb. 18.1 Fußgänger- und Fahrradbrücke in Kyjiw, bekannt auch als „Klitschko-Brücke", repariert und wiedereröffnet nach dem Einschlag einer russischen Rakete. (Quelle: Kyjiw Stadtverwaltung, Lizenz CC BY 4.0, https://kyivcity.gov.ua/news/vitaliy_klichko_pishokhidno-velosipedniy_mist_vidremontuvali_ta_znovu_vidkrili_dlya_vidviduvachiv/)

„Klitschko-Brücke" am 17. November 2022 wieder für FußgängerInnen und RadfahrerInnen freigegeben.

Andererseits soll der Wiederaufbau nach der Beendigung des Krieges für die UkrainerInnen eine Basis schaffen, die ukrainische Demokratie politisch und wirtschaftlich zu stabilisieren. Damit dies gleich nach Kriegsende umgesetzt werden kann, sollen Konzepte, Finanzierung und Details für den Wiederaufbau frühzeitig ausgearbeitet werden.

Mehrere AkteurInnen haben eigene Vorstellungen und Interessen daran, wie der Wiederaufbau der Ukraine nach Kriegsende aussehen soll.

Für Europa bzw. die Europäische Union bedeutet es Sicherheit, ein demokratisches und wirtschaftlich stabiles Nachbarland zu haben, das wieder ein lebenswertes Zuhause für UkrainerInnen bietet und als EU-Beitrittskandidat einen wertvollen Beitrag zur EU leistet.

Wirtschaftstreibende aus der EU, den USA und anderen Industrieländern betrachten die Ukraine als einen vielversprechenden Ressourcen- und Absatzmarkt für ihre Waren.

Für die ukrainische Regierung ist es jedenfalls wichtig, trotz der Abhängigkeit von der äußeren Unterstützung eigene Handlungsfähigkeit zu bewahren.

Die ukrainische Zivilgesellschaft möchte die zukünftige Entwicklung des ukrainischen Staates nach Prinzipien der Mitbestimmung, Transparenz und Rechenschaftspflicht der Regierung mitgestalten.

Der Wiederaufbau bietet eine Chance, statt ineffizienten veralteten Strukturen neue zu etablieren, die Ukraine nach EU-Standards zu reformieren und das Land mit zukunftsorientierten umwelt- und energieschonenden Projekten als „Green Ukraine" zu gestalten.

18.2 Zahlen und Pläne

Die Kosten für den Wiederaufbau der Ukraine wurden im Februar 2024 auf mindestens 450 Mrd. Euro geschätzt. Durch die anhaltenden Kriegshandlungen und die gezielte Zerstörung der ukrainischen Infrastruktur durch Russland nimmt diese Summe laufend zu.

Im Juni 2022 fand die erste Wiederaufbaukonferenz für die Ukraine in Lugano (Schweiz) statt. Im Rahmen der Konferenz bekannte sich die Europäische Union zum Wiederaufbau des Landes in enger Zusammenarbeit mit dem ukrainischen Staat und der Zivilgesellschaft und führte eine entsprechende Plattform ein. Eine ähnliche Plattform wurde auch durch die G7-Staaten geschaffen, weitere Konferenzen wurden von anderen Institutionen veranstaltet.

> „Die Ukraine kann auf die uneingeschränkte Hilfe der EU zählen. Wir sind bereit, auf internationaler Ebene Verantwortung beim Wiederaufbau einer demokratischen und blühenden Ukraine zu übernehmen. Das bedeutet, dass Investitionen mit Reformen einhergehen werden, die der Ukraine ihren europäischen Weg ebnen."
> Ursula von der Leyen, Präsidentin der Europäischen Kommission

18.3 Mögliche Finanzierungsquellen

- *Direkthilfen und Kredite* der Staaten, Staatengemeinschaften und internationalen Organisationen wie die EU, die G7, die Weltbank, die Europäische Investitionsbank usw., die Unterstützung zugesagt haben bzw. sie bereits leisten. Solche Maßnahmen werden in der Regel an bestimmte Bedingungen geknüpft und als „Hilfe zur Selbsthilfe" betrachtet. Die historisch bekannteste davon ist der US-amerikanische *Marshallplan* zum Wiederaufbau Europas nach dem Zweiten Weltkrieg.

> **Marshallplan**
> Der „Marshallplan", offiziell European Recovery Program (ERP) ist ein Wirtschaftsförderungsprogramm der USA für den Wiederaufbau Europas nach dem Zweiten Weltkrieg, das vom US-Außenminister George C. Marshall initiiert wurde. Im Zeitraum 1948–1953 gewährten die USA 16 europäischen Ländern (darunter dem im Krieg unterlegenen Deutschland und auch Österreich) Kredite und lieferten Rohstoffe, Lebensmittel und Industriegüter.
> Westdeutschland bekam im Rahmen des Marshallplans vor allem Nahrung, Treibstoff und Medikamente. Nur einen Teil davon musste die Bundesrepublik Deutschland später bezahlen. Das ERP-Vermögen wurde nach 1990 auch für den Wiederaufbau der Wirtschaft in der Ex-DDR genutzt und wird nun für Wirtschaftsförderungen verwendet.
> Österreich erhielt aus den USA Waren im Wert von fast einer Milliarde US-Dollar geschenkt, was laut USA pro Kopf den dritthöchsten Anteil in Europa ausmachte. Aus den Mitteln der US-Marshallplan-Hilfe in Österreich wurde später der ERP-Fonds gegründet, der nun Förderungen an österreichische Unternehmen und Forschungseinrichtungen vergibt.

Im Februar 2024 einigten sich die EU-Regierungschefs auf eine „Ukraine-Fazilität". Über dieses Programm erhält die Ukraine im Zeitraum 2024–2027 bis zu 50 Mrd. € in Form von Krediten und nicht rückzahlbaren Zuschüssen in mehreren Tranchen. Die Auszahlung ist an Bedingungen geknüpft: die Ukraine muss vierteljährlich die Fortschritte bei Reformen nachweisen, die für den EU-Beitritt vorgesehen sind.

- *Russisches Vermögen* im Ausland. Darunter fallen die eingefrorenen Finanzmittel der russischen Zentralbank auf europäischen und internationalen Bankkonten, Vermögen der sanktionierten (regierungsnahen) russischen Unternehmen sowie Luxusvermögen und Bankkonten der sanktionierten russischen Oligarchen. Damit dieses Vermögen ohne Zustimmung der Eigentümer verwendet werden kann, werden entsprechende politisch-rechtliche Mechanismen ausgearbeitet.

In der Europäischen Union sind 210 Mrd. € der russischen Zentralbank eingefroren. Das in Brüssel ansässige Finanzinstitut Euroclear hat 2023 daraus rund 4,4 Mrd. € an Zinsen eingenommen. Die EU hat 2024 beschlossen, diese Zinserlöse

18.3 Mögliche Finanzierungsquellen

der Ukraine für die Verteidigungsausgaben und für den Wiederaufbau zur Verfügung zu stellen. Gemeinsam mit den G7-Staaten einigte sich die EU 2024 über einen Kredit an die Ukraine von ca. 45 Mrd. € (50 Mrd. US-Dollar), der mit den eingefrorenen russischen Aktiva besichert werden soll.

- *Reparationszahlungen* durch Russland. Reparationszahlungen werden meist entweder in einem Friedensvertrag nach Beendigung der Kriegshandlungen oder einseitig von den Siegermächten festgelegt.
- *Private Investitionen* mit Profitaussichten. Auf Grund des Risikos der Zerstörung sind solche Investitionen meistens erst nach Kriegsende möglich. Kleinere Projekte im westlichen Teil der Ukraine, wo keine Bodenkämpfe stattfinden, werden teilweise bereits umgesetzt.

Im November 2024 fand bereits zum vierten Mal die internationale Messe Re-Build Ukraine in Warschau statt. Im Rahmen der Messe veranstaltete die Europäische Kommission ihre erste EU-Ukraine-Investitionskonferenz zur Mobilisierung privater Investitionen. Dabei wurden europäische Unternehmen zur Einreichung ihrer Projektvorschläge für Investitionen in die ukrainische Wirtschaft aufgerufen. Diese sollen Unterstützung der EU bekommen.

Plan für Russland 19

19.1 Koloniale Geschichte

Die Russische Föderation, wie Russland offiziell heißt, ist gemessen am Territorium das größte Land der Welt. Sie hat über 80 Föderationssubjekte (= Teile der Föderation) und ist ein multiethnischer Staat. Das heißt, der Staat besteht aus verschiedenen ethnischen Gruppen und Nationalitäten mit jeweils einer eigenen Sprache, Kultur und Religion. Das russische Kernland hat sie im Laufe der Jahrhunderte erobert und beherrscht sie bis jetzt mit autoritärer Macht und intensiver Russifizierungspolitik. Befreiungskämpfe und Streben nach Selbstbestimmung der unterdrückten Gruppen und Völker sind seit jeher ein fixer Teil der politisch-gesellschaftlichen Realität im russischen Vielvölkerstaat.

Nach dem ersten Weltkrieg führten die Befreiungsbewegungen der kolonialisierten Völker zum Zerfall des Russischen Zarenreiches und zum Entstehen neuer Staaten. Die russischen Bolschewiken bzw. Kommunisten unter Führung von Wladimir Lenin schafften es mit enormer militärischer Gewalt und vielen menschlichen Opfern, ehemalige Kolonien wieder unter russische Herrschaft zu bringen – als Teile der neu gegründeten Union der Sozialistischen Sowjetrepubliken, UdSSR oder Sowjetunion.

Unter dem Druck der Unabhängigkeitsbestrebungen und Zerfallsprozesse haben 1990–1991 mehrere Länder der Sowjetunion ihre staatliche Unabhängigkeit erklärt und entsprechende Referenden durchgeführt. Die UdSSR wurde schließlich Ende 1991 aufgelöst. Anstelle der 15 Sowjetrepubliken entstanden 14 neue Nationalstaaten und die Russische Föderation, die selbst mehrere Völker und Nationalitäten umfasste.

19.2 Völker der Russischen Föderation

Die Desintegrationsprozesse im Zusammenhang mit dem Auseinanderbrechen der Sowjetunion fanden auch innerhalb der Russischen Föderation statt. So erklärten Tschetschenien und Tatarstan, die vorher den Status einer autonomen Sowjetrepublik innerhalb der Russischen Föderativen Sowjetrepublik hatten, ihre Staatsunabhängigkeit. Nach dem jeweils bestätigenden Referendum funktionierten sie jahrelang praktisch als selbstständige Staaten. Weitere autonome Republiken, z. B. Baschkortostan, Jakutien (Republik Sacha), Karelien, Kalmückien, Tschuwaschien, Burjatien, Tuwa usw. erklärten ihre Souveränität bzw. den Vorrang ihrer Gesetzgebung über den Gesetzen der Föderation. Andere Regionen (autonome Oblasts und Kreise) strebten mehr Selbstbestimmung an und änderten ihren rechtlichen Status zu einer Republik, wie z. B. die Republik Dagestan und die Republik Kabardino-Balkarien.

In den Folgejahren stellte Moskau die Kontrolle über die aufstrebenden Regionen wieder her. Die meisten von ihnen unterzeichneten bereits 1992 den neuen Föderationsvertrag mit Moskau, der ihre Rechte einschränkte. Die Republik Tatarstan mit der Hauptstadt Kasan unterschrieb den Vertrag nicht, verlor jedoch durch Sonderabkommen und rechtliche Änderungen schleichend ihren unabhängigen Status.

Gegen die unabhängige Tschetschenische Republik Itschkerien (Selbstbezeichnung) ging der Kreml mit exzessiver Waffengewalt vor. Der erste russisch-tschetschenische Krieg unter Präsident Jelzin 1994–1996 endete mit einem Friedensvertrag. Während des so erreichten Waffenstillstands bereitete Russland eine neue Offensive vor. Russische Geheimdienste, so der handfeste Verdacht, führten einige Provokationen bzw. Terroranschläge durch, die Moskau schließlich als Vorwand für den zweiten Kriegszug gegen Tschetschenien 1999–2000 nutzte.

Nach der völligen Zerstörung der tschetschenischen Hauptstadt Grosny, Flucht vieler Einheimischer und Besatzung des tschetschenischen Territoriums durch die russische Armee 1999–2000, gliederte Moskau mit Hilfe lokaler Kommandeure Itschkerien/Tschetschenien in die russische Staatsstruktur ein. Der jetzige tschetschenische Machthaber im Dienste Moskaus Ramsan Kadyrow ist insbesondere für seine Brutalität bekannt. Der bewaffnete Widerstand gegen die russische Herrschaft über Tschetschenien ging in unterschiedlichem Ausmaß bis in die 2020er-Jahre weiter.

Die politische Führung der Russischen Föderation unter Wladimir Putin setzt die imperialistischen Regierungspraktiken des Zarenreiches und der Sowjetunion fort. Dazu zählen insbesondere:

- Repressionen gegen Andersdenkende, lokale Bestrebungen nach mehr Autonomie werden mit Gewalt unterbunden und streng bestraft (= Unterdrückung)
- alle wichtigen Entscheidungen werden zentral in Moskau gefasst, lokale Behörden haben wenige Selbstverwaltungsrechte (= zentrale Entscheidungsmacht)

- natürliche Ressourcen (Erdöl und Gas, seltene Erze, Diamanten, landwirtschaftliche Produkte) werden vom Zentrum ausgenutzt, die Einheimischen bekommen kaum entsprechende Finanzerträge und leben in Armut (= Extraktion von Ressourcen, wirtschaftliche Ausbeutung, Verschuldung bei Moskau)
- für den Krieg gegen die Ukraine werden überproportional viele Angehörige indigener, das heißt einheimischer Völker wie Burjaten oder Tschetschenen eingesetzt (= Instrumentalisierung für Ziele des Zentrums).

Der Europarat stellte in seiner Resolution im Juni 2024 fest, dass im Krieg gegen die Ukraine konventionelle militärische Angriffe der Russischen Föderation „mit einer systematischen, staatlich gesteuerten Politik der Russifizierung der besetzten Gebiete, imperialistischem und neokolonialem Geschichtsrevisionismus und der Verleugnung einer ausgeprägten kulturellen ukrainischen Identität für Menschen in der Okkupation" einhergehen. Das gleiche Handlungsmuster attestierte die Resolution dem Kreml auch innerhalb der Russischen Föderation.

„Die Russische Föderation verfolgt eine Russifizierungspolitik gegenüber zahlreichen indigenen Völkern im Land und löscht nach und nach ihre kulturellen Identitäten aus, indem sie den Gebrauch ihrer Sprachen, insbesondere im Bildungssystem, einschränkt, die Bereiche ihrer kulturellen Ausdrucksformen einschränkt, ihre Geschichte verzerrt und sie ihres historischen Gedächtnisses beraubt, sowie durch die Gefangennahme und strafrechtliche Verfolgung von AktivistInnen ethnischer Minderheiten."
Punkt 3 der Resolution Nr. 2558 der Parlamentarische Versammlung des Europarats vom 26.06.2024.

19.3 Begleitung der Demokratisierung

Die Geschichte zeigt, dass große Reiche, welche mit Zwang zusammengehalten werden, auf Dauer nicht überlebensfähig sind.

Die Zukunft der Nationalitäten und Völker der Russischen Föderation, einschließlich des ethnisch russischen Volkes, hängt davon ab, ob sie Demokratie und Selbstbestimmung erlangen können.

Seit Beginn des großangelegten Angriffskriegs gegen die Ukraine 2022 werden zunehmend Stimmen laut, die für *Demokratisierung* (= Aufbau der Demokratie), *Dezentralisierung* (= Übertragung der Entscheidungsmacht vom Zentrum hin zu lokalen politischen AkteurInnen) und *Demilitarisierung* (= Beseitigung der Angriffswaffen und Reduzierung der Armee) der Russischen Föderation eintreten.

Free Nations of Post-Russia

The Free Nations of Post-Russia Forum, FNPF – das Forum der freien Nationen von Post-Russland wurde im Jahr 2022 ausgerufen. Im Dezember 2024 fand die 14. Konferenz des Forums in Wien, Österreich statt (siehe Abb. 19.1).

Das erklärte Ziel des Forums ist eine Veränderung von Russland hin zu Demokratie, „*Deputinisierung*" (= Beseitigung des Einflusses von Putin), *Entimperialisierung* und *Dekolonisierung* (= Unabhängigkeit der bisherigen Kolonien bzw. Föderationssubjekte), Demilitarisierung und Verzicht auf Atomwaffen sowie wirtschaftlicher und ökologischer Wandel.

Abb. 19.1 Konferenz des Forums der freien Nationen von Post-Russland (Free Nations PostRussia Forum, FNPF) am 13. Dezember in Wien, Österreich. (Foto: Oleg Magaletsky, www.freenationsrf.org)

19.3 Begleitung der Demokratisierung

Einige der aktiven Dezentralisierungs- und Befreiungsbewegungen in der Russischen Föderation sind: Tschetschenische Republik Itschkerien im Exil (Tschetschenien), das Komitee der Baschkir Nationalbewegung im Ausland (Baschkortostan), die Bewegung „Free Ingria" (St. Petersburg), Smolensk Republikanisches Zentrum (Smolensk), Bewegung „Sakha Resistance" (Jakutien/Sacha), Bewegung „Free Kalmykia" (Kalmückien) und andere.

Die VertreterInnen dieser und anderer Initiativen beschreiben ihr Verständnis der zukünftigen Entwicklung in der Region:

- Die internen Prozesse innerhalb der Russischen Föderation verlaufen großteils ohne Aufmerksamkeit und Einfluss vonseiten des Auslands. Das Wissen darüber würde insbesondere Europa nutzen, sich auf mögliche Szenarien vorzubereiten.
- Eine potenzielle friedliche Auflösung des föderativen Staates und eine geordnete Entsorgung der Atomwaffen würde internationale Unterstützung benötigen.
- Feindliche Angriffe gegen den Westen, Desinformation und Destabilisierung der demokratischen Ordnung in anderen Ländern sowie der Krieg gegen die Ukraine wären zu Ende.
- Neu entstehende Staaten würden nun selbst über eigene Ressourcen (Erdöl, Gas, andere Bodenschätze) verfügen und erfolgreich Wirtschaft und Wohlstand für ihre BürgerInnen ermöglichen. Durch Verträge mit den Einzelstaaten wäre z. B. die Europäische Union nicht von einem mächtigen autoritären Staat abhängig.
- Neue Staaten im Fernosten könnten die Dominanz der Volksrepublik China in der Region schwächen und womöglich zur Demokratisierung für die unterdrückten Völker des chinesischen Regimes (Mandschurei, uigurisches Ostturkestan, Tibet) beitragen.

Die Vorstellung, dass sich die Russische Föderation auflöst, ist im Kreml ein bekanntes und befürchtetes Szenario. Anfang 2012 veröffentlichte Vladimir Putin, damals Ministerpräsident der Russischen Föderation (nachdem er bereits 2000–2008 das Amt des Präsidenten bekleidet hatte) einen Artikel unter dem Titel „Russland: die nationale Frage". Dieser Artikel war Teil seines Wahlprogramms für die damals bevorstehenden Präsidentschaftswahlen im März 2012, die Putin auch gewonnen hat. In dem Artikel warnte Vladimir Putin vor ethnischen Interessenskonflikten, die „Russland zerreißen könnten".

2023 sprach Putin über Entstehen von „Moskowiten" und „Uralern" im Falle der Desintegration der Föderation sowie davon, dass der Westen Russland „in die sogenannte Familie der zivilisierten Völker nur in Teilen, jedes Teil getrennt" aufnehmen könnte.

Russlands Angriffskrieg gegen die Ukraine ist untrennbar mit den innerrussischen Prozessen verbunden. Dieses komplexe Zusammenspiel wird die Zukunft beider Länder, aber auch die globale Sicherheitsordnung und die internationalen Beziehungen nachhaltig beeinflussen. Die Welt ist Zeuge eines historischen Wendepunkts, dessen Folgen wir erst in den kommenden Jahren vollständig erfassen werden.

Verwendete Quellen (alle zuletzt abgerufen im Zeitraum 21–31. Dezember 2024)

Die Autorin verweist auf Seiten im Internet. Da sie keinen Einfluss auf die Gestaltung und die Inhalte dieser Seiten hat, kann sie weder direkt noch indirekt für Schäden oder Probleme verantwortlich gemacht werden, die infolge des Gebrauchs oder Missbrauchs von Informationen aus diesen Seiten entstehen können.

Kap. 1: https://www.iaea.org/newscenter/pressreleases/update-239-iaea-director-general-statement-on-situation-in-ukraine; https://truth-hounds.org/cases/zatopleno-vijnoyu-doslidzhennya-rujnuvannya-kahovskoyi-grebli-ta-jogo-naslidky-dlya-ekosystemy-agrariyiv-czyvilnogo-zhyttya-ta-mizhnarodnogo-pravosuddya/; https://www.understandingwar.org/backgrounder/russian-offensive-campaign-assessment-march-17-2024; https://www.tagesschau.de/ausland/ukraine-staudamm-103.html; https://www.theguardian.com/world/2022/feb/25/its-not-rational-putins-bizarre-speech-wrecks-his-once-pragmatic-image; https://www.focus.de/politik/ausland/ukraine-krise/analyse-unserespartnerportals-economist-russlandwladimir-putin-steht-im-bann-eines-einzigartigen-faschismus_id_129948359.html; https://www.blaetter.de/ausgabe/2022/mai/dokumentiert-was-russland-mit-der-ukraine-tun-sollte; https://jew.org.ua/eng/reports; https://www.bpb.de/themen/rechtsextremismus/dossierrechtsextremismus/234664/neonazis-in-russland/; https://www.rferl.org/a/russian-neonazis-fighting-ukraine/31871760.html; https://www.bpb.de/themen/rechtsextremismus/dossier-rechtsextremismus/253039/vereint-gegen-liberale-werte-wie-russland-den-rechtenrand-in-europa-inspiriert-und-foerdert/; https://www.derstandard.at/story/3000000182186/terror-uran-und-migration-wieso-der-westen-sich-sofuer-den-niger-interessiert

Verwendete Quellen (alle zuletzt abgerufen im Zeitraum 21–31. Dezember 2024)

Kap. 2: https://www.intelligence.senate.gov/sites/default/files/documents/report_volume5.pdf; https://www.nzz.ch/international/hackerangriffe-auf-die-usa-das-wichtigste-im-ueberblick-ld.1593999; https://www.iwkoeln.de/studien/vera-demary-wie-der-russische-cyberkrieg-deutsche-unternehmen-bedroht.html; https://www.n-tv.de/politik/Bericht-Netzwerk-unterstuetzt-mit-verdeckten-Social-Media-Kampagnen-AfD-und-BSW-article25119111.html; https://www.semiosis.at/2024/05/09/aktionsradius-putin-proaganda-mit-oeffentlichen-geldern/; https://www.nrk.no/vestland/pst-har-avdekket-russisk-etterretningsvirksomhet-i-vest-1.16868180; https://www.nytimes.com/2024/05/26/us/politics/russia-sabotage-campaign-ukraine.html; https://www.derstandard.at/story/3000000222387/russland-zahlte-promi-anwalt-fuer-russischen-auftragsmoerder-in-berlin; https://edition.cnn.com/2024/07/11/politics/us-germany-foiled-russian-assassination-plot/index.html; https://www.bloomberg.com/news/articles/2024-06-07/disney-children-s-channel-broadcasts-interrupted-by-russia-war-videos; https://www.reuters.com/world/us-assesses-russia-launched-space-weapon-near-american-satellite-last-week-2024-05-21/; https://www.theguardian.com/society/article/2024/jun/21/uk-national-crime-agency-russian-ransomware-hackers-qilin-nhs-patient-records; https://www.deutschlandfunk.de/usa-und-polen-wollen-desinformation-des-kremls-bekaempfen-100.html; https://www.interfax.ru/russia/953674; https://www.moscowtimes.ru/2024/05/21/rossiya-reshila-vodnostoronnem-poryadke-sdvinut-granitsu-slitvoi-ifinlyandiei-ibaltiiskom-more-a131403

Kap. 3: https://www.courtmh17.com/en/insights/news/2022/transcript-of-the-mh17-judgment-hearing/; https://www.youtube.com/watch?v=wvRkV6DuZ7k; http://kremlin.ru/events/president/news/66181

Kap. 4: https://kiis.com.ua/?lang=ukr&cat=reports&id=1443&page=1; https://www.understandingwar.org/backgrounder/russian-offensive-campaign-assessment-march-29-2024; https://razumkov.org.ua/images/2023/02/13/2022_Religiya_SITE.pdf; https://www.tagesschau.de/ausland/europa/ukraine-priester-spionage-101.html; https://www.consultant.ru/cons/cgi/online.cgi?req=doc;base=ESU;n=16497#DhwzXhTURetAhnP41; https://voxukraine.org/gazety-j-zhurnaly-v-ukrayini; https://ratinggroup.ua/files/ratinggroup/reg_files/rg_ua_1000_independence_082022_xvii_press.pdf

Kap. 5: https://orf.at/stories/3307007/; https://www.ris.bka.gv.at/GeltendeFassung.wxe?Abfrage=Bundesnormen&Gesetzesnummer=10000267; https://fedlex.data.admin.ch/filestore/fedlex.data.admin.ch/eli/cc/1999/404/20220213/de/pdf-a/fedlex-data-admin-ch-eli-cc-1999-404-20220213-de-pdf-a-4.pdf

Kap. 6: https://uinp.gov.ua/pres-centr/novyny/informaciyni-materialy-do-vidznachennya-dnya-pamyati-ta-prymyrennya-i-dnya-peremogy-nad-nacyzmom-u-drugiy-svitoviy-viyni; https://texty.org.ua/projects/103857/oku-

Verwendete Quellen (alle zuletzt abgerufen im Zeitraum 21–31. Dezember 2024)

paciya_de/; https://pobedarf.ru/2020/05/09/statistiki-podschitali-poteri-rossii-v-vojne/; https://www.dw.com/de/russland-neues-geschichtsbuchrechtfertigt-krieg-gegen-die-ukraine/a-66494138; https://www.n-tv.de/politik/Moskau-lockt-Kaempfer-mit-Zehntausenden-Euro-an-die-Front-article25109764.html; https://www.theguardian.com/commentisfree/article/2024/jul/24/russia-economic-growth-western-sanctions-vladimir-putin-moscow; https://www.europarl.europa.eu/news/en/press-room/20240419IPR20543/meps-condemn-russian-election-as-farcical-performance; https://www.merkur.de/politik/russland-wladimir-putin-propaganda-ukraine-krieg-jugendarmee-newszr-91940102.html; https://sprotyv.mod.gov.ua/rosiyany-nabraly-novu-partiyu-yunarmijtsiv-z-pidlitkiv-na-tot/

Kap. 7: https://sprotyv.mod.gov.ua/en/; https://www.tagesschau.de/ausland/europa/ukraine-partisanen-103.html; https://www.merkur.de/politik/russland-ukraine-kriegit-digitalisierung-internet-hacker-ukraine-kampf-starlink-91897333.html; https://freedomhouse.org/sites/default/files/2021-08/FIW2020_book_JUMBO_PDF.pdf; https://www.kommersant.ru/doc/5251853?from=lenta; https://epravda.com.ua/publications/2024/10/31/721234/; https://www.social-drone.com.ua/en; https://www2.deloitte.com/ua/en/pages/press-room/press-release/2024/consumer-behavior.html; https://www.pravda.com.ua/news/2024/07/23/7466999/; https://www.pravda.com.ua/news/2024/06/13/7460542/; https://kiis.com.ua/?lang=ukr&cat=reports&id=1441&page=1; https://orf.at/stories/3360984/

Kap. 8: https://documents1.worldbank.org/curated/en/099184503212328877/pdf/P1801740d1177f03c0ab180057556615497.pdf; https://www.zeit.de/2023/26/urkaine-krieg-kachowka-staudamm-sprengung-schaeden; https://www.sueddeutsche.de/politik/kachowka-staudamm-ukraine-1.5904713; https://www.hrw.org/feature/russia-ukraine-war-mariupol/report; https://reliefweb.int/report/ukraine/ukraine-complex-emergency-fact-sheet-10-fiscal-year-fy-2024; https://www.fr.de/politik/verluste-russland-ukraine-krieg-zahlen-daten-aktuell-opfer-militaer-news-zr-93249292.html; https://www.n-tv.de/mediathek/bilderserien/panorama/Kriegsversehrte-Ukrainer-suchen-den-Weg-zurueck-ins-Leben-article24877218.html; https://kse.ua/ua/about-the-school/news/zagalna-suma-zbitkiv-zavdana-infrastrukturi-ukrayini-zrosla-do-mayzhe-155-mlrd-otsinka-kse-institute-stanom-na-sichen-2024-roku/; https://life.pravda.com.ua/society/v-ukrajini-cherez-viynu-poshkodzheni-ponad-3-5-tisyachi-zakladiv-osviti-300221/; https://www.who.int/ukraine/news/item/19-08-2024-grim-milestone-on-world-humanitarian-day%2D%2Dwho-records-1940-attacks-on-health-care-in-ukraine-since-start-of-full-scale-war; https://ec.europa.eu/commission/presscorner/detail/en/ip_24_801; https://www.bpb.de/themen/europa/ukraine-analysen/nr-288/541010/analyse-die-oekologischen-folgen-des-russischen-angriffskrieges-in-der-ukraine/; https://ngl.media/2024/04/08/zrubati-vse/; https://climatefocus.com/publications/ukraine-war-climate-damage-updated/

Kap. 9: https://www.spiegel.de/ausland/ukraine-krieg-ueberleben-unter-russischer-besatzung-wie-familien-ihre-kinder-verstecken-a-a7457487-ec9a-4586-89b5-a30398ae302e; https://www.zdf.de/nachrichten/politik/ausland/verschleppte-kinder-ukraine-krieg-russland-100.html; https://orf.at/stories/3326155/; https://www.dw.com/de/ausl%C3%A4nder-in-der-heimat-leben-im-donbass-unter-russischer-besatzung/a-65442680; https://www.theguardian.com/world/2022/jul/01/moscow-forcing-teachers-in-ukraine-to-sign-up-to-russian-curriculum; https://www.deutschlandfunkkultur.de/ukraine-gefluechtete-100.html; https://www.bpb.de/themen/europa/ukraine-analysen/nr-261/346846/analyse-leben-im-schatten-ueberlebensstrategien-der-menschen-in-der-volksrepublik-donezk/; https://www.dw.com/de/krieg-und-mobilmachung-wie-der-donbass-seine-soldaten-rekrutiert/a-61600170; https://civicmonitoring.org/wp-content/uploads/2023/03/report2022easternUkraine.pdf; https://www.deutschlandfunk.de/die-krim-nach-der-annexion-leben-mit-sanktionen-100.html; https://deportation.org.ua/numbers-and-evidence-of-forcible-deportation-of-ukrainians-to-russia-in-the-russo-ukrainian-war/; https://hromadske.ua/viyna/226746-konfiskatsiia-mayna-na-okupovanykh-terytoriiakh-iak-rosiiany-zabyraiut-bezkhaziayne-zytlo-ta-shcho-robyty-tym-khto-vyyikhav; https://life.nv.ua/ukr/socium/u-mariupoli-rosiyani-prodayut-zruynovani-kvartiri-ukrajinciv-nazivayuchi-jih-razrushkoy-video-50387096.html; https://www.pravda.com.ua/news/2024/06/21/7461843/; https://life.pravda.com.ua/society/rosiyani-katuvali-ta-gvaltuvali-predstavnikiv-lgbtk-na-hersonshchini-cherez-jihnyu-oriyentaciyu-pravozahisn-300766/; https://www.csis.org/analysis/crossing-thresholds-ukrainian-resistance-russian-occupation; https://www.dw.com/uk/vibori-putina-v-okupacii-ak-golosuvali-i-hovalisa-ziteli-zaporizza-i-lugansini/a-68601252; https://www.pravda.com.ua/news/2024/07/22/7466848/; https://life.pravda.com.ua/society/v-okupovanomu-krimu-rosiyani-provodyat-novi-chistki-bibliotek-301233/; https://www.ohchr.org/sites/default/files/2022-08/Ukraine-admin-justice-conflict-related-cases-en.pdf

Kap. 10: https://www.rnd.de/politik/russland-un-beobachterin-sieht-folter-als-teil-der-kriegspolitik-JWP6GU63UJKFTHQVS76KKSCETI.html; https://laender-analysen.de/russland-analysen/427/filtration-system-ablauf-und-ziele/; https://www.rnd.de/politik/russische-filtrationslager-in-der-ukraine-gesinnungscheck-und-folter-FBXUPJUR6REBRNF7S3OYR3GRZE.html; https://www.lpb-bw.de/ukraine-kriegsverbrechen#c88612; https://ec.europa.

eu/commission/presscorner/detail/de/ip_23_3606; https://rd4u.coe.int; https://www.dw.com/uk/vijna-rf-proti-ukraini-ak-rozsliduut-voenni-zlocini/a-65460543; https://www.reuters.com/world/ukraine-mans-torture-case-against-russians-seeks-justice-argentina-2024-04-16/

Kap. 11: https://www.youtube.com/watch?v=YHN43mEWza8; https://www.derstandard.at/story/3000000185023/spionage-und-sabotage-wie-russland-die-osze-unterwandert-und-lahmlegt

Kap. 12: https://www.dw.com/de/medien-russland-liefert-luftabwehrsysteme-an-den-iran/a-69865911; https://www.welt.de/politik/ausland/article254047628/Netanjahu-Interview-Russland-soll-die-Hisbollah-mit-Waffen-beliefern.html; https://www.spiegel.de/ausland/israel-gaza-krieg-nordkorea-beliefert-hamas-laut-bericht-mit-waffen-offenbar-erneut-tote-bei-luftschlag-im-suedlibanon-a-7adeb5ff-c492-4e2b-8de1-13b3b1507987; https://www.ilgiornale.it/news/governo/ucraina-gaza-e-loccidente-mia-idea-pace-2288075.html; https://www.washingtonpost.com/opinions/2024/12/10/ukraine-syria-russia-war/; https://www.dw.com/de/partisanenbewegung-in-belarus-gegen-russisches-milit%C3%A4r/a-64844888

Kap. 13: https://data.unhcr.org/en/situations/ukraine#_ga=2.171723040.1002354476.1678196051-1692816759.1678196044; https://www.ifw-kiel.de/de/themendossiers/krieg-gegen-die-ukraine/ukraine-support-tracker/; https://www.pravda.com.ua/news/2024/10/1/7477617/; https://www.understandingwar.org/backgrounder/russian-offensive-campaign-assessment-june-5-2024; https://www.t-online.de/nachrichten/ukraine/id_100538750/-daenisches-modell-darum-produzieren-ukrainische-firmen-waffen-fuer-europa.html; https://thepage.ua/ua/economy/yaki-veliki-inozemni-kompaniyi-pracyuyut-v-ukrayini-ta-u-rf

Kap. 14: https://www.ifw-kiel.de/de/themendossiers/krieg-gegen-die-ukraine/ukraine-support-tracker/; https://edition.cnn.com/interactive/2019/05/europe/finland-fake-news-intl/; https://www.reuters.com/world/europe/hungary-set-ratify-swedens-nato-accession-clearing-last-hurdle-2024-02-26/; https://www.regeringen.se/pressmeddelanden/2024/05/75-miljarder-kronor-i-militart-stod-till-ukraina/; https://www.government.nl/topics/russia-and-ukraine/dutch-aid-for-ukraine; https://www.courtmh17.com/en/summaries-and-news/news/transcript-of-the-mh17-judgment-hearing.htm; https://www.bbc.co.uk/news/uk-politics-60448162; https://www.nzz.ch/english/why-britains-support-for-ukraine-is-so-strong-ld.1821436; https://www.stern.de/politik/ausland/ukraine-krieg%2D%2Dwelche-rolle-westliche-geheimdienste-im-spielen-32786220.html; https://www.sn.at/politik/weltpolitik/russland-setzt-frankreich-in-afrika-unter-druck-134719444

Verwendete Quellen (alle zuletzt abgerufen im Zeitraum 21–31. Dezember 2024)

Kap. 15: https://ec.europa.eu/eurostat/web/interactive-publications/energy-2023; https://www.bpb.de/system/files/dokument_pdf/Energieimporte%20der%20EU-27_0.pdf; https://www.diw.de/de/diw_01.c.838366.de/publikationen/diw_aktuell/2022_0081/europa_kann_die_abhaengigkeit_von_russlands_gaslieferungen_durch_diversifikation_und_energiesparen_senken.html; https://www.president.gov.ua/news/intervyu-prezidenta-ukrayini-inozemnim-zmi-69061; https://www.bundesnetzagentur.de/DE/Gasversorgung/aktuelle_gasversorgung/_svg/Gasimporte/Gasimporte.html; https://reports.omv.com/en/annual-report/2022/directors-report/refining-marketing/business-overview.html; https://www.moment.at/story/osterreich-gas-russland-kritik/; https://www.wifo.ac.at/publication/69026/; https://www.reuters.com/world/eu-warns-that-russia-aims-create-new-dependencies-with-cheap-grain-2023-08-02/; https://www.wko.at/statistik/eu/europa-wirtschaftswachstum.pdf; https://www.dw.com/de/wer-kauft-russisches-gas-wenn-europa-es-nicht-mehr-tut/a-61411898; https://www.consilium.europa.eu/de/infographics/eu-gas-supply/; https://www.epravda.com.ua/news/2024/10/23/720918/; https://www.focus.de/finanzen/news/europa-kauft-weiter-gas-ohne-ende-aus-russland-das-sind-die-gruende_id_259902424.html; https://www.merkur.de/politik/russland-staatskonzern-problem-putin-nordstream-gazprom-geld-ukraine-krieg-zr-93079205.html; https://www.bloomberg.com/news/articles/2024-10-25/russia-s-arctic-lng-2-plant-halts-amid-tightening-us-sanctions; https://www.kommersant.ru/doc/7179952?from=glavnoe_1; https://de.rbth.com/wirtschaft/86093-in-welche-laender-verkauft-russland-oel; https://www.dw.com/uk/zaborona-tranzitu-lukojla-cerez-ukrainu-so-vidbuvaetsa/a-69755953; https://www.tagesschau.de/wirtschaft/weltwirtschaft/oel-geschaeft-indien-russland-eu-100.html; https://www.amp.gob.pa/noticias/notas-de-prensa/cuatro-naves-sancionadas-por-estados-unidos-estan-en-proceso-de-cancelacion-de-la-bandera-panamena/; https://www.bpb.de/themen/europa/ukraine-analysen/nr-304/552653/analyse-auswirkungen-von-russlands-krieg-auf-die-landwirtschaftliche-produktion-und-den-agrarhandel-der-ukraine/; https://www.independent.co.uk/news/world/europe/putin-grain-theft-ukraine-russia-latest-b2447644.html; https://www.wsj.com/world/how-russia-profits-from-ukraine-invasion-by-selling-stolen-grain-on-a-global-black-market-60cca0a4; https://ces.org.ua/tracker-economy-during-the-war/

Kap. 16: http://www.kremlin.ru/acts/bank/48280; https://pen.org.ua/lyudy-kultury-yakyh-zabrala-vijna-2022-rik; https://usp-ltd.org/zhyttia-myttsiv-ta-mystkyn-spaleni-muzei-i-vykradene-skifske-zoloto-vtraty-ukrainskoi-kultury-cherez-vijnu/; https://history.rayon.in.ua/news/501852-vtrati-istorichnoi-ta-kulturnoi-spadshchini-ukrainipid-chas-viyni; https://www.deutschlandfunkkultur.de/sportkompanien-in-russland-fuer-gold-und-vaterland-100.html; https://www.

dw.com/de/ukraines-olympia-starter-zwischen-sport-und-krieg/a-69634356; https://www.rnd.de/sport/jaroslawa-mahutschich-eine-goldmedaille-fuer-alle-getoeteten-sportler-der-ukraine-5CA2G2GSM5HYRCSKO5A27DFADI.html; https://yangoly-sportu.teamukraine.com.ua/?lang=en; https://cepa.org/article/its-time-to-stop-westsplaining/; https://geschichtedergegenwart.ch/westsplaining/; https://taz.de/Westliche-Arroganz/!5854921/; https://www.falter.at/maily/20220406/westsplaining

Kap. 17: https://www.pravda.com.ua/news/2024/10/1/7477626/; https://orf.at/stories/3364626/

Kap. 18: https://commission.europa.eu/topics/eu-solidarity-ukraine/eu-assistance-ukraine/recovery-and-reconstruction-ukraine_de; https://at.usembassy.gov/de/70-jahre-marshall-plan-in-oesterreich/;

Kap. 19: https://pace.coe.int/en/files/33685/html; https://www.freenationsrf.org; https://www.forbes.ru/society/485381-putin-predupredil-o-poavlenii-moskovitov-i-ural-cev-v-slucae-raspada-rossii; https://www.rbc.ru/politics/23/12/2021/61c4489e9a79475d87db1441

GPSR Compliance
The European Union's (EU) General Product Safety Regulation (GPSR) is a set of rules that requires consumer products to be safe and our obligations to ensure this.

If you have any concerns about our products, you can contact us on

ProductSafety@springernature.com

In case Publisher is established outside the EU, the EU authorized representative is:

Springer Nature Customer Service Center GmbH
Europaplatz 3
69115 Heidelberg, Germany

www.ingramcontent.com/pod-product-compliance
Lightning Source LLC
LaVergne TN
LVHW011005250326
834688LV00004B/86